Der große Unterschied

Alice Schwarzer

Der große Unterschied

Gegen die Spaltung von Menschen
in Männer und Frauen

Kiepenheuer & Witsch

Inhalt

Highnoon im Geschlechterkampf

Ich habe einen Traum

Ich habe einen Traum. Ich bin eine Frau. Es ist eine laue Sommernacht. Ich schlendere durch die Straßen. Bleibe stehen. Schaue in eine Auslage. Beachte kaum, dass sich jemand neben mich stellt. Gehe weiter. Biege in einen Park ein. Setze mich auf eine Bank. Schaue in die Sterne. Erschrecke nicht, als sich rasche Schritte nähern. Als der Mensch sich neben mich setzt, wende ich mich ihm zu. Auf seinen Gruß antworte ich gelassen. Zu Misstrauen habe ich keinen Grund. Der Mann neben mir ist nicht mein Feind. Vielleicht wird er sogar ein Freund. Ich bin eine Frau. Ich kann überall hingehen. Ohne Angst. Die Welt steht mir offen.

Ich habe einen Traum. Ich bin ein kleines Mädchen. Nachts stört niemand meinen Schlaf. Keiner schiebt sich neben mich. Ich mache nicht in mein Bett und kaue nicht meine Nägel. Wenn ich etwas sage, hören die anderen mir zu. Wenn meine Mutter die Hand hebt, zucke ich nicht zusammen. Wenn mein Vater mich auf seinen Schoß zieht, stockt nicht mein Herz. Wenn mir Gefahr droht, eilen die anderen mir zu Hilfe. Wenn ich teile oder tröste, werde ich dafür gelobt. Wenn ich stolz bin, werde ich darin bestärkt. Wenn ich verwegen bin, werde ich zu mehr ermutigt. Ich bin ein kleines Mädchen. Ich freue mich auf morgen.

Ich habe einen Traum. Ich bin eine junge Frau. Gestern war meine letzte Prüfung. Mein Leben liegt vor mir. Ich bin stolz auf mich und gespannt, was kommen wird. Ich werde einen Beruf ergreifen. Einen, der Sinn und vielleicht sogar Spaß macht. Ich habe Freundinnen, denen ich vertraue, und Freunde, die mich ermutigen. Vielleicht verliebe ich mich eines Tages. Dabei werden Ausstrahlung und Persönlichkeit ausschlaggebend sein. Die Liebe wird mein Leben bereichern, aber nicht aus der Bahn werfen. Vielleicht bekomme ich ein Kind. Sollten wir zu zweit sein, werden wir Eltern sein, die alles teilen. Das ist machbar, denn wir leben in einer Gesellschaft, die uns darin unterstützt. Vielleicht aber bleibe ich auch kinderlos. Für mein Selbstverständnis und mein Lebensglück spielt das eine so große oder eine so kleine Rolle wie für einen Mann.

Ich habe einen Traum. Ich bin eine Künstlerin. Hinter mir liegt eine stolze Tradition weiblicher Künstler. Aber das spielt keine Rolle mehr. Mein Werk wird an seiner Eigenheit und Qualität gemessen, nicht an meinem Geschlecht. Niemand erwartet von mir, dass ich vor allem „attraktiv" bin. Ich habe auch nicht Jahrzehnte auf meine Entdeckung warten müssen. Ich arbeite. Ich arbeite hart. Manchmal zweifle ich oder verzweifle, ganz wie mein Kollege. Ich bin eine Frau. Und Kreativität hat kein Geschlecht.

Ich habe einen Traum. Ich lebe in einem fernen Land. Ich muss nicht hungern. Ich muss mich nicht prostituieren. Ich werde nicht wie Vieh verkauft, nicht wie eine Sklavin verstoßen, nicht wie ein Hund lebendig verscharrt. Ich bin auch nicht der Besitz eines Mannes, der mich im Namen Allahs bis zur Unsichtbarkeit unter den Schleier zwingt. Mir sind nicht die Genitalien mit deinem Rasiermesser verstümmelt, mir ist nicht die Vagina zugenäht worden. Ich spüre nicht Schmerz, sondern Lust. Ich habe mich auch nicht mit Versprechungen oder Drohungen in ein reiches Land verschleppen lassen, Endstation Bordell. Ich bin eine Frau. Und im vollen Besitz meiner Menschenrechte.

Ich habe einen Traum. Ich bin ein Mann. Nachts schlendere ich durch den Park und setze mich neben einen fremden Menschen. Es ist eine Frau. Ich beginne, über mich zu reden. Meine Mutter ist eine unabhängige, stolze Frau und mein Vater ein sensibler, fürsorglicher Mann. Geld und Macht sind für mich keine Ziele an sich, sondern Mittel zum Zweck. Ich hasse es, jemanden zu demütigen – oder gedemütigt zu werden. Ich verachte Gewalt. Nicht Ungleichheit, Gleichheit zieht mich an. Frauen sind mir so vertraut - oder so fremd - wie Männer, je nach Person. Dass ich biologisch männlich bin, ist eigentlich nebensächlich. Denn ich lebe in einer Zeit, in der Menschen nicht nach Männern und Frauen unterschieden werden, so wenig wie nach Weißen und Schwarzen oder Dünnen und Dicken. Ich bin ein Mensch. Ein Mensch mit Gefühl und Verstand, mit Stärken und Schwächen, mit Ängsten und Hoffnungen.

Die Saat geht auf

Sie trägt ein blaues Kostüm. Tailliert und kniekurz. Dazu Stöckelschuhe Ton in Ton. Wir kennen sie alle. Es ist Barbie. Aber diesmal nicht im Minirock oder Hochzeitskleid. Diesmal im Karriere-Outfit der Präsidentin von Amerika. Ja. Der weltweit ins Stocken geratene Verkauf der Barbie-Puppe zwang den Hersteller, seiner magersüchtigen Blondine ein zeitgemäßes Image zu verpassen. Auch Hillary begnügt sich schließlich nicht länger damit, dekorative First Lady zu sein, sie will mächtige First Woman werden. Nach dem ersten Emanzipationsschock latschte Barbie als Fußballerin aus der Schachtel, sodann als Astronautin, jetzt tippelt sie als *President 2000 Barbie* ans Mikro. – Das ist der Stoff, aus dem zu Beginn des 3. Jahrtausends die Mädchenträume sind.

Die Saat geht auf. Wir Feministinnen haben mehr erreicht, als ich vor 30 Jahren auch nur zu träumen gewagt hätte. Sicher, damals wollten wir die Welt aus den Angeln heben und die Sterne vom Himmel holen. Dass wir dazu aber auch Muskeln und Macht auf Erden brauchen, das hatten wir noch nicht so richtig zu Ende gedacht. Da kamen wir erst mit den Jahren drauf, nach dem Auszug aus den Frauenzentren und dem Einzug in die Welt.

Es fiel nur ein Schuss. Am 3. Juni 1968 zielte in Manhattan Valerie Solanas, die Autorin des provokanten *Manifestes der Gesellschaft zur Vernichtung der Männer (S.C.U.M.)* im Namen des Feminismus auf den Popkünstler Andy Warhol. Er überlebte. Ansonsten bewahrte die Frauenbewegung in Zeiten blutiger Aufstände die Ruhe und machte sich lächelnd an die gewaltfreieste und erfolgreichste Revolution des 20. Jahrhunderts.

Was Feministinnen nach 4000 Jahren unerschütterlicher Männerherrschaft innerhalb von diesen nur 30 Jahren erreicht haben, ist überwältigend. Und das, obwohl ihnen von Anfang an schärfster Gegenwind ins Gesicht blies. Die Erwartung, mit der eine junge Frau heute in die Welt geht, unterscheidet sich fundamental von dem, was ihre Altersgenossin in den 50ern und 60ern auch nur hoffen konnte. Innerhalb einer einzigen Generation hat es eine Revolution in den Köpfen gegeben. Junge Frauen fühlen sich heute gleich stark mit Männern, das sehen wir nicht nur im Alltag, das zeigen auch alle Umfragen (bis hin zur *Shell-Jugendstudie*) - auch wenn es darunter eine wortlose Unterströmung gibt, die das neue Selbstbewusstsein unterhöhlt.

Die weiterhin existierende Kluft zwischen den Geschlechtern klafft nicht mehr wie einst in der Pubertät, sondern erst ein paar Jahre später. So um 22, 23, wenn die neuen Frauen beginnen, ernsthaft die Hälfte der Welt zu fordern - und von den Männern im Gegenzug die Übernahme der Hälfte des Hauses erwarten. Erst dann wird offensichtlich, dass die Realitäten sich nicht so schnell verändern lassen wie das Bewusstsein. Aber das Bewusstsein ist der erste Schritt. Den zweiten, den Griff nach ihrer Hälfte, den üben die Frauen gerade - und sie lernen dabei, dass die Männer auf ihre Privilegien nicht freiwillig verzichten.

Je mehr die reale Gleichheit wächst, umso mehr wird die symbolische Ungleichheit propagiert und steigt die Gewalt. Der angebliche „Unterschied" zwischen den Geschlechtern ist das Softwareprogramm zur Aufteilung der Welt in 99 % Männerbesitz und 1 % Frauenbesitz (so sind die Besitzverhältnisse laut UNO). Die Gewalt ist die Hardware. Denn alle Machtverhältnisse - egal ob zwischen Völkern oder Geschlechtern - basieren im Kern auf Gewalt: ausgeübt oder drohend. Und so ist das auch zwischen Männern und Frauen.

Diese Gewalt zwischen den Geschlechtern ist fast immer eine sexualisierte Gewalt, die Frauen oft schon in der Kindheit - durch Missbrauch - bricht und lebenslang in Schach hält. Sexualgewalt ist das dunkle Herz der Männerwelt. Und es ist kein Zufall, dass mit der Forderung nach mehr Emanzipation auch die Sexualgewalt steigt.

Doch erstmals brechen Frauen auf breiter Front ihr Schweigen und benennen das Grauen. Seit sie formal die gleichen Rechte und ökonomisch eine relative Unabhängigkeit haben, schicken sie sich an, nun auch die härteste Bastion der Männerherrschaft zu stürmen: das männliche Gewaltmonopol über Frauen und Kinder. Sie könnten es schaffen. Denn es ist viel passiert in diesen letzten 30 Jahren.

Bis 1974 konnte eine Frau noch für Abtreibung ins Gefängnis kommen. Bis 1977 konnte ein deutscher Ehemann seiner Frau noch die Berufstätigkeit verbieten, wenn sie seiner Meinung nach „ihre Hausfrauenpflichten vernachlässigt“ (so das Gesetz). Erst seit 1994 haben Frauen überhaupt das Recht, ihren eigenen Namen zu behalten, auch wenn der Name einer Frau offiziell noch immer als „Mädchenname“ bezeichnet wird. Als sei ihre eigenständige Existenz eine Art Jugendsünde. Und erst seit 1997 – und nur, weil die Politiker*innen* aller Parteien sich zusammenschlossen und Druck machten! – ist die Vergewaltigung in der Ehe strafbar. Bis dahin konnte der Mann auf seinem Recht zur „Erfüllung der ehelichen Pflichten“ bestehen.

Auch das, wofür die englischen Suffragetten Anfang des 20. Jahrhunderts verhaftet und mit Zwangsernährung gefoltert und deutsche Feministinnen 1933 von den Nazis ins Exil gejagt wurden – das Wahlrecht und den uneingeschränkten Zugang zu Bildung und Beruf –, haben die Frauen sich längst im Sturm erobert: Zu Beginn des 3. Jahrtausends macht in Deutschland jedes dritte Mädchen Abitur, und an den Universitäten studieren inzwischen mehr Studentinnen als Studenten. Im Parlament, das die Frauen nach langen Kämpfen 1918 erstmals betreten durften, gibt es heute fünfmal so viele Frauen wie in den 50er Jahren: inzwischen ist knapp jeder dritte Abgeordnete weiblich.

Und trotz aller Widernisse und trotz Arbeitslosigkeit sind 43 % aller Berufstätigen Frauen, und in den Nachbarländern liegt die Zahl noch höher. Stimmt, die Mädchen gehen noch immer überwiegend in die zehn „weiblichen“ von insgesamt 331 Ausbildungsberufen, wie zum Beispiel Arzthelferin oder Friseurin. Aber sie haben ja auch noch gar nicht so lange die Wahl und erst seit kurzem ermutigende Vorbilder: Architektinnen, die Flughäfen bauen; Bankerinnen, die Börsen-Chefin sind; oder Juristinnen, die es bis zur Präsidentin des höchsten Gerichts bringen. Um diesen Weg wirklich würdigen zu können, dürfen wir nicht vergessen, dass die Mütter dieser Karrierefrauen im Dritten Reich noch Berufsverbot hatten.

Es gibt also reichlich Siege zu feiern - aber: Es gibt auch Niederlagen. Präsidentin Barbie höchstpersönlich verkörpert Sieg und Niederlage zugleich. Ja, sie bringt das Dilemma der Frauen von heute auf den Punkt, der da heißt: Ihr könnt sogar Präsidentin werden, aber nur unter einer Bedingung - ihr müsst dabei ganz Frau bleiben. Was immer das bedeuten mag, ganz Frau zu sein.

Unter anderem Schuhe, in denen ihr kaum gehen, geschweige denn starten könnt; ein dümmlicher Blick, der Unterwerfung signalisiert (und wenn ihr ihn nicht habt, weicht Mister President auf die Monicas dieser Welt aus); und vor allem das unermüdliche Bestreben, von Ihm begehrt zu werden. Und ob ihr begehrenswert seid, darüber entscheidet nicht ihr Frauen, darüber entscheiden wir Männer allein. Das Gesetz machen wir (auch wenn wir es zunehmend gern von Frauen exekutieren lassen). Und unser oberstes Gebot lautet: Ihr müsst uns gefallen. Was uns gefällt, bestimmen wir.

Und genau das ist der herzzerreißende Konflikt, in dem sich 30 Jahre nach dem erneuten Aufbruch der Frauen in die Welt nicht nur die Töchter der Emanzipation befinden, sondern auch ihre Mütter. Die modernen Frauen wollen gleichberechtigt sein mit den Männern, doch auf dem Weg zu dieser Gleichheit müssen sie für die Männer vor allem eines sein: anders. Sonst droht Liebesentzug. Und in dem Punkt ist auch die neue Frau noch ganz die alte. Nichts erträgt sie weniger, als nicht geliebt zu werden.

Und der moderne Mann? Auch für ihn ist nichts mehr, wie es einmal war. Viele Erfahrungen, Studien und Umfragen deuten zur Zeit auf eine Drei-Drittel-Männergesellschaft hin: Das erste Drittel steht der Sache der Frauen aufgeschlossen und sympathisierend gegenüber, wenn auch nicht ohne Rückfälle. Das zweite Drittel versucht, sich durchzuschlawinern. Das dritte Drittel hat verstanden - und hält hart gegen. Wobei Bewusstsein und Bereitschaft zur Veränderung keineswegs immer eine Frage des Alters sind; die jungen, von emanzipierten Müttern und Schwestern geforderten Männer sind jedoch überproportional im ersten Drittel vertreten.

Wovon Barbies Gefährte Ken träumt, muss er uns noch erzählen. Eines der großen Männeridole der Old Boys aber, Ernest Hemingway, hat es schon ausgeplaudert. Sein demonstratives Machotum prägte ganze Männergenerationen, darunter die, die heute an der Macht ist. So verriet zum Beispiel der deutsche Kanzler jüngst unbefangen in *Bild am Sonntag*: „Für mich ist Hemingway der Größte." Ja, „Papa Hem" sei nicht nur sein Vorbild, sondern ein „globaler Volksheld" und Teil des „Weltkulturerbes", da seien sich „alle Nationen einig". Denn Hemingway war, so Schröder bewundernd, „Kriegsreporter, Jäger, Soldat, Trinker, Weltenbummler, Frauenheld. Und er war alles mit Grandezza". Auch sei verbürgt, man höre und staune, dass er 16 Frozen Daiquiri an einem Abend geschafft habe, „ohne umzufallen".

Was Gerhard Schröder vermutlich nicht weiß, ist, wie sehr „Papa Hem" selbst unter diesem Machogehabe litt, und was der Homophobe unter seiner rauen Schale verbarg: nämlich die Sehnsucht nach sexueller Hingabe, ja danach, eine Frau zu sein (das schreibt sein Biograf und enthüllt auch sein posthum veröffentlichter Text *Der Garten Eden*).

Vom anderen Teil des Paradieses, aus dem sich die Geschlechter auch selbst verjagen, träumen natürlich nicht nur Ken und Hem, sondern auch die Barbies und die Veronas dieser Welt. Auch sie verhüllen mit ihrem transvestitischen Weibchenspielen ihre andere Seite, in ihrem Fall die männliche. Eine ironische Antwort auf den Zwang zur Entscheidung zwischen Mann und Frau geben heute die augenzwinkernd überzogenen Maskeraden einer Madonna oder eines Schwarzeneggers. Madonna hat Weltkarriere mit ihrer Doppelstrategie gemacht. Sie bedient die Erwartung an die Superwoman und signalisiert gleichzeitig: Ich kann aber auch ganz anders.

Diese Maskeraden und Spielchen können vorübergehend amüsant sein – doch was für eine Erleichterung und Befreiung wäre es für alle Beteiligten, endlich die Geschlechterzwänge ablegen und wirklich frei sein zu können. Denn nicht nur der Zwang zur Weiblichkeit engt ein, die Männlichkeit tut es nicht minder. Und beide Rollen können sogar tödlich sein. Und das nicht nur an der Front, im Ring oder an Papa Hems Bar, sondern auch im ganz banalen Alltag. Der zur Zeit angesagte unrasierte Zuhälterlook oder die kahlköpfige Skinpose überfordern auch so manchen netten Jungen. So ging im Frühling 2000 die Meldung durch die Presse, in England seien die Selbstmordraten bei jungen Männern drastisch in die Höhe geschnellt. Als Grund glaubt die englische Regierung das Auseinanderdriften zwischen dem Männerbild in den Medien und dem Männerlos im Leben erkannt zu haben. Sie plant nun eine Männer-Aufklärungskampagne, Tenor: Auch Männer sind Menschen.

In der Tat sterben die Männer immer noch sieben Jahre früher als die Frauen. Und kein Mensch hat eine Erklärung dafür. An Überarbeitung kann es nicht liegen, denn laut UNO tun sie nur ein Drittel der Arbeit, erhalten aber dafür 90 % des Lohns und sind im Besitz von 99 % des Vermögens der Welt. Auch die Spekulation, ihr früherer Tod sei ihrem unterschiedlichen 46. Chromosom zuzuschreiben, das sich als Y vom urmenschlichen weiblichen X durch ein fehlendes Viertel unterscheidet, konnte nie belegt werden.

Es stellt sich also die Frage, ob die Männer nicht ganz einfach von der Männlichkeit dahingerafft werden, so wie Papa Hem, der sich irgendwann mal im Suff die Kugel gab. Sind Herzinfarkt und andere (noch) typisch männliche Stresskrankheiten der Preis für die unmenschliche Anstrengung, ein echter Mann zu sein? Zerbricht der Mann also am eigenen Männlichkeitswahn?

In Wahrheit glauben auch die Männer selber nicht mehr so richtig ans Mannsein. So gestand das Superman-Idol Arnold Schwarzenegger im *Spiegel*: „Ich bin ja auch älter geworden. Mit 30 steht man auf diese Macho-Nummer. Wer hat die größte Knarre, wer schießt am schnellsten. Aber wenn man aus dieser Phase nicht herauswächst, ist irgendetwas nicht in Ordnung." Gleichzeitig jedoch gaukeln die Schwarzeneggers den anderen Männern vor, es gäbe ihn, den Superman - es zerreißt die neuen Männer der selbst nicht unambivalenten „neuen" Frauen so richtig zwischen Old Men und New Boys.

Nach Jahren der „Mädchenarbeit" erkennen die PädagogInnen, dass auch „Jungenarbeit" Not tut. Das Land Nordrhein-Westfalen führte im Frühling 2000 „Anti-Macho-Kurse" an den Schulen ein, um der aus dem Ruder gelaufenen Jungengewalt Herr zu werden. Und das Wiener Forscherinnen-Duo Benard/Schlaffer (beide auch Mütter von Söhnen) zog aus einer dreijährigen Begleitforschung der Jungenarbeit an Schulen den Schluss, die Jungen dürften nicht etwa auch noch in ihrer Männlichkeit bestärkt werden („Da abholen, wo sie sind"), sondern müssten endlich in ihrer „Weiblichkeit" erweckt werden. Sie orteten einen harten, irreparabel scheinenden Macho-Kern, die Mehrheit der Jungen aber halten sie für rettbare „Einsame Cowboys" (so auch ihr Buchtitel).

Jüngst interviewte der *Stern* solche „einsamen Cowboys": den Popstar von *Echt*, Kim Frank, und Benjamin Lebert, beide 18. Lebert hat mit 15 den Bestseller *Crazy*, eine melancholisch-komische Geschichte vom Mannwerden in postmodernen Zeiten, geschrieben und damit offensichtlich den Nerv seiner Altersgenossen getroffen. Frank, stolzer Sohn einer allein erziehenden Mutter, nahm die Gelegenheit wahr, sich von seinem Ruf als „Weiberheld" zu distanzieren. Die Phase sei vorbei, sagte er, denn da habe ihm „etwas ganz Wichtiges gefehlt: Liebe".

Und der sensible – und nicht zuletzt aufgrund seiner Behinderung in einer unmännlichen, also quasi weiblichen Lage befindliche – Lebert widerstand ganz uneitel der großen Versuchung, sich im Hire-and-fire-Verfahren zum „neuen Salinger" hochpushen zu lassen. Er will sich nicht mit der Wirkung seiner öffentlichen Darstellung begnügen, will als Mensch wahrgenommen werden: „Meine Dauerangst ist, dass sich niemand für mich interessiert." Wirklich wichtig ist diesem 18-jährigen Sohn und Bruder engagierter Feministinnen nicht sein vergänglicher Erfolg, sondern „für Dinge zu kämpfen, die mir wichtig sind. Und am allerwichtigsten im Leben ist natürlich die Liebe, darauf läuft am Ende alles hinaus."

Ein Popstar und ein Bestsellerautor, die von der Liebe träumen. Was will das New Girl mehr? Vielleicht das: Auch einfach nur als Mensch wahrgenommen werden. Nur – davon sind auch die beiden netten Jungs noch weit entfernt. Beide stöhnen: „Mädchen sind ein Mysterium." Schade eigentlich. Gerade die beiden wären doch Kandidaten für Frauen, die nicht länger Mysterium sein wollen, sondern einfach Menschen.

Es könnte jetzt loslassen, das starke Geschlecht. Das angeblich schwache Geschlecht ist bereit, mit ihm die Hälfte der Welt zu schultern - und ihm dafür die Hälfte des Hauses zu überlassen.

Und was passiert? Das Imperium schlägt zurück.

Dank einer Jahrtausende bewährten Erfahrung ist es mit dem Patriarchat wie mit dem Hasen und dem Igel: Es ist immer schon da. So manche neue Freiheit läuft darum Gefahr, in eine alte Unfreiheit verkehrt zu werden: Du hast die Freiheit, einen Minirock zu tragen - dann wundere dich nicht, wenn du vergewaltigt wirst. Du bist schwanger - du kannst ja abtreiben. Du willst Karriere machen - wunderbar, das bessert unsere Kasse auf; aber nicht, dass du nervst oder die Kinder zu kurz kommen.

So manche optimistische junge Frau hat noch nicht begriffen, dass sie eben nicht „alles" haben kann, sondern Kompromisse eingehen muss. Leider. Diejenigen, die auf den Du-kannst-alles-Schwindel reinfallen, rennen sich schnell den Schädel ein: Im Beruf erschöpft vom Kampf gegen die gläserne Decke, die den Frauen immer noch die oberen Etagen der Karriere versperrt, stoßen sie zu Hause schnell gegen die gläserne Wand - auf deren anderer Seite steht der Mann, schwer erreichbar und kaum einklagbar. Nur solange er jünger ist, fasst er noch mit an im Haushalt. Sobald er verheiratet ist, sinkt seine Bereitschaft schon auf die Hälfte. Und ist erst mal ein Kind da, teilt nur noch jeder zehnte Mann die Hausarbeit partnerschaftlich. Studien beweisen: Wenn ein Kind kommt, fallen junge Mütter beruflich zurück und machen junge Väter ihren ersten Karrieresprung - befreit von der Konkurrentin am Arbeitsplatz und unterstützt von der Hausfrau zu Hause.

Kein Wunder also, dass die Frauen immer später und immer weniger heiraten - und immer weniger Kinder kriegen. Im krassen Gegensatz zu den schönen bunten Trendstorys in den Medien, die uns so gern von den neuen Hochzeitsbooms und Kinderbooms erzählen, sieht die Wahrheit ganz anders aus, nämlich genau umgekehrt. Jede dritte 35-Jährige (Jahrgang 1965) ist heute kinderlos (im Jahrgang 1945 ist es nur jede achte). Immer mehr Frauen treten also in den Kinderstreik. Und die Männer? Die Männer treten in den Sexstreik (siehe das folgende Kapitel *Der Mythos Sexualität*)!

Highnoon im Geschlechterkampf. Die Waffen der Frauen sind der Rückzug in Küche und Kinderzimmer – oder die Offensive in Beruf und Politik. Die Waffen der Männer sind die altbewährten, nämlich die Behauptung vom natürlichen Anderssein der Frauen und vor allem: die Gewalt. Sie ist das dunkle Herz aller Machtverhältnisse. Das ist so zwischen den Klassen, Rassen oder Völkern. Und es ist zwischen den Geschlechtern nicht anders. Das besondere Problem zwischen Männern und Frauen aber ist, dass bei ihnen Hass und Liebe, Gewalt und Begehren schier unlösbar miteinander verknüpft sind. So ist in drei von vier Fällen von Kindesmissbrauch oder Vergewaltigung der Täter nicht der fremde böse Mann, sondern der eigene Vater oder Onkel bzw. Mann oder Freund. Der geliebte Mann kann für eine Frau gleichzeitig der gefürchtete Feind sein.

Wie sehr die Frauen sich andere Verhältnisse wünschen, zeigen unter anderem zwei aktuelle repräsentative Umfragen, die eine von *Emnid* aus dem Jahre 1999 und die andere von *Allensbach* aus dem Jahre 2000. Sie beweisen: Der Glaube an die Gleichberechtigung sinkt wieder, und der Zorn steigt. 78 % aller Frauen finden laut *Allensbach*: „Für die Gleichberechtigung muss noch einiges getan werden." (Und 44 % aller Männer stimmen ihnen zu!) Die überwältigende Mehrheit der Frauen ist: Pro Emanzipation! Pro Frauenpolitik! Pro Feminismus! Und bei allen Forderungen liegen ausgerechnet die viel geschmähten jungen Frauen an der Spitze. So fordern 77 % aller jungen Frauen die „Organisation von Frauen", und 52 % sind sogar „für eine Frauenbewegung". Sieh an: Die angeblichen Girlies sind also Emanzen.

Bedenken wir, wie hart die Medien seit 30 Jahren den Feminismus und die Frauenbewegung runter- und totschreiben, so wären stärkere Berührungsängste mit „der Frauenbewegung" keine Überraschung gewesen und sind die Ergebnisse doppelt erstaunlich. Beide Umfragen wurden übrigens nicht zufällig von Frauenministerinnen in Auftrag gegeben. Denn außer den Frauen will niemand diese Wahrheiten wissen. Bei den sonst üblichen Umfragen können Frauen auf den Wunschlisten bestenfalls wählen zwischen Engagement für eine ökologische Umwelt oder gegen Arbeitslosigkeit – nach ihrer eigenen Sache, nach der Emanzipation der Frauen, fragt sie nie jemand. Stattdessen wird uns gebetsmühlenartig was von der „wahren Weiblichkeit“ erzählt, zu der die Frauen angeblich zurückkehren möchten.

Aber was ist eigentlich „Weiblichkeit“, und worin besteht er, der viel strapazierte „kleine Unterschied“, über den ich vor 25 Jahren das Buch schrieb, das so große Folgen hatte? Auf Grund von was ist diese ganze Welt nach dem männlichen und weiblichen Prinzip aufgeteilt?

Ist es die Gebärfähigkeit? Wohl kaum. Denn die besagt ja noch nichts über die Fähigkeit, ein Kind auch zu bemuttern. Was wir nicht nur am Beispiel unmütterlicher Mütter (von Kindsmörderinnen gar nicht zu reden) oder mütterlicher Väter sehen (von Missbrauchern abgesehen), sondern auch daran, dass Windeln bekanntlich nicht mit der Gebärmutter gewechselt werden. Und trösten können Väter so gut wie Mütter ermutigen. Hinzu kommt: Die Bedeutung der natürlichen Gebärfähigkeit wird mit der unaufhaltsamen Entwicklung der künstlichen Reproduktion rasant abnehmen.

Auch nach der Entschlüsselung des Genoms gibt es für einen genetischen Unterschied keinen einzigen Hinweis. Und die Hormone sind erstens bisher kaum erforscht, und zweitens lässt sich mit ihnen alles und nichts begründen. Also das Gehirn? Zweifelhaft. Auch die beiden Hirnhälften waren bisher nur Gegenstand voreingenommener Spekulationen. Nein, wir verdanken, wie neueste Studien beweisen, zum Beispiel den angeblich so „weiblichen“ Hang zur Kommunikation und Sprache frühesten Prägungen, und entsprechend anders ermutigte Mädchen erobern in Amerika gerade das „Männerterrain“ Mathematik.

Wo also ist er begraben, der angeblich kleine, zum großen mutierte Unterschied? Die ExpertInnen aus Evolutionsbiologie, Psychologie, Soziologie und Historie teilen sich, grob gesagt, in zwei Schulen: Die eine versucht, jenseits von nachgeburtlichen Prägungen einen (quasi) naturgegebenen Unterschied zu beweisen. Die andere forscht auch nach Gemeinsamkeiten der Geschlechter. Im aktuellen Stand der Erkenntnis spricht überwältigend viel für die These der GleichheitsanhängerInnen von den vorwiegenden, ursprünglichen Gemeinsamkeiten – und bleiben die DifferenzialistInnen die Beweise schuldig. Doch selbst wenn sie Recht hätten: Könnte irgendein psychologischer oder physiologischer Unterschied die so unterschiedlichen Rollenzwänge und Machtverhältnisse zwischen den Geschlechtern rechtfertigen?

Kommen wir also zum Körper und zu den Genitalien, die als die Bastion schlechthin des geschlechtlichen Unterschiedes gelten. Doch - auch diese Festung ist nicht haltbar. Denn die weiblich-männliche Anatomie und Physiologie gleichen sich strukturell bis in die Details der sexuellen Organe hinein. Am Anfang steht sogar das weibliche Prinzip. Das menschliche Embryo ist bis zur sechsten Woche eingeschlechtlich weiblich, erst dann wird es potenziell zweigeschlechtlich und bleibt das lebenslang in all seinen Anlagen. Besteht jedoch das 23. Chromosomenpaar aus einem XY statt einem XX, gibt das Y via Testosteron den Impuls zur Abweichung von der urweiblichen Form und zur Entwicklung männlicher Genitalien. Eva kommt also nicht aus Adams Rippe - Adam stammt von Eva ab!

Die Erkenntnis, dass am Anfang das Weib ist, ist mythisch uralt (siehe Schöpfungsgöttin Eurynome), wissenschaftlich aber relativ neu und wurde meines Wissens erst von der amerikanischen Sexualwissenschaftlerin Mary Jane Sherfey (*Die Potenz der Frau*) popularisiert. Alt jedoch ist die Auffassung, dass Frauen und Männer eigentlich ein Geschlecht sind. So lehrte schon der bis in die Neuzeit tonangebende römische Arzt Galen von Pergamon (ca. 129-199), der Unterschied zwischen Penis und Vagina sei rein topologischer Art. Der Historiker Thomas Laqueur (und Autor von *Auf den Leib geschrieben*) resümiert den Mediziner der Antike pointiert: „Wenn man nämlich den Penis, ja das gesamte männliche Geschlechtsorgan nach innen stülpe wie einen umgedrehten Handschuh, dann verwandelten sie sich in weibliche Genitalien: der Penis werde zur Vagina, der Hodensack zur Gebärmutter und die Hoden zu Eierstöcken. (...) Man kann jedoch genauso gut mit der Frau anfangen: Man stülpe Vagina und Uterus nach außen, und schon erhalte man Penis und Skrotum.“ (*NZZ Folio 7/2000*)

Über tausend Jahre später kamen die Ärzte der Renaissance beim Studieren der menschlichen Anatomie zu demselben Schluss, mit ihnen Leonardo da Vinci. Der Künstler stellte auf seinen Zeichnungen, an die sich die Anatomiebücher über Jahrhunderte anlehnten, die Sexualorgane beider Geschlechter gleich dar. Folgerichtig galt auch der sexuelle Ablauf, auch der Orgasmus, als ein Gefühl, das Männer und Frauen nicht unterscheidet, sondern das sie teilen. Die Ideologie vom körperlichen Unterschied kam so offensiv in unserer Kultur erst im 18. Jahrhundert auf - erst da wurde der kleine Unterschied nicht zufällig zum großen.

Nicht nur für den Berkeleyer Historiker Laqueur hat dies eindeutig politische Gründe. Nach seiner Auffassung „förderte die Französische Revolution indirekt die Entwicklung der Zwei-Geschlechter-Theorie. Denn wenn alle Menschen gleich waren, warum dann nicht auch die Frauen? Da kam ein körperlich begründeter Geschlechtsunterschied gerade recht, um die männliche Vorherrschaft aufrecht zu halten." So wurde der Mensch noch mehr als zuvor in zwei Hälften gespalten: in eine weibliche und eine männliche.

Dass die Mutter aller modernen Revolutionen zwar die „Freiheit - Gleichheit - Brüderlichkeit" wollte, die Hoffnung auf Schwesterlichkeit jedoch blutig erstickte, ist bekannt: Die bedeutendste Feministin dieser Zeit, Olympe de Gouges, landete auf dem Schafott. 100 Jahre lang war das verschärfte Zwei-Geschlechter-Modell unangefochten, dann zweifelten die Feministinnen des 19. Jahrhunderts dieses Konstrukt an. Was jedoch wieder in Vergessenheit geriet. Mitte des 20. Jahrhunderts erinnerte Simone de Beauvoir erneut daran, dass „das andere Geschlecht" eine Erfindung der Männerwelt ist und die „Epochen der extremsten Unterdrückung der Geschlechter" immer auch die Zeiten ihrer „extremsten Ungleichheit" sind.

Bald darauf besann sich die Avantgarde der neu geborenen Sexualwissenschaft aufs Elementare. Auch sie beweist, dass die von unserer Kultur so unterschiedlich interpretierten weiblichen und männlichen Sexualorgane in ihrer Grundstruktur homolog bis ins Letzte sind: Klitoris gleich Penisspitze. Nicht nur „gender", die Geschlechtsrolle, ist also eine Konstruktion, sondern in der Tat auch „sex", das biologische Geschlecht. Und das kann nicht nur metaphysisch debattiert, sondern auch physisch bewiesen werden. Die beiden heute in der Theoriedebatte so modischen Begriffe Sex and Gender kommen übrigens nicht aus der Frauenforschung, sondern aus der Sexualforschung und wurden von dem Pionier Robert Stoller (1924–1991) geprägt.

Es gibt Kulturen, die kennen drei oder vier Geschlechter – und drei oder vier Geschlechtsrollen, die unsere aber kennt nur zwei Geschlechter. Bei Neugeborenen, die rein genital nicht den strikten Kategorien von „männlich" oder „weiblich" entsprechen – weil sie zum Beispiel einen „zu kleinen" Penis oder eine „zu große" Klitoris haben –, wird nach dem Aschenputtelprinzip verfahren: Schnippschnapp. Die moderne Medizin entscheidet in solchen Fällen von so genanntem Intersex zusammen mit den Eltern dann willkürlich das soziale Geschlecht des Kindes – mit der Folge, dass das Kind gemeinhin ein „typischer Junge" oder ein „typisches Mädchen" wird. Und was partout nicht „passend" gemacht werden kann, wird pathologisiert.

Die SexualforscherInnen John Money und Anke Ehrhardt berichteten in ihrem 1975 auf Deutsch erschienenen Buch *Männlich Weiblich* über den bekannt gewordenen Fall eines kleinen Jungen, dem bei der Beschneidung wegen einer Vorhautverengung versehentlich der Penis verbrannt wurde. Das Kind, Teil eines eineiigen männlichen Zwillingspaares, wurde auf Anraten von Money, einer Koryphäe in Fragen der Geschlechtsidentität, als Mädchen erzogen. Brenda wurde ein ganz normales Mädchen, das laut Eltern „sehr weiblich sein konnte". Die Mutter: „Ich habe nie ein so ordentliches und eitles kleines Mädchen gesehen."

Doch halt: Brenda konnte auch sehr burschikos sein, sie veranstaltete auch schon mal im Stehen Wettpinkeln mit ihrem Zwillingsbruder und interessierte sich mehr für dessen Autos als für ihre Puppen – was die alarmierten Eltern irritierte. Als sie in die Pubertät kam, wurde sie hormonell behandelt. Mit 14 entdeckt Brenda, dass sie „eigentlich ein Junge" ist. Von da an lehnt sie sich vollends gegen die Frauenrolle auf. „Brenda" lebt heute als David. Er erhielt später eine Penisrekonstruktion und ist inzwischen verheiratet. Fotos der eineiigen Zwillinge von heute zeigen einen knabenhaften, eher androgynen David/Brenda und seinen sehr männlich-massiven Bruder Brian, ein junger James Dean und ein mittelalter, dicker Bruce Willis. Bei Geburt eineiig, jetzt zwei völlig unterschiedlich aussehende Menschen – so prägt das Geschlechterdiktat sogar den Körper.

Triumph: Milton Diamond, ein als konservativ bekannter Hormonforscher, nahm den Fall des renommierten und als fortschrittlich geltenden Sexualforschers Money zum Anlass, ein Buch über Brenda zu schreiben, Titel: *As nature made him*, wie die Natur ihn geschaffen hat. Diamond hält es für bewiesen, dass das „Tor zur Geschlechtsidentität" eben nicht bis zum 18. Monat offen steht, wie Money meint, sondern von Geburt an vorgegeben ist. *Der Spiegel* (18/2000) breitete den amerikanischen Fall über acht Seiten aus, Titel: *Wie war mein Name? - Kann ein normaler Junge als Mädchen aufwachsen, wenn sein Penis gravierend verletzt wurde?*

Nun, ein Kind muss kein „normaler" Junge sein - was immer das sein mag -, um sich mit Puppen zu langweilen. Und auch das Wettpinkeln ist bei mit Jungen konkurrierenden Mädchen kein ungewöhnliches Spiel. „Was wäre, wenn du morgen früh aufwachst und feststellst, ab heute gehörst du zum anderen Geschlecht?", fragten Psychologen in Schweden und Amerika 11- bis 18-jährige Jungen und Mädchen. Deren Antworten zeigen, dass zwar so manches Mädchen gerne als Junge aufwachsen würde - aber kein Junge als Mädchen. Und eine Umfrage in den Highschools von Michigan ergab, dass jedes zweite Mädchen lieber ein Junge wäre, aber nur jeder 15. Junge lieber ein Mädchen. Denn es ist nicht nur „anders", sondern einfach weniger, ein Mädchen in einer Männerwelt zu sein. Das fand offensichtlich auch Brenda an der Seite ihres Zwillingsbruders Brian. Sie/er ist heute froh, als Mann leben zu dürfen.

Vermutlich hätten Money und seine KollegInnen das Tor zur Geschlechtsidentität des Kindes am besten ganz aufgelassen und es weder in die Frauen- noch in die Männerwelt zwingen sollen. Doch dazu bräuchten wir eine Welt, die nicht ausschließlich die zwei Schubladen „Frau" oder „Mann" kennt.

Transsexuelle, die heute gesetzlich legal operativ ihr Geschlecht wechseln können - weil sie eine „weibliche" Seele in einem männlichen Körper oder eine „männliche" Seele in einem weiblichen Körper fühlen - müssen sich die Verhaltensweisen des begehrten anderen Geschlechts zwar erst mühsam antrainieren, sind aber dann meist glücklich über den Wechsel. Manchmal allerdings entdecken sie, zu spät, dass sie von einer Zwangsjacke in die andere geraten sind. Auch für sie, deren psychosoziale Konditionierung in weiblich oder männlich „schief" gelaufen ist – und sie in hie Seele und da Körper gesplittet hat –, wäre es eigentlich die Lösung, sie könnten so „weiblich" oder so „männlich" empfinden, wie sie wollen – ohne dafür ihren Körper verstümmeln zu müssen. Doch die Verhältnisse, die sind nicht so.

Noch müssen Menschen Männer oder Frauen sein, dazwischen ist kaum Raum – nur der langsam größer werdende Spielraum, den die Frauen- und Homosexuellen-Bewegungen erkämpft haben. Der „Gendertrouble" erlaubt, zumindest in den Freiräumen der Metropolen, Frauen wie Männern längst Übergriffe auf die jeweils versagte „Männlichkeit" bzw. „Weiblichkeit". Diese neue (Un)Ordnung der Geschlechter reicht von der Freiheit, sich als Frau auch „männlich" zu geben bzw. als Mann auch „weiblich", über transvestitische Ausflüge in die andere Geschlechterwelt, bis hin zum Wechsel ins andere Geschlecht – und das auch durchaus ohne körperliche Anpassung, ohne Hormone oder Operationen.

Den Wechsel ins andere Geschlecht gibt es, seit es die Geschlechterrollen gibt. Für biologische Frauen war dieser Wechsel im Patriarchat immer verbunden mit dem Griff nach männlichen Privilegien. Die Geschichte ist voll von Piraten und Generälen – sogar eine Päpstin soll es gegeben haben, deren weibliches Geschlecht erst beim Tod entdeckt wurde. So wie bei dem Jazzmusiker Billy/Dorothy Tipton, dessen (Adoptiv)Söhne fassungslos waren, als bei seinem Tod 1989 das wahre Geschlecht ihres Vaters entdeckt wurde.

Dorothy war zunächst zu Billy geworden, um einen Job als Musiker zu kriegen. Eine Neigung zu Frauen hatte sie schon immer, und als Billy heiratete er fünfmal. Die Frauen waren wie wild hinter ihm her, er galt als sehr charming. Das Mannsein hatte Dorothy regelrecht gelernt. „Sein Gang, seine Art zu reden, seine Haltung – in allem drückte sich die Sozialisation eines Mannes aus", schreibt Diana W. Middlebrook, die über Tipton eine Biografie veröffentlichte. „Er schlug nie ein Bein über das andere, machte sich nie an seinem Haar zu schaffen. Aggression drückte er durch scharfen Humor oder eisiges Schweigen aus."

Auch die heutigen Stars der Subkultur, die Drag-Kings oder Drag-Queens, strafen jeden Glauben an eine „natürliche" Männlichkeit oder Weiblichkeit Lügen. Keine (eben doch anders geprägte) biologische Frau ist so hemmungslos weiblich wie eine gute Drag-Queen, diese professionelle Glamour-Tunte; kein biologischer Mann ist so wissend männlich wie ein guter Drag-King, dieser professionelle Glamour-Kerl.

Die WanderInnen zwischen den Geschlechterwelten holen sich demonstrativ die geraubte Seite zurück. Ihr Erfolg liegt auch in der Ahnung der Mehrheit um die Unterdrückung ihrer anderen Hälfte. Denn der keineswegs in der Kindheit abgeschlossene, sondern ein Leben lang währende Prozess der „Vermännlichung" oder „Verweiblichung" ist für alle Menschen immer auch ein Prozess der Reduktion, eine Amputation. Er verstümmelt beide Geschlechter. Doch ist es kein Zufall, dass in einer Männergesellschaft dem Mann die Attribute zugeordnet werden, die herrschaftssichernd sind (wie Stärke, Intellekt, Kreativität, Konfliktfähigkeit oder Aggressivität) und der Frau diejenigen, die ausbeutbar sind (wie Schwäche, Gefühl, Sensibilität, Fürsorglichkeit, Passivität etc.).

Das hatten auch die feministischen Pionierinnen der vergangenen Jahrhunderte klar erkannt. Und sie haben nicht auf die empirischen Erkenntnisse der modernen Forschung warten müssen, um zu begreifen, dass die „Natur des Menschen" eine Erfindung ist, dass die Geschlechterrollen die Menschen einengen und das schwache Geschlecht dem starken ausliefern. Sie wussten aus ihren eigenen Beobachtungen und Erfahrungen, dass diese Rollen nicht angeboren, sondern anerzogen und aufgezwungen sind. Und sie erkannten die Parallelen zwischen Frauen, Schwarzen und Juden. Im Postfeminismus, also unserer angeblich nachfeministischen Zeit, wird diese Erkenntnis für neu gehalten und als „Dekonstruktion der Geschlechter" bezeichnet. Der Begriff geht davon aus, dass das Geschlecht nicht Natur, sondern Kultur ist und erst „konstruiert" werden muss, ergo auch „dekonstruiert" werden kann.

Die Schöpferin des Begriffes, die vom französischen Strukturalismus geprägte Amerikanerin Judith Butler, 44, erfreut sich seit Mitte der 80er großer Beliebtheit bei jungen Akademikerinnen. Denn sie scheint die freie Wahl der Geschlechtsidentität im Hier und Jetzt zu verheißen. Viele Jüngere halten Butler für die erste Theoretikerin des Denkens jenseits der Geschlechtskategorien. Was ein Irrtum ist. Tatsächlich ist das Geschlecht im 20. Jahrhundert allen voran von Simone de Beauvoir aufgekündigt worden, aber auch schon Jahrhunderte zuvor, also sozusagen im Präfeminismus.

Von der Pariser Philosophin und ersten europäischen Berufsschriftstellerin, von Christine de Pizan (1365-1430), ist die Erkenntnis in den Begrifflichkeiten ihrer Zeit überliefert: „Die Natur hat die Frauen mit ebenso vielen körperlichen und geistigen Gaben ausgestattet wie die weisesten und erfahrensten Männer." Und 400 Jahre später erklärt Olympe de Gouges 1791: „Ich bin weder Mann noch Frau, besitze allen Mut des einen und zuweilen die Schwäche der anderen." Sie ergänzt die *Déclaration de droit de l'homme* (= Mann + Mensch) durch ihre *Déclaration de droit de femme* und erklärt stolz: „Die Frau wird frei geboren und ist dem Manne gleichberechtigt." Wofür ihre revolutionären Weggefährten sie aufs Schafott schickten. Ein halbes Jahrhundert später bekräftigt die Schriftstellerin George Sand: „Es gibt nur ein Geschlecht. Ein Mann und eine Frau sind komplett dieselbe Sache."

50 Jahre danach erklärt Sarah Grimké (1792-1873), die zusammen mit ihrer Schwester in den Südstaaten der USA als Erste den Rassismus *und* den Sexismus bekämpfte: „Intelligenz hat kein Geschlecht". Die deutsche Feministin Hedwig Dohm schreibt 1875: „Die Menschenrechte haben kein Geschlecht." Und durch die Frauenbewegung nervös gewordene Frauenfeinde à la Paul Julius Möbius (*Der physiologische Schwachsinn des Weibes*) erwidert Dohm spöttisch: „Die weibliche Andersartigkeit ist eine durchsichtige Lüge."

Als Simone de Beauvoir in einem Interview mit mir 1975 sagt: „Das ewig Weibliche ist eine Lüge" – da kennen weder sie noch ich auch nur den Namen der zu ihrer Zeit sehr berühmten Essayistin Hedwig Dohm. Dabei hätte es sich gelohnt, denn das hätte uns erspart, alles noch einmal neu zu denken. Wir hätten auf ihr und all den anderen aufbauen und weiterdenken können. Schließlich wusste Dohm bereits 1896: „Man kommt sich auf dem Gebiet der

Frauenfrage immer wie ein Wiederkäuer vor. Das liegt an der Taktik der Gegner.«

1949 veröffentlichte Simone de Beauvoir ihr epochales Werk *Das andere Geschlecht* und fragte spöttisch: „Gibt es Frauen?“ Ihre Analyse gipfelt in der Erkenntnis: „Man wird nicht als Frau geboren, man wird es.“ Damit tritt Beauvoir erneut die heute so genannte Genderdebatte los. Und das in einer bisher unübertroffenen Konsequenz, allerdings auch mit unbequemer Differenziertheit und Selbstkritik. Beauvoir kritisiert nämlich den Weiblichkeitswahn ebenso wie den Männlichkeitswahn und benennt den Zusammenhang mit den Machtverhältnissen. Sie kündigt die Trennung in „das eine“ und „das andere“ Geschlecht kompromisslos auf und entlarvt die Hierarchie dieser Zweiteilung. So schreibt sie im Vorwort zum *Anderen Geschlecht*:

„Er ist das Subjekt, er ist das Absolute: sie ist das Andere. (...) Um klar zu sehen, muss man diese eingefahrenen Gleise verlassen; man muss den verschwommenen Begriffen Überlegenheit, Unterlegenheit und Gleichheit, die alle Diskussionen entstellt haben, eine Absage erteilen und ganz von vorn beginnen. (...) Ob die untergeordnete Position einer Rasse, einer Kaste, einer Klasse oder einem Geschlecht zugewiesen wird, die Rechtfertigungsmechanismen sind immer gleich. Dem ‚Ewigweiblichen‘ entspricht die ‚schwarze Seele‘ und der ‚jüdische Charakter‘.“

Gleichzeitig aber erinnert Simone de Beauvoir daran – im Gegensatz zu Butler –, dass die Befreiung von den Geschlechterrollen noch Utopie ist, und die Frauen und Männer von heute eben noch nicht frei, sondern das Produkt tiefer Prägungen sind: „Die Begriffe vom Ewigweiblichen, von der schwarzen Seele, vom jüdischen Charakter abzulehnen, bedeutet ja nicht zu verneinen, dass es heute Juden, Schwarze, Frauen gibt. Diese Verneinung wäre für die Betroffenen keine Befreiung, sondern eine Flucht ins Unauthentische. Selbstverständlich kann keine Frau, ohne unaufrichtig zu sein, behaupten, sie stünde jenseits ihres Geschlechts.“

Das Unauthentische und die Unaufrichtigkeit sind zwei Schlüsselbegriffe. Die eine große Gefahr für Frauen ist das Sich-Begnügen mit ihrer „Weiblichkeit“ – die zweite große Gefahr ist die Leugnung ihrer „Weiblichkeit". Denn mit dieser Leugnung kappt der weibliche Mensch seine Wurzeln - und ist zum Unauthentischen verdammt; er verliert sich selbst, wird kraftlos. Eine solche unauthentische Frau kann nie mehr sein als bestenfalls ein halber Mann. Von den Frauen will sie nichts mehr wissen. Und beim Wettpissen mit den Männern wird sie immer den Kürzeren ziehen.

Simone de Beauvoirs besondere Leistung ist es, die Utopie gedacht, ohne die Realität geleugnet zu haben. In ihrem Werk *und* Leben spiegeln sich Realität *und* Überwindung zugleich. Das ist der Grund, warum gerade sie das Leben von Millionen Frauen in der ganzen Welt erschüttert, ganze Generationen von DenkerInnen beeinflusst und einen entscheidenden Anstoß zur Neuen Frauenbewegung gegeben hat.

Dennoch tragen heute sogar manche Feministinnen dazu bei, die bedeutendste Theoretikerin des 20. Jahrhunderts zu unterschätzen, zu verfälschen, ja zu vergessen. Sind wir also wieder einmal am Punkt null angelangt? Müssen wir wieder mal ganz von vorne anfangen? Nicht wirklich. Zu lebendig ist die gelebte und gelernte feministische Erfahrung der letzten 30 Jahre. Doch der Kern der feministischen Erkenntnis - dass Frauen und Männer nur ungleich gemacht werden und gleich sein könnten - ist in Gefahr, in Vergessenheit zu geraten.

Einst behaupteten Männer, sie würden die Frauen besser kennen als diese sich selbst. Heute sind sie verunsichert. Sie stellen sich Fragen. Manchmal vielleicht zu viele, denn sie neigen damit erneut zur Mystifizierung der Frauen, zu ihrer Ausgrenzung als „die Andere". „Passen Männer und Frauen überhaupt zusammen?", orakelte *Der Spiegel* anno 1998 mit einer Titelgeschichte. Und der als aufgeklärt geltende 52-jährige Sozialist und Jurist Gregor Gysi träumte in der *Zeit* davon, endlich „das Mysterium der weiblichen Wesens- und Denkensart" zu durchdringen: „Was geht in ihnen (den Frauen) wirklich vor?", sinnierte der marxistisch geschulte PDS-Politiker 1999 und gestand: „Mein Traum ist, mit den Augen einer Frau sehen zu können, mir die Welt von der anderen Seite zu erklären, das Weibliche zu verstehen."

Wir sehen: Auch im Sozialismus waren die Geschlechter eben nicht gleich, selbst in den Köpfen nicht. Doch kann diesem Manne bei der Suche nach dem Verständnis des Ewigweiblichen geholfen werden, und zwar frei nach Marx. Der war zwar alles andere als ein Feminist, aber auch er wusste, dass das Sein das Bewusstsein bestimmt. Und wenn das im Marxismus für Arbeiter, Schwarze und Juden gilt - warum dann nicht auch für Frauen?

Wie wäre es also mit einem Besuch auf der anderen Seite, Genosse? Mit einem transvestitischen Auftritt im Parlament zum Beispiel. Mal sehen, ob die Herren und Damen Parlamentarier einer wortgewandten Frau ebenso aufmerksam zuhören würden, wie es der wortgewandte Mann gewöhnt ist. Doch wahrscheinlich würde das Problem schon vorher anfangen, würde eine Frau Gysi es gar nicht wagen, trotz Rundlichkeit und schütterem Haar so siegesgewiss auf den Charme intellektueller Brillanz zu setzen. Wie wäre es dann mit einem nächtlichen Spaziergang in Frauenkleidern im Stadtpark? Der kann zwar auch für einen Mann ungemütlich werden, bedeutet jedoch für eine Frau allergrößte Gefahr einer Vergewaltigung. - So einfach wäre das „unerforschliche Weibliche" am eigenen Leibe zu erforschen, Genosse Gysi.

Übrigens, auch einem Gregor Gysi geht es in seinem aufschlussreichen Traum vom Weibe in Wahrheit weniger um ein größeres Verständnis der Frauen, sondern eher um die narzistische Spiegelung seines männlichen Egos im Weiblichen. Gipfelt doch seine Fantasie in der Frage: „Wie sieht eine Frau mich, Gregor Gysi, in einer von Männern dominierten Welt?" Die Antwort lautet schlicht: Als Mann, Mann!

Aber was nun ist eine „Frau"? Frausein hat viel mit Arbeit und viel mit Gewalt zu tun. Aus der Geschichte wissen wir, dass immer dann, wenn die Machtverhältnisse zwischen den Geschlechtern ins Wanken kommen, die Männergewalt ansteigt. Am wenigsten geprügelt und vergewaltigt wird in Gesellschaften, in denen die Rolle der Geschlechter unerschütterlich festgeschrieben ist: auf ganz gleich oder ganz ungleich. Am meisten zur Sache geht es in Zeiten der Infragestellung dieser Hierarchie. In einer solchen Zeit leben wir.

Noch immer wird nur ein Bruchteil der Gewalt zwischen den Geschlechtern öffentlich, noch weniger gelangt zur Anzeige, und nur ein verschwindender Prozentsatz wird verurteilt. Doch müssen wir heute von folgenden bitteren Zahlen ausgehen: Jedes dritte bis vierte Mädchen wird sexuell missbraucht, in drei von vier Fällen vom eigenen Vater, Onkel, Familienfreund. Jede vierte Frau wird als Erwachsene vergewaltigt, in ein von zwei Fällen vom eigenen Mann. Jede dritte Frau wird von ihrem eigenen Mann geschlagen. Was bedeutet, dass etwa jede zweite Frau eigene Erfahrungen mit (Sexual)-Gewalt hat (siehe auch das Kapitel *Das Trauma Sexualgewalt*).

Die traumatischen Folgen dieser Gewalterfahrungen sind weit reichend. Sie bedeuten, dass wir selbst diese dunkle Seite unserer Existenz nicht leugnen dürfen. Denn wenn wir das tun, begeben wir uns auf einen Ritt über den Bodensee, bei dem wir unweigerlich einbrechen müssen.

Greift der individuelle Terror gegen aufmüpfige Frauen nicht mehr, eskaliert er zum kollektiven Terror. Und damit sind nicht nur die steigenden Bandenvergewaltigungen, ist nicht nur der direkte Männlichkeitsterror, sondern auch der allgemeine Männlichkeitswahn gemeint. Jüngst veröffentlichte das *Berliner Document Center* die drei typischen Merkmale früher Nazis: männlich, jung und privilegiert. Von 42 000 NSDAP-Mitgliedern im Jahre 1933 waren 93 Prozent Männer zwischen 27 und 29 Jahren (also im Alter der schärfsten Geschlechterkonflikte). Sie waren vor allem Kleinbürger und Akademiker, nur einer war arbeitslos.

Sicher, Hitler gelangte aus einem Bündel von Gründen an die Macht. Doch die später so gern zitierten Arbeitslosen scheinen dabei eine geringere Rolle gespielt zu haben. Ein zentrales Motiv war die Re-Etablierung der durch die Offensive der Ersten Frauenbewegung (bis in die 20er und 30er Jahre hinein), durch den verlorenen Ersten Weltkrieg und die ökonomischen Erschütterungen verunsicherten Männlichkeit. Die Nazis schickten prompt die Frauen wieder ins Haus und die radikalen Feministinnen ins Exil. Aktivistinnen wie Anita Augspurg und Lida Gustava Heymann (die bereits 1924 die Ausweisung des Österreichers Hitler aus Deutschland gefordert hatten!) konnten im letzten Augenblick fliehen, hinter ihnen ging ihre Bibliothek in Flammen auf.

Heute ist die Klientel rechter Organisationen und Parteien ganz ähnlich gestrickt. Und diese überwiegend jungen Männer reagieren ja auch wieder auf ganz ähnliche ökonomische und geschlechterpolitische Erschütterungen. In Deutschland, und nicht nur da, werden Rechte doppelt bis dreifach so häufig von Männern gewählt, vor allem von jungen Männern. Die Frauen dagegen votieren seit den 70er Jahren zunehmend links. Frauen waren es, die 1972 die SPD überhaupt erst an die Macht brachten: „Die Frauen halfen der SPD in den Sattel“ (*Statistisches Bundesamt*). Ohne die Jungmänner säße in Deutschland heute keine einzige rechte Partei in einem Parlament. Das alles ist den Statistiken zu entnehmen, dennoch will es anscheinend keiner wissen. Da wird geforscht und gerätselt über soziale Herkunft und seelische Befindlichkeit rechter Wähler - von dem Geschlecht und dem Motiv Männlichkeitswahn redet niemand.

Dasselbe auf internationaler Ebene. Da reagiert auf den globalen Feminismus der globale Fundamentalismus. Auch bei diesen pseudoreligiösen, faschistoiden Männerbünden im Weltmaßstab redet kaum einer vom Geschlecht. Dabei springt es einem schon bei den Fernsehnachrichten ins Auge: bärtige Männer, bärtige Männer, bärtige Männer. Und irgendwo am Rand oder hinter verschlossenen Jalousien die unter dem Schleier unsichtbar gemachten Frauen. Auch diese extremste Form der Geschlechterungleichheit wird im Namen des „Andersseins“ begründet und toleriert: eine andere Religion, eine andere Kultur, eben andere Sitten ...

Doch die Menschenrechte sind unteilbar.

Girlies versus Emanzen?

Wir schreiben das Jahr 1994. Der Spiegel, Marktführer in Trendstorys – über die Susan Faludi in *Backlash* schrieb, sie seien keine Artikel, sondern Predigten – lanciert den Girlie-Trend. Parole: „Viel Sex, viel Spaß und kein verbissener Männerhass." Alles klar.

Dazu interviewte das Hamburger Magazin drei junge Frauen und kam irgendwann auch auf die unvermeidliche Frauenbewegung plus Schwarzer zu sprechen. „Könnten Sie sich noch mit Alice Schwarzer unterhalten?" lautet die Schicksalsfrage, und die Antworten ließen nicht auf sich warten. Nr. 1 sagte: „Ich würde sie fragen, warum sie das andere Geschlecht, mit dem man so viel Spaß haben kann, so verdammt ..." Nr. 2 ergänzte: „... und sich dabei selbst so verhärmt, alt und männlich macht." Nr. 3 besänftigte: „Mädchen, das war eine andere Zeit. Alice Schwarzer kommt vor allem so hart daher, weil sie eben so hart kämpfen musste, dass ihr jemand zuhört."

Ja, es war eine andere Zeit. Aber wiederum auch nicht. Und *Der Spiegel* hätte natürlich auch drei ganz andere Mädchen zum Talk bitten können, die hätten vermutlich ganz anders geantwortet. Denn bewusste und unbewusste, dumme und kluge, angepasste und mutige Mädchen gibt es in allen Generationen. Dennoch ist die Wahl und sind die Reaktionen aufschlussreich. Denn sie bringen auf den Punkt, was die Girlies waren bzw. sein sollten: die Brutusse der Emanzen. Mamis Scheusal und Papis Schlampe.

Der Spiegel damals triumphierend: „Emmas Töchter sind anders. Mädchen leiden nicht an dem Unterschied der Geschlechter, sie feiern und genießen ihn." Aber stimmte das überhaupt? Schon die Sache mit den angeblichen Girlies sah bei näherem Hinsehen nämlich ganz anders aus: So meinte die Popsängerin Liz Phair ihr „Ich fick dich, bis dein Schwanz blau wird" wohl weniger sexy und eher sarkastisch. Ein angebliches Girlie vom Dienst wie DJ Marusha verbat sich, als solches bezeichnet zu werden („Ich bin kein Mädchen, sondern eine Frau"). Und Rapperinnen wie Schwester S. oder Aziza A. äußerten sich in Wahrheit lupenrein feministisch. Schwester S. (Sabrina Setlur): „Du siehst nicht wer ich bin und wirst es auch nie sehen/Ich will mich nicht erklären, ich muss jetzt eigene Wege gehen." Aziza A.: „Mann sehe was geschieht: nämlich nichts, kein Unterschied! Es ist Zeit, steht auf! Angesicht zu Angesicht, erkennt: Wir haben das Gewicht!"

Doch das wollte das Klischee nicht wahrhaben. Nein, die Old Boys wussten es mal wieder besser. Komm auf Papas Schoß und höre gut zu: Vergiss alles, was war. Mama nervt. Verachte die Frauengeneration vor dir. Vor allem aber: Mache nicht die Fehler deiner emanzipierten Mutter. Dein Credo sei der Mann und deine Lieblingsbeschäftigung das Ficken.

Die Predigt vom Girlietrend der 90er war kein Spaß, sondern der sehr ernst zu nehmende Versuch, die Frauengenerationen zu spalten. Um die Töchter zu hindern, von den Müttern zu lernen. Fünf Jahre später ist der Girlietrend längst schon wieder Schnee von gestern. In *Jetzt*, dem Jugendmagazin der *Süddeutschen Zeitung*, halten 1999 zwei junge Journalistinnen spöttisch Rückschau: „Vor allem wollte sich kein Mädchen Girlie nennen lassen. Warum auch. Würden Jungen sich gerne ‚Boylie' nennen lassen?"

Doch auch diese Kritischen steigen zunächst ein mit der rituellen Distanzierung von den Müttern: „Allein schon das Wort ‚Emanzipation' lässt uns schaudern. Es klingt nach lila Latzhosen, BH-Verbrennung, Mannweibern. Also nach nichts, was wir gut finden. Feminismus klingt nicht besser, Emanze ist ein Schimpfwort, Simone de Beauvoir haben wir nicht gelesen. Alice Schwarzer stehen wir mit gemischten Gefühlen gegenüber. Wir geben sehr viel Geld für Lippenstift, Puder und Make-up aus, um nicht auszusehen wie sie."

Doch auch die *Jetzt*-Autorinnen ahnen schon, dass nicht der mangelnde Lippenstift, sondern die ungeschminkten Worte, die über diese Lippen kommen, „garstig" machen. Sie weisen zwar das geächtete Emanzen-Vokabular voller Berührungsängste von sich, sind aber in der Sache einer Meinung und beklagen lauthals die neuen alten Plagen der Mädchen: Selbsthass, Magersucht und Silikonbrüste (die sich übrigens gerade – trotz rappendem Selbstbewusstsein – Sabrina Setlur spritzen ließ). Und sie benennen die alten Grenzen: „Was würde passieren, wenn Mädchen in aller Öffentlichkeit am Straßenrand gegen Bäume pinkeln?" Oder: „Warum bieten Jungs nie von allein an, das Geld für die Pille zu teilen?" Und: „Wissen Jungs eigentlich, wie es ist, nachts alleine auf dem Weg nach Hause Angst zu haben, weil jemand hinter einem geht?"

Am Ende resümieren die jungen Journalistinnen kritisch, aber resigniert zugleich: „Anders als noch eine Generation vor ihnen fühlen sich die jungen Frauen heute nicht mehr solidarisch mit anderen jungen Frauen. Jede Einzelne ist hin und her gerissen zwischen dem Gefühl, der Kampf sei längst gewonnen, und dem Verdacht, dass es nicht so ist. Obwohl vieles besser ist als früher, war es wahrscheinlich noch nie so kompliziert wie heute, eine junge Frau zu sein. Es gibt keine Vorbilder, keine Benimmregeln, kein gut oder schlecht, richtig oder falsch. Jede muss sich ganz alleine zurechtfinden."

Ist das wirklich so? Gibt es gar kein Wirgefühl mehr? Und ist die Einsamkeit des Mädchens beim Erwachsenwerden so neu? „Ich baue auf mich, ich weiß, dass ich auf mich bauen kann. Aber ich würde es so gerne nicht nötig haben, mich auf mich selbst verlassen zu müssen." Die das 1928 als 19-Jährige in ihr Tagebuch notiert, ist die Philosophiestudentin Simone de Beauvoir. 20 Jahre später triumphiert sie im *Anderen Geschlecht*: „Wir sind nicht mehr so im Kampf wie unsere Vorläuferinnen. Wir haben die Partie im Großen und Ganzen gewonnen!" Und sie fügt wissend hinzu: „Eine Frau, die nicht schockieren möchte, die sich gesellschaftlich nicht entwerten will, muss ihr Frausein als Frau leben. Sehr oft ist dies sogar eine Voraussetzung ihres beruflichen Erfolges."

Simone de Beauvoir ein Girlie? Auf jeden Fall eine moderne Karrierefrau. Wir sehen, der Glaube, wir hätten es geschafft, die Ahnung um die dennoch nötigen Kompromisse und die Dennoch-Sehnsucht nach der in uns so tief eingepflanzten „Weiblichkeit" sind nicht neu. Jede Frauengeneration scheint immer wieder neu zu glauben, sie hätte den Kampf und Krampf jetzt hinter sich. Sie bräuchte sich – dank der von den Vorläuferinnen errungenen Rechte – jetzt echt nicht mehr aus dem Fenster zu hängen. Sie könnte es endlich genießen, ganz Frau zu sein – ja sich vielleicht sogar die Freiheit nehmen, ganz Mensch zu sein.

Wir wissen aus der Geschichte, dass es nicht so ist. Auch Simone de Beauvoir irrte: Denn danach ging es überhaupt erst wieder richtig los.

Dürfen wir dennoch hoffen, dass sich das nicht in jeder Generation wiederholen muss? Dass die jungen Frauen zu Beginn des dritten Jahrtausends nicht wieder einmal bei Null anfangen müssen – statt „von den Alten zu lernen" (wie eine *Jetzt*-Kolumne heißt) und sich auf deren Schultern zu stellen, um weiterzusehen?!

Aber vielleicht ist es ja auch in Wahrheit gar nicht so – und vielleicht ist es gerade das, was die Daddys nervös macht. Vielleicht ist der ganze angebliche Generationenkonflikt zwischen Frauen ja nur eine Boylie-Ente und sieht die Realität ganz anders aus? Darauf deuten nicht nur meine eigenen Erfahrungen hin. Auch eine von der Zeitschrift *Marie Claire* 1999 in Auftrag gegebene repräsentative Studie hatte Ergebnisse, die so gar nicht zu dem Gerede von den alten Emanzen und den jungen Girlies passen, die angeblich nichts voneinander wissen wollen. An Stelle 1 der Frauen-Vorbilder steht (noch vor Steffi Graf, Pippi Langstrumpf oder Madonna) – die eigene Mutter. Auf dem Fuße folgt die Großmutter. Und den allergrößten Vorsprung hat die vorbildliche Mutter bei den unter 24-Jährigen!

Gleichzeitig aber stimmt es: Es gibt Unterschiede zwischen den Generationen, im Guten wie im Bösen. Die Freiheiten sind größer geworden – und damit leider auch die Illusionen. Das, was PolitikerInnen die „Rahmenbedingungen" nennen, hat sich verändert. Dank der peinlich-ungeschminkten Frauenbewegung haben Mädchen heute formal dieselben Freiheiten wie Jungen, zumindest glauben sie das – und das ist ja schon mal ein Anfang. Klar, dass die Mädchen diese Freiheit genießen, „ohne sich jeden Morgen bei der Frauenbewegung zu bedanken" (wie mal eine gesagt hat). Genau so war es auch gemeint.

Daran sollten sich die New Girls den Spaß weder von den Old Boys noch von der Sorte Old Girls verderben lassen, die es ja auch gibt, für die früher alles viel „politischer" und „feministischer" war und „die Jugend von heute“ mal wieder nix taugt, weil die nur Fun haben will. Auch das kriegt anscheinend jede neue Generation immer wieder zu hören. Das war in meiner Jugendzeit nicht anders.

Wobei die Jungen es jetzt schwerer haben als wir, jung zu sein. In den 50ern war es leicht, zu schocken und sich zu distanzieren von den Erwachsenen. Es genügte, Jeans anzuziehen, Rock ’n’ Roll zu tanzen, Vico Torriani doof und Elvis Presley toll zu finden. Das brachte die Spießer schon auf die Palme. Aber diese Jugend von heute hat ihre Jeans noch nicht ganz zerfetzt, den Ring noch nicht ganz durch die Nase gezogen – und schon lanciert die Modeindustrie das Ganze als letzten Schrei. Und dann diese modernen Eltern, die nicht älter werden können und um jeden Preis so jung sein wollen wie ihre Kinder. Das ist in unserer vom Jugendwahn gebeutelten Gesellschaft zwar verständlich, aber für die eigenen Kinder vermutlich trotzdem quälend.

Und dann ist da noch etwas. Natürlich haben die Mütter auch Fehler gemacht. Natürlich war ihr Leben nicht immer ganz auf der Höhe ihres politischen Programms und gab und gibt es da reichlich Widersprüche. Aber die gibt es bei den Vätern auch. Doch hören wir heutzutage ein einziges Wort über einen Generationenkonflikt zwischen Vätern und Söhnen? Im Gegenteil. Die verstehen sich einfach klasse! Die gehen zusammen auf den Fußballplatz und gucken denselben Mädchen hinterher.

Auch öffentlich klappt das ja bestens mit den Vätern und Söhnen. Die spalten oder bekriegen sich nicht, die reichen sich die Flamme weiter: Alt-Rocker an Jung-Rapper, Hollywood-Klassiker an Jung-Regisseur, Sportlegende an Nachwuchssportler. Die Männergenerationen achten, unterstützen, ja feiern sich gegenseitig. Die Jungen finden die Alten toll, und die Alten die Jungen. Das müssen Frauen noch lernen, auch öffentlich.

Aber die Jungen haben ja auch nicht so große Probleme mit ihrer Rolle wie die Mädchen, und damit auch nicht so ein ambivalentes Verhältnis zur Generation vor ihnen. Und diese Probleme mit der Mädchenrolle steigen mit zunehmendem Alter. In der Grundschule sind noch zwei von drei Mädchen zufrieden, eins zu sein – in der Oberschule will noch nicht einmal mehr jede Dritte ein Mädchen sein.

Gründe für dieses schwindende Selbstvertrauen der Mädchen gibt es noch immer genug, von alltäglicher Anmache über den sexuellen Missbrauch bis zur Diskriminierung in Studium oder Beruf. Wobei der Glaube, freier zu sein als die Müttergeneration, den Schock, wenn das dann doch nicht immer stimmt, verstärkt. Diese bittere Erkenntnis ist für viele Mädchen dann so schmerzhaft, dass sie der Wahrheit nicht ins Gesicht sehen wollen und sich lieber selbst belügen - ganz wie ihre Mütter.

Die Psychologin Terry Apter hat 65 Mutter-Tochter-Paare befragt und herausgefunden, dass die Loslösung von der Mutter die Söhne stärkt und die Töchter schwächt. Söhne erobern sich nach der Loslösung von der Mutter die Männerwelt - eine Welt, in der Töchter zunächst einmal Fremde sind. Die Töchter haben darum weniger das Bedürfnis, sich von der Mutter abzuwenden und eher den Wunsch, sich zuzuwenden und mit ihr auseinander zu setzen. Sie wollen von ihr erfahren, was sie als Frau in der Welt erwartet. Und genau an der Stelle scheinen auch die modernen Mütter oft zu kneifen und sich hinter der pseudofortschrittlichen Haltung zu verschanzen: Damit muss meine Tochter selber klarkommen; sie wird schon wissen, was sie tut. In Wahrheit jedoch macht es den Müttern Angst, die so quälende Übergangsphase der Töchter von freier Kindheit zum eingeengten Frausein noch einmal zu durchleben.

Die Töchter spüren das. Sie durchschauen die Halbherzigkeit ihrer Mütter und wenden sich enttäuscht und ratlos ab. Dabei brauchen gerade sie die Erfahrung ihrer Mutter, um von ihr zu lernen, von ihren Stärken wie Schwächen.

Schön wäre, wenn die Mädchen es nicht wieder mal zu spät merken würden: Die Strapse von Madonna kann ich mir nur erlauben, wenn ich auch ihr Maul habe, noch besser auch ihr Bankkonto. Die schwache Frau kann ich nur spielen, wenn ich in Wahrheit stark bin. Ein Faible für Macker kann ich nur haben, wenn deren bekannt raue Schale auch wirklich den goldenen Kern hat. Und wer ich bin, das lasse ich mir von niemandem erzählen, sondern finde es lieber selber raus. Und klar mache ich es anders - aber ich mache es besser. Noch besser!

Ich bin Muslimin,
und ich will meine Freiheit.
Ich habe mich für mein
eigenes Leben entschieden.
(Alle Fotos: Bettina Flitner)

Der Mythos Sexualität

Die Erotisierung des Unterschieds

Als ich 1975 den nicht nur im deutschsprachigen Raum, sondern bis hin nach Brasilien und Japan leidenschaftlich diskutierten *Kleinen Unterschied* veröffentlichte, schrieb ich im Vorwort: „Sexualität ist der Angelpunkt der Frauenfrage. Sexualität ist zugleich Spiegel und Instrument der Unterdrückung in allen Lebensbereichen. Hier fallen die Würfel. Hier liegen Unterwerfung, Schuldbewusstsein und Männerfixierung von Frauen verankert. Hier steht das Fundament der männlichen Macht und der weiblichen Ohnmacht. Hier entzieht sich scheinbar ‚Privates' jeglicher gesellschaftlichen Reflexion. Hier wird die heimliche Wahrheit mit der öffentlichen Lüge zum Schweigen gebracht."

Hat sich seither, hat sich in diesen letzten 25 Jahren etwas geändert? Und ob! Mädchen planen, auch wenn sie Mann und Kinder wollen, eine eigenständige berufliche Zukunft. Frauen streben, trotz aller Hindernisse, in den Beruf; sie heiraten immer weniger und später und bekommen weniger Kinder (auch weil das mit der „Vereinbarkeit" nur hohle Worte sind). Das alles macht die Frauen selbständiger und selbstbewusster - auch in der Sexualität. Gleichzeitig aber ist die An- bzw. Aberkennung des sexuellen Wertes einer Frau weiterhin die größte Trumpfkarte in der Hand der Männer. Eine Frau, die als Gefährtin unbequem wird oder als Kollegin bedrohlich, kann immer noch von jedem Mann jederzeit als „nicht begehrenswert" deklassiert werden.

Diese Fremddefinition haben Frauen ins Wanken gebracht, aber nicht gestürzt. Sie forschen zunehmend nach ihrer eigenen Lust und - fragen sich nach den Gründen ihrer Unlust. Gleichzeitig aber wächst die Kluft zwischen der öffentlichen Darstellung von Sexualität und dem privat Gelebten. Öffentlich erleben wir eine rasante Sexualisierung aller Lebensbereiche: Medien, Werbung, Kultur etc. Privat erleben wir eine zunehmende sexuelle Zurückhaltung. Was nur langsam klar wird, denn in keinem Bereich wird so viel geblufft und gelogen wie in der Sexualität.

Und diese Kluft zwischen demonstrierter Lust und gelebter Unlust scheint eher größer zu werden. So schreibt der Hamburger Sexualforscher Gunter Schmidt: „Die Klagen über sexuelle Lustlosigkeit haben bei Patienten, vor allem aber bei Patientinnen, die unsere Ambulanz aufsuchen, stark zugenommen. Dabei ist das Symptom ‚Lustlosigkeit' vermutlich nur die klinifizierte Spitze eines erotischen Eisberges" (in: *Das Verschwinden der Sexualmoral*, 1996).

Schlittern wir auf eine sexuelle Eiszeit zu? Ganz so schlimm wird es wohl nicht werden, aber es ist spürbar kühler geworden. An den Frauen liegt das nicht, die haben eher mehr Lust als früher – sie spielen nur bei Unlust keine Lust mehr vor. Es liegt an den Männern. Bei denen ist die neue Unlust ausgebrochen.

Männer reden immer mehr von Sex – aber sie tun es immer weniger. So fand die erste große repräsentative Sexualbefragung nach Kinsey, der auf 3429 Männern und Frauen basierende wissenschaftliche Report *Sex in America* (auf Deutsch *Sexwende*) in den 90ern heraus, dass jeder siebte Mann sexuell abstinent lebt, aber nur jede zehnte Frau. Und rund jeder Dritte tut es (nach eigener Aussage) ein paar Mal in der Woche, jeder weitere Dritte ein paar Mal im Monat.

Doch die Geschlechter wandeln auf unterschiedlichen erotischen Pfaden: Die Frauen entdecken ihren Körper und ihre Lust – und den Männern ist eben diese Lust vergangen. Zumindest in Beziehungen. Sie weichen zunehmend aus auf entpersonalisierten Sex: One-man-Sex, Prostituierte oder Pornografie. Da ist die Welt noch in Ordnung. Eine Gummipuppe redet nicht von Emanzipation.

Wir wollen gar nicht drumrum reden: An der neuen sexuellen Unlust der Männer sind in der Tat wir Feministinnen schuld. Wir waren es, die die alte sexuelle Misere aufgedeckt haben, in der Männer ihren Spaß und Frauen ihren Frust hatten. Wir waren es, die darauf hinwiesen, dass Sexualität nichts Abgetrenntes ist, sondern dass sich in ihr das Leben spiegelt. So wie in der Küche oder im Büro, so geht es eben auch im Bett zu, schrieb ich im *Kleinen Unterschied*. Dann kündigten die Frauen die gute alte Oben-unten-Weltordnung auf, öffentlich wie privat. Jetzt können die Männer nicht mehr einfach so mal eben rein-raus und von oben runter, sie müssen lernen, den Frauen in die Augen zu sehen. Und das fällt ihnen nicht immer leicht.

Seit Jahrtausenden ist für die Geschlechter Sexualität mit Macht und Gewalt verknüpft. Für die meisten Frauen verdeckten diese dunklen Schatten lange die Lust. Ihr Befreiungsschlag hat sich nun anregend auf die Frauen ausgewirkt - und lähmend auf die Männer. Vollends verwirrend ist für die Männer, dass öffentlich weiterhin das gute alte Rammel-Modell propagiert wird - privat aber das Einfach-Reinstecken schon lange nicht mehr genügt.

Die Frauen von heute erwarten auch in der Sexualität ein ganzheitliches Interesse an ihrer Person und eine umfassende Erotik, den Blick in Ausschnitt *und* Seele. Und die Männer von heute? Die sind verunsichert. Und reagieren sauer. Nur jeder fünfte Mann findet Emanzipation scharf, fand das *Berliner Institut für Männerarbeit* heraus. Die übrigen vier reagieren mit „Lustlosigkeit, vorzeitigem Samenerguss, Erektionsproblemen oder Impotenz“. Seelischer Impotenz, wohlgemerkt.

So wie einst der Ex-General Gert Bastian, der Petra Kelly zum Schluss im Schlaf erschoss. Er hatte sich zwar der ihm auf Dauer zu emanzipierten bis tyrannischen Gefährtin sexuell entzogen, hielt aber gleichzeitig die sexuelle Beziehung zu seiner verlassenen Ehefrau fast bis zum Schluss aufrecht. In meiner Fallstudie über *Eine tödliche Liebe* der beiden hatte ich selbstverständlich auch über diese seine - aus meiner Sicht aggressiv motivierte - sexuelle Verweigerung geschrieben. Die Reaktionen darauf waren erstaunlich. Denn genau über diesen Punkt flippte nicht etwa die Bastian-Generation, sondern die Generation der Söhne aus.

So erinnere ich mich noch gut an eine Veranstaltung auf der Buchmesse, auf der ein Kollege, der mich für den WDR interviewte, über meine Aussagen zu Bastians „Impotenz“ live ausrastete und sich auch von den Buhrufen des Publikums nicht bremsen ließ. Er bezichtigte mich erregt der schlampigen Recherche und taktloser

Lügen. Dabei war es mir bei meiner durchaus taktvollen Erwähnung von Bastians sexuellem Rückzug überhaupt nicht um Sex gegangen, sondern um die Machtfrage innerhalb dieses Paares – die ja letztendlich auch zu einer Frage auf Leben und Tod eskalierte.

Für Feministinnen ist der sexuelle Entzug von Männern als „Strafe" für zu viel Emanzipation schon seit längerem ein bekanntes Phänomen. Eigentlich ist eine solche sexuelle Verweigerung ja ein traditionell weibliches Mittel im Clinch der Geschlechter. Es scheint mir darum nicht nur negativ, dass jetzt auch manche Männer danach greifen.

Die Verweigerer nehmen also zu. Aber nehmen die Rammler deswegen auch ab? Sie sind eine Minderheit, die gerade jetzt verstärkt von sich reden macht. Laut amerikanischem Sexreport hatte zwar die überwältigende Mehrheit der Frauen und Männer nur einen SexualpartnerIn in den letzten zwölf Monaten. Nur jede 50. Frau, aber jeder 20. Mann hatte fünf und mehr verschiedene SexualpartnerInnen. Und jeder 100. Mann (aber null Prozent Frauen) hatte „11 und mehr SexualpartnerInnen" in den letzten zwölf Monaten. Das ist bedeutend weniger als es uns der öffentlich zelebrierte Don-Juanismus und das neue Modethema „Sexsucht" weismachen wollen. Es ist nicht neu, dass diese Art des nimmersatten Sexualkonsums unter anderem der hektische Versuch ist, eine innere Leere und Gefühlskälte zu überspielen. Auch ist er bei Männern nicht selten Ausdruck von autistischer Selbstverliebtheit und hektisch überspielter, uneingestandener Homophilie.

Dieses narzistisch-homoerotische Klima unter Männern greift unübersehbar um sich. Demonstrative Männerfreundschaften im Film, auf dem Fußballplatz oder in der Regierungsbank; Muskelgeprotze der He-Men und phallisches Zigarrengepaffe der Karrieremänner. Männerbündelei ist wieder angesagt. Nach dem Softie hat der Kerl Konjunktur. Doch auch dem wird die Männlichkeit nicht geschenkt. Er muss sie permanent demonstrieren und sich ihrer im Kreis der anderen Machos immer wieder rückversichern.

Der von der Emanzipation und der Welt überstrapazierte Mann hat Tendenz, seine Lust frauenfrei zu regeln und nun alles unter Männern abzuhandeln. Auch wenn es (bis jetzt) nur jeder Elfte irgendwann oder öfter im Leben wirklich tut: Männerliebe hat Hochkonjunktur.

Gleichzeitig aber steigt die Anzahl der Männer, die ein gleichberechtigtes, liebevolles Verhältnis zu Frauen suchen. So erklärten im Rahmen einer repräsentativen deutschen Studie zur Jugendsexualität des Hamburger Sexualforschungsinstituts 1970 wie 1990 genau 80 % aller Mädchen, dass sie nur mit Jungen schlafen, „die ich richtig liebe". Bei den Jungen jedoch verbanden noch 1970 nur 45 % Sex und Liebe - 1990 jedoch bereits 71 %, also fast ebenso viele wie bei den Mädchen.

Dieselbe Generation jedoch ist seit 25 Jahren massiv einer liberalisierten und immer brutaler werdenden Pornografie plus Pornografisierung von Medien und Kultur ausgesetzt. Zwei gegensätzliche Tendenzen prallen also hart aufeinander: der liebevolle und der gewaltvolle Mann. Highnoon auch im horizontalen Geschlechterkampf.

In der Sexualforschung ist inzwischen von einem neuen „Sexualkodex", einer „Konsensmoral" (Sigusch) die Rede. „Der sexuelle Umgang wird friedlicher, kommunikativer, berechenbarer, rationaler und verhandelbarer", findet Gunter Schmidt, eben „herrschaftsfreier". Dabei scheint der heute 62-jährige Sexualforscher sich noch nicht so recht entscheiden zu können, ob er das nun gut finden soll oder schlecht. Aber eines ist auch ihm klar: Es war die „feministische Debatte", die das alles ins Rollen gebracht hat.

Als das anfing, Mitte der 70er, da war das Problem der Frauen noch eher zu viel Sex als zu wenig - aber eben der falsche Sex. So wie das falsche Leben. Das Provokante an meinem Beitrag dazu, am *Kleinen Unterschied*, war, dass ich es nicht bei allgemeinen theoretischen Überlegungen beließ, sondern 16 exemplarisch ausgewählte, sehr konkrete Fälle analysierte - von der Hausfrau Hildegard über die Studentin Verena bis zur Lektorin Alexandra -, in denen jede Frau sich wieder finden konnte. Und in der Tat, die Frauen erkannten sich wieder. Denn ganz im Gegensatz zu dem, was die nach der Prüderie der 50er Jahre in den 60ern hochgeschwappte „Sexwelle" gepredigt hatte, hatten die meisten Frauen damals mehr Frust als Lust im Bett, oft sogar nackte Angst. Die „Sexuelle Revolution" hatte den Frauen nicht mehr Freiheiten, sondern neue Zwänge gebracht. Gehörten sie früher einem Mann, so hatten sie jetzt allen Männern zur Verfügung zu stehen. Die Losung zum Zeitgeist lieferte die Kommune 1: „Wer zweimal mit derselben pennt, gehört schon zum Establishment."

Wenig später begannen die Frauen, dieser Art von sexuellem Hochleistungssport eine Absage zu erteilen. Sie standen nicht mehr um jeden Preis zur Verfügung. Sie begannen, nach ihrer Lust, aber auch nach den Gründen ihrer Unlust zu fragen. Aus der Tiefe der Verdrängung tauchten die Schatten der Sexualgewalt auf.

Wie eng Erotik mit der Psyche und dem Leben verbunden ist, signalisiert auch eine repräsentative Umfrage von *Psychologie heute* vom Juli 2000. Danach sind Berufstätige mit ihrem Sexualleben in einer Beziehung fast doppelt so häufig „zufrieden" wie Arbeitslose. Und auch der amerikanische Sexreport betont: Entscheidend für die Wahl der SexualpartnerInnen sind nicht erotische, sondern die jeweiligen sozialen und psychologischen Befindlichkeiten. Menschen wählen auch in der Sexualität vor allem ihresgleichen: Menschen mit gleicher Hautfarbe, gleicher Bildung, gleicher Herkunft. Nur in einem sind Frauen und Männer erotisch auf den Unterschied gepolt: beim Geschlecht. Die Gründe dafür sind tief liegend.

Diese Erotisierung des Unterschiedes zwischen den Geschlechtern ist die Basis der Geschlechterdifferenz an sich – und damit auch der Hierarchie zwischen Männern und Frauen: Er erobert, sie lässt sich erobern; er dringt in sie ein, sie gibt sich hin; er liegt oben, sie unten. In der Sexualität wird die Geschlechterordnung immer wieder neu verankert. Und das so besonders Perfide an der Vermischung von Liebe & Sexualität mit Dominanz & Gewalt ist, dass das Innerste und Verletzlichste von Frauen unlösbar verknüpft wird mit Demütigung und Schmerz – und das der Männer mit Herrschaft und Zerstörung.

Diese Macht- und Gewaltstruktur ist nun auch in der Sexualität ins Wanken geraten. Es gilt, eine neue Art der seelischen und körperlichen Begegnung zu (er)finden; es gilt, tiefe Prägungen der Lust neu zu besetzen. So etwas geht natürlich nicht auf Kommando, sondern ist ein langer Lebens- und Lernprozess. Mehr Leidenschaft und weniger Leistungsdenken, wie es noch aus der Behauptung von 78 %

aller Männer spricht, die angaben, „immer einen Orgasmus" zu haben. Nur 29 % aller Frauen behaupten das.

Zur Zeit herrscht eine Art Sex-Patt zwischen den Geschlechtern. Oder sagen wir es genauer: ein Patt in der sexuellen Kommunikation. Sex einfach so, das scheint noch zu klappen. Als 1996 eine deutsche Tageszeitung einen Wettbewerb für die Kontaktanzeige mit den meisten Antworten ausschrieb, kamen auf Texte wie „Kann gut kochen und küssen, W sucht M" - das traditionelle Mäuschen also für den Kater - 18 Offerten. Den absoluten Rekord schlug die Hamburger Werbetexterin Nina Puri, die auf folgenden Text 95 Antworten erhielt: „Ficken? Sie sucht ihn. Chiffre 093644." Das scheint den Nerv der Machos getroffen zu haben.

Aufschlussreich ist auch das Ergebnis eines Marktforschungsinstitutes, das im Jahre 2000 die von Frauen und Männern meistbesuchte Website erforschte. Bei den Frauen kristallisierten sich auf den ersten Plätzen in der Reihenfolge heraus: ein Blumendienst, Versandhäuser, das Arbeitsamt und ein Online-Bücherdienst. Bei den Männern standen bei den meistfrequentierten Websites auf den ersten sieben Plätzen - sieben Sex-Seiten.

Eines von vielen Indizien für die Flucht des Mannes vor der ihm ebenbürtigen Frau ist der Rückgriff auffallend vieler alternder Männer (die es sich erlauben können) auf jüngere Frauen als Beziehung. Früher hatten diese Männer mit den Jüngeren nur Verhältnisse, blieben aber mit ihrer Ersten zusammen, die dann im besten Fall irgendwann zur Gefährtin wurde. Heute schieben sie gerne auch sozial noch eine zweite oder gar dritte Runde, inklusive neuer Kinder für den ergrauten Papa. Dabei werden die Männer immer älter, und die Frauen bleiben gleich jung.

So kommt es zu einer Geschlechter-Schieflage im Sex zwischen den Altersgruppen. Junge Männer treiben es vorwiegend mit jungen Frauen, ältere Männer treiben es am liebsten mit jungen Frauen und alte Männer sowieso. Resultat: Vier von fünf Männern über 40 haben sexuelle Kontakte - aber nur knapp jede zweite Frau hat in dem Alter noch ein Sexualleben.

Sicher, die Tina Turners und Hannelore Elsners stöckeln tapfer voran. Und es hat sich da auch gewaltig etwas verschoben. Früher starben Frauen mit 30 im Kindbett, oder sie wurden erotisch unter dem Alt-Frauen-Schwarz begraben. Heute mischen sie bis in die 60 durchaus noch mit an der Erotik-Front – zumindest im Film und auf der Bühne oder aber im Leben im Fall besonderer Unabhängigkeit, die prompt besondere Begehrlichkeiten auslöst. Doch im Normalfall stülpt sich die erotische Tarnkappe zwar nicht mehr über die Frau ab 30, aber doch über die ab 40, spätestens 50.

Einen körperlichen Grund dafür gibt es nicht. „Bei den Frauen in und nach den Wechseljahren verändert sich zwar etwas – die Haut der Genitalien wird empfindlicher und dünner –, aber ihre sexuelle Erregbarkeit nimmt nicht ab", bestätigt die Psychologin Kirsten von Sydow, die die WHO-Studie *Human Sexuality and Aging* mit erarbeitet hat. Frauen sind auch im Alter „unveränderbar erregbar". Bei Männern ist die körperliche Veränderung im Alter wesentlich größer. Ihre Potenz lässt messbar nach. Auch sozial und psychologisch gesehen sind ältere Frauen vermutlich erotisch lebendiger als jüngere: Sie haben keine Angst mehr vor ungewollter Schwangerschaft und kennen sich und ihren Körper besser.

Jungen Frauen hingegen fehlt es oft schlicht an Zeit für Sex. Vor allem, wenn sie um die so genannte „Vereinbarkeit von Beruf und Familie" ringen. Dann fallen sie meist nur noch müde ins Ehebett, von einem Seitensprung à la Hollywood gar nicht zu reden. Einmal Ausschlafen!, lautet der sündigste Wunsch der Doppelbelasteten. Genauer gesagt: der Dreifachbelasteten.

Denn die moderne Frau schiebt keine doppelte Schicht, sondern eine dreifache: Beruf, Familie, Sex. Und das in allen drei Bereichen nur vom Professionellsten. Wofür Männer früher im Rotlichtviertel cash zahlen mussten, das erwarten sie jetzt zu Hause gratis: Strapse, Dessous und verruchte Inszenierungen. Dabei ist der Anblick genervter Frauen, die kurz vor Ladenschluss schnell noch einen Body fassen, nicht unbedingt viel versprechend. Und auch sie selbst stellen sich wirklich aufregende Stunden vermutlich anders vor als in Sharon-Stone-Pose auf der Couch.

Dabei müssten die Geschlechter sich eigentlich gar nicht fremd sein. Sie haben viel mehr Gemeinsames als Trennendes, auch körperlich. Nicht nur die frühe embryonale Anlage und Entwicklung der Geschlechter ist identisch, auch die rein körperlichen Abläufe von Erregung und Orgasmus sind es. Bei Frauen wie Männern staut sich das Blut in den Schwellkörpern und erigiert die Klitoris/den Penis. Was nicht neu ist.

Schon um 1900 schrieb die deutsche Frauenrechtlerin Johanna Elberskirchen in ihrem Buch *Die Sexualempfindung bei Weib und Mann*: „Die corpora cavernosa sind bei Mann und Weib ein und dieselben, sie gehen aus der gleichen Anlage hervor und haben genau dieselbe Funktion, d. h. sie funktionieren als Wolllustorgan." Elberskirchen zog schon damals den zwingenden Schluss: „Woher soll eine qualitative Verschiedenheit der weiblichen und männlichen Geschlechtsempfindung und ihrer Ursachen kommen? Wie könnte sie entstehen? Will, kann man gegenüber dieser Fülle biologischer Tatsachen einen qualitativen Unterschied der männlichen und weiblichen Geschlechtsempfindungen wissenschaftlich, also physiologisch-mathematisch nachweisen oder behaupten?"

Man will schon, aber man kann nicht. 70 Jahre später lädt die amerikanische Sexualwissenschaftlerin Mary Jane Sherfey nach: „Embryologisch gesehen ist es durchaus richtig, im Penis eine wuchernde Klitoris, im Skrotum (Hodensack) eine übertrieben große Schamlippe, in der weiblichen Libido die ursprüngliche zu sehen. Die moderne Embryologie müsste für alle Säugetiere den Adam-und-Eva-Mythos umdrehen." Sherfey weist auch auf die rein weibliche Fähigkeit zum multiplen Orgasmus hin (in: *Die Potenz der Frau*).

Aber wir wollen die Mythen gar nicht umdrehen, wollen dem Phallus-Kult keinen Klitoris-Kult entgegensetzen. Nur wird es wohl Zeit zu begreifen, dass die Männer nicht das starke, sondern das geschwisterliche Geschlecht sind bzw. sein könnten. Bis hin in die Genitalien und das sexuelle Empfinden. Denn homolog zum männlichen Sexualorgan ist nicht nur die weibliche Klitoris, sondern sind auch die kleinen Schamlippen, der Scheidenvorhof, die beiden Scheidenvorhof-Schwellkörper, das untere Drittel der Vagina sowie die weibliche Harnröhre mit ihren Schwellkörpern. Dieser gesamte Komplex, die Vulva, ist das dem männlichen entsprechende Sexualorgan der Frau. Das weibliche Sexualorgan reicht bis zu neun Zentimeter in den Körper, ist also nach innen das, was der Penis nach außen ist. Ihr Zentrum ist nicht die Vagina, sondern die Klitoris. Und diese Klitoris hat zirka 8 000 Nervenfasern, doppelt so viele wie der Penis.

Mary Jane Sherfey: „Es gibt keinen von einem klitoridalen unterschiedenen vaginalen Orgasmus. Das Wesen des Orgasmus bleibt dasselbe, unabhängig von der erogenen Zone, deren Reizung ihn verursacht hat. Der Orgasmus besteht aus den rhythmischen Kontraktionen der außerhalb der Vagina befindlichen Muskulatur gegen die sehr ausgedehnten zirkumvaginalen Venengeflechte und die um das vordere Scheidendrittel gelagerten Vorhofschwellkörper (...). Klitoris, kleine Labien und vorderes Scheidendrittel verhalten sich als eine einzige, integrierte und perfekt funktionierende Einheit, wenn durch das männliche Organ auf die Labien ein Zug ausgeübt wird. Die Klitorisstimulierung selbst wird durch das rhythmische Ziehen an der Klitorisvorhaut bewirkt. Eine vergleichbare Aktivierung der Klitoris wird durch Vorhautreibung im Verlauf unmittelbarer Klitoriszonenreizung erreicht."

Entsprechend identisch sind die organischen Abläufe. Die erigierte Klitoris und der Blutstau in den weiblichen Schwellkörpern entspricht exakt der Erektion des männlichen Penis. Dass das trotz seiner Offensichtlichkeit geleugnet, ja noch nicht einmal wahrgenommen wird, zeigt nur wieder einmal, dass Symbolik wirklicher sein kann als Realität.

Eigentlich müssten bei so großer körperlicher Ähnlichkeit der Genitalien und der körperlichen orgastischen Abläufe in der Tat auch die seelischen Abläufe der Geschlechter ähnlich sein und sexuelle Gefühle nicht nach Geschlecht, sondern individuell und nach Stimmung variieren. Es ist aber nicht so. Männer erleben in ihrer Mehrheit Sexualität als Erobern – und nicht als Hingabe. Frauen erleben in ihrer Mehrheit Sexualität als Hingabe – und verdrängen den offensiven Anteil, die Lust auf Eroberung. Wobei es selbstverständlich auch Gegenbeispiele gibt und so manches Paar sich hinter verschlossener Tür ganz anders arrangiert als sein öffentlicher Auftritt das ahnen lässt.

Bis vor kurzem ging mit der Unsichtbarkeit der weiblichen

Sexualorgane ihre totale sprachliche Leugnung Hand in Hand, für die meisten gibt es heute noch keine Bezeichnung. Nur die Vagina – die gar kein Sexualorgan ist, sondern ein Zeugungsorgan – ist allgegenwärtig. Ausgerechnet „das Loch", wie Männer es gerne nennen. Das zentrale Sexualorgan der Frau aber, die Klitoris (deutsch: Kitzler), ist noch heute selbst so mancher Frau unbekannt. Und der Rest ist Scham: Schamlippen etc. Es war also an der Zeit, dass die Frauen wieder Worte fanden für ihre Lustorgane. Dabei sind sie auf den alten Begriff „Vulva" für die Gesamtheit der Sexualorgane gestoßen und auf Venuslippen (von Venushügel) statt Schamlippen. In der Frauenbewegung wurde die Klitoris auch eine Zeit lang „Perle" genannt, eine wieder gefundene Perle (die noch heute Millionen Frauen in der Welt im Namen „anderer Sitten" blutig amputiert wird).

Und die Sexualwissenschaft? Die erforschte bisher angeblich den Menschen – ging aber dabei lange ausschließlich vom Manne aus. Die Sexualwissenschaftler, auch die fortschrittlichen unter ihnen, ließen die Frauen als Subjekt ihrer Forschung links liegen. Und die Minderheit der Sexualwissenschaftlerinnen rückt erst langsam aus den hinteren Reihen vor.

Im Zentrum des Forschungsinteresses der Sexexperten stand entsprechend lange das männliche Sexualmodell: „Vorspiel" und Koitus oder klassisch männliche Probleme wie Impotenz. Die zentrale Bedeutung des Koitus wurde nie infrage gestellt – obwohl die Penetration rein physisch weder für Männer noch Frauen zwingend ist. Denn in der Vagina selbst spielt sich nur im vorderen Drittel etwas ab, der Rest des Vaginaschaftes ist so gefühllos wie der Dickdarm und kann ohne Betäubung operiert werden. Wir Frauen wissen ja auch nur zu gut, wie wenig uns das Tragen eines Tampons erregt ... Oder um es mit der Psychoanalytikerin Margarete Mitscherlich-Nielsen zu sagen: „Wie mittlerweile allgemein bekannt sein dürfte: Der rein vaginale Orgasmus entpuppte sich als Mythos."

Doch obwohl das Eindringen des Penis in die Scheide also in erster Linie ein Zeugungs- und kein Sexakt ist, behauptet der Koitus sich bis heute als *die* Sexualpraktik. So hatten, laut US-Sex-Report,

95 % aller Befragten „beim letzten Mal" Vaginalverkehr und erklärten 80 %, dass sie es „nur so" machen, und 15 %, dass sie es „meist so" machen. Wie die Menschen „es machen" und was ihnen Spaß macht, sollte allein ihre Sache sein, und in einer wirklich freien Sexualität wäre der Koitus vermutlich eine Sexualpraktik unter vielen. Doch wie erklärt sich die absolute Dominanz dieser Sexualpraktik? Und das trotz der Tatsache, dass ungewollte Schwangerschaften das Resultat sein können? Von der Ansteckungsgefahr bei Aids gar nicht zu reden. (Allein in Afrika wird in den kommenden Jahren jede vierte Frau an Aids sterben!)

Die Antwort lautet: Mythos und Macht. Der Mythos von der „Vereinigung"; von den „zwei unterschiedlichen Hälften", die in der Umarmung „eins" werden. Und die Macht der Penetration und der drohenden Schwängerung. Nur solange der Mann weismachen kann, der Koitus sei *die* Urquelle der Lust, nur so lange kann er auch seine erotische Priorität über Frauen behaupten (denn, unstrittig, einen Penis hat nur er). Und nur solange das Eindringen dieses Penis in die Vagina – und nicht etwa zum Beispiel ein manuelles Eindringen oder gar keins – *das* Entscheidende zur Erzeugung von Lust ist, ist die Heterosexualität die *eigentliche* Sexualität. Auf dem Primat des Koitus basiert das Primat der Heterosexualität. Auf dem Primat der Hetereosexualität basiert das Primat der heterosexuellen Liebe. Und auf dem Primat der Liebe der Frauen zu den Männern basiert die gesamte Männerwelt.

In den 70er Jahren ist die Frage der Sexualpraktiken von Feministinnen stark thematisiert worden. Frauen wie Männer hatten begonnen, ihr erotisches Spektrum aus der koitalen Fixierung zu lösen und zu erweitern (Was übrigens auch den Vorteil hat, Verhütung und Abtreibung überflüssig zu machen). Doch dann kam es wieder anders. Nicht zuletzt die Pornografie sorgte dafür, dass das „Bumsen" siegte.

Eine zweite Aufklärungswelle und eine wirkliche Befreiung jenseits der christlichen Wolllust an Verstoß und „Sünde" und jenseits des patriarchalen Sadomasochismus tut Not. Erst dann hätte die Lust eine wirkliche Chance. Denn wirklich aufregend ist ja nicht das Festgelegte und Erwartete, sondern nur das Unerwartete.

Dazu müssen auch die Erkenntnisse, in denen die fortschrittlichen Kräfte in Sexualwissenschaften und Psychoanalyse sich seit Sigmund Freud einig sind, wieder ins Bewusstsein geholt werden. Nämlich dass:

- Sexualität nicht Natur ist, sondern Kultur; nicht angeboren, sondern Resultat von Prägungen und Lernprozessen;
- menschliche Sexualität keine biologische, sondern psychosoziale Triebfedern hat;
- alle Menschen von Natur aus bisexuell sind, genauer: multisexuell, und die vorherrschende Heterosexualität das Resultat einer kulturellen „Zwangsheterosexualität" ist.

Diese Zwangsheterosexualität ist es, die – in Verbindung mit der Hardware Sexualgewalt – die Software, die das Verhältnis von Frauen und Männern programmiert. Das Gebot der Zweigeschlechtlichkeit beruht auf dem Prinzip der Anziehung der Unterschiede, und die Sexualisierung des Unterschiedes produziert eine Erotisierung der Fremdheit, ja des Hasses. Die Munition dafür liefert die Pornografie.

Nicht zufällig kam die Sado-Maso-Mode nach Aufbruch der Frauenbewegung gegen Ende der 70er auf. Sie drang dank Fernsehen und Videos auch bis ins letzte Eigenheim von Hintertupfingen. Jetzt dürfen, ja sollen alle Männer Sadisten sein und alle Frauen Masochistinnen. Da ist es tröstlich, dass bei der *Psychologie-heute*-Umfrage im Juli 2000 nur rund 1 % aller Männer und Frauen angaben, SM zu praktizieren. Und im US-Sex-Report von 1996 sagt gar nur eine von 1000 jungen Frauen, sie fände es „reizvoll", zum Sex gezwungen zu werden. Da ist also eine gewaltige Kluft zwischen der öffentlichen Zelebrierung sado-masochistischer Praktiken und dem privat Gelebten. Ist die erotisierte Gewalt in der Sexualität also – noch – eher Propaganda als Realität? Und ließen sich Gegenmodelle schaffen?

Professionelle Prostituierte allerdings klagen schon länger, dass die Erwartungen vor allem der – voll pornografisierten – jungen Freier immer aggressiver werden. Früher war SM eine exotische Praktik für Spezialisierte, heute verlangen die jungen Männer Sadomaso-Spiele von jeder Prostituierten – und wollen dabei immer die Sadisten sein. Selbst die bezahlte Domina spielt ja nur auf Befehl die Starke für einen Mann, der einmal „Sklave" sein will, aber in Wahrheit der

Herr ist. Ähnliches gilt für private SM-Inszenierungen. Denn ein Mensch kann nicht im intimen, subjektiven Binnenverhältnis einfach abstrahieren von den äußeren Machtverhältnissen.

Selbst bei sexuellen Inszenierungen, an denen alle Beteiligten freiwillig mitmachen, es also weder Kinder noch andere Abhängige gibt (was selten ist): Ließe sich dann hinter verschlossener Tür vergessen, dass die ganze Welt beherrscht ist von Männergewalt? Kann die inszenierte Gewalt in der Sexualität eine das Leben nicht berührende Fantasie sein in einer Welt, in der jede zweite Frau auch real geschlagen und vergewaltigt wird?

Aufschlussreich ist auch die Tatsache, dass die Fetische des sexuellen Sadomasochismus oft den Folterkellern der Diktaturen entliehen sind und gerade in Deutschland die Reminiszenz an die Naziästhetik bei Lack, Leder und Ketten unübersehbar ist. Es gibt sogar Kreise, in denen die Verwendung von Original-Nazi-Devotionalien als besonders „geil" gilt. Auch die Faszination für die inzwischen zur „Kunst" deklarierten und ins Museum eingezogenen Fotos von Helmut Newton liegt ja ausschließlich in ihrer faschistoiden Ästhetik: die hohe Frau, in Stiefeln oder Stilettos, gerne mit Peitsche und vorzugsweise blond.

Wir sehen, über Sexualität lässt sich kaum reden, ohne auch von Pornografie und Sexualgewalt zu sprechen. Zu sehr ist die gesamte Sexualität davon angefasst, denn sie ist aus dem Stoff, aus dem die Träume und Fantasien sind. Zum Mythos Sexualität gehört darum untrennbar der Mythos von Gewalt und Tod. Ein männlicher Mythos mit Tradition.

Schon Sigmund Freud sah „Sexualtrieb" und „Todestrieb" eng verknüpft. Und auch der deutsch-amerikanische Pionier der modernen Sexualforschung, Robert J. Stoller, ging davon aus, dass über jeder erotischen Motivation quasi naturgegeben „ein Hauch von Feindseligkeit" liege; ja, dass alle sexuellen „Perversionen" eine „erotische Form von Hass" seien. Stoller steht mit diesem Verständnis von Sexualität nicht allein und hat Generationen von Sexualwissenschaftlern geprägt.

Perversionen sind eine reine Männersache. Auf zehn männliche Perversionen kommt eine weibliche. Dreimal dürfen wir raten, welche … der Masochismus! Und auch der Mythos vom „Sexualtrieb", der bis heute noch die Tat des grausamsten Sexualmörders pathologisiert und entschuldigt, war eine Erfindung von Medizinern und Sexualwissenschaftlern. Er geistert seit der Mitte des 19. Jahrhunderts (dem Zeitpunkt des Aufbruchs der Ersten Frauenbewegung) durch die Wissenschaft und wurde bis in die 70er Jahre (dem Zeitpunkt des Aufbruchs der zweiten Frauenbewegung) unwidersprochen hingenommen. Seither ist er zwar längst von der ernst zu nehmenden Wissenschaft widerlegt, erfreut sich aber weiterhin unkritischer Popularität bei den Medien.

Diese Triebtheorie geht davon aus, dass die männliche Begierde eine Art Dampfkessel ist, der ab und zu zwingend Dampf ablassen muss. Geht das nicht, kommt es zu eruptiven Ausbrüchen. Feministinnen kritisierten die in jeder Hinsicht unhaltbare Theorie, und die Psychoanalyse pflichtete ihnen bei. So erinnerte Margarete Mitscherlich-Nielsen in den 80ern: „Auch die Psychoanalyse ist davon überzeugt, dass die Lern- und Wandlungsfähigkeit der Triebe beträchtlich ist und sie erst durch die frühen Interaktionen des Kindes mit seinen Beziehungspersonen strukturiert werden." Zehn Jahre später argumentierte Sexualforscher Schmidt: „Nicht die ‚Natur' macht den (männlichen) ‚Trieb' allgewaltig, sondern der Konflikt zwischen Wunsch und Verbot, durch den das sexuelle Verlangen gezügelt, weggedrängt und zu einem fremden Teil wurde. Dieses Fremde, Abgespaltene ist der Trieb."

Hier taucht es also wieder auf: das bis ins Pathologische gesteigerte Motiv der Fremdheit und damit auch der Aggression und Zerstörung. Es gibt keinen „Trieb", aber es gibt die Pervertierung sexueller Lust in destruktive Lust. „Triebtäter" sind immer Hasstäter. Und: „Triebtäter" sind immer Männer.

Es ist anzunehmen, dass die Vision einer befreiten Sexualität der Frauen anders aussehen wird als die der Männer. Nicht aus biologischen, sondern aus psychosozialen Gründen. Vermutlich wird die Frauenlust nicht das Fremde erotisieren, sondern das Vertraute; wird sie nicht vorwiegend vom Hass gespeist sein, sondern von der Liebe.

Die, wie alle Wissenschaften, männlich orientierte Sexualwissenschaft, deren relativ junge Geschichte zwischen kühnster Aufklärung und dumpfester Anpassung schwankt, hat sich lange schwer getan mit der „feministischen Herausforderung". In Deutschland besonders, denn da leidet sie noch immer an dem Kahlschlag durch die Nazis, die die avantgardistischen deutschen SexualforscherInnen der 30er Jahre ins innere oder äußere Exil trieben. Darunter auch die Psychoanalytikerin Karen Horney, die als erster Mensch Freuds Sicht von der Sexualität und damit auch der Bedeutung eines „Sexualtriebes" und „Todestriebes" sehr grundsätzlich widersprach. Sie ist bis heute in den USA bekannter als in Europa. Die einst Verjagten trugen in der Folge entscheidend zu der Vorreiterrolle der amerikanischen Sexualwissenschaft bei.

In Deutschland kam die zwischen Medizin und Psychoanalyse angesiedelte, kaum geborene und gleich wieder erstickte Wissenschaft nach dem Krieg nur schwer wieder in Gang. Ein lange führender Name war der Frankfurter Sexualforscher und Alt-68er Volkmar Sigusch, der den Zusammenhang zwischen Geschlechtsidentität und Machtverhältnissen bis Anfang der 90er schlicht ignorierte bzw. in gut linker Tradition zum „Nebenwiderspruch" erklärte. Die den Frauen aufgeschlossenere Hamburger Fraktion, wie der verstorbene Eberhard Schorsch oder Gunter Schmidt, öffnete sich Anfang der 80er Jahre zögernd für die Impulse und Forderungen der Frauen. Aber selbst jemand wie Schmidt hat bis heute die Tendenz, das Machtverhältnis zwischen den Geschlechtern, ja sogar Pornografie und Missbrauch sträflich zu verharmlosen.

Dazu gehört, dass auch durch die Köpfe der fortschrittlichen Sexexperten diffuse Vorstellungen einer ursprünglich wilden, irgendwie triebhaften und auf jeden Fall abgründig gefährlichen Sexualität geistern, deren Rationalisierung und Domestizierung durch die neue „Liebe und Partnerorientierung" sie befürchten. Da ist er wieder, der Glaube an eine archaische Verknüpfung von Sexualität und Gewalt; und der gute abendländisch-christliche Antagonismus von Liebe oder Sünde. „Mit dieser Art von Überlegungen kehrt Schmidt zwar nicht zum Triebmodell zurück", spottet die junge Psychotherapeutin Sonja Düring. Doch „jetzt, da Frauen nahe dran sind, sich mit ihrer richtigen Auffassung durchzusetzen, ist von Domestizierung die Rede."

Seit Mitte der 80er rückt eine Hand voll Frauen langsam aber stetig vor in der deutschen Sexualwissenschaft. Unter der Ägide eines frauenlastigen Vorstandes setzte die *Deutsche Gesellschaft für Sexualforschung* 1991 - also 20 Jahre nach Beginn der Frauenbewegung - das Thema Feminismus erstmals offiziell auf ihre Tagesordnung. Einer der Höhepunkte der Tagung war die, aus seinem Munde überraschende, Forderung von Sigusch, die „differentia sexualis" zu überdenken. Denn es schade dem Ruf der Sexualwissenschaft, wenn sie nicht in der Lage sei, „über das Verhältnis von sexus und genus schmerzhaft und kritisch nachzudenken". So ist es.

In der Praxis landen diese schmerzhaften Fälle dann zum Beispiel in der Sexualtherapie von Gunter Schmidt. Der versucht, beim Kitten der Scherben des großen Unterschiedes in der Sexualität, bei Zwangsheterosexualität oder Zwangshomosexualität behilflich zu sein - und beginnt, sich nach wahrer sexueller Freiheit zu sehnen. „Einem hoch entwickelten Lebewesen wie dem Menschen entspricht es eigentlich gar nicht, seine Partnerwahl in erster Linie nach dem Geschlecht zu richten", klagte der Sexualforscher jüngst in einem Interview. „Es ist doch nur logisch, wenn dabei mehr und mehr Kriterien eine Rolle spielen, die uns viel angemessener sind: die Ausstrahlung, die Interessen und Charakterzüge eines Menschen - und zwar ganz unabhängig vom Geschlecht."

Eine Utopie, die Hoffnung macht. Und so manche und so mancher erlaubt sich ja auch bereits einen Vorgriff darauf. Aber noch ist die menschliche Sexualität nicht immer auf dem Niveau der „hoch entwickelten Lebewesen". Noch ist Sex fatal verknüpft mit Dominanz und Gewalt.

Es gilt darum - gerade auch zwischen Frauen und Männern - Sexualität neu zu denken und zu fühlen. Das geht nicht via schlichter Leugnung unserer tiefen Prägungen durch das Zwei-Geschlechter-System, sondern nur durch eine ehrliche und selbstkritische Prüfung auch eigener Gefühle und Bedürfnisse. Eine Lust ohne Zerstörung - dieses Ziel kann mit der Jahrtausend-Hypothek von Gewalt nicht innerhalb einer Generation erreicht werden. Aber auch der Weg ist ja bekanntermaßen schon ein Ziel.

Was ist eine Lesbe?

Von Madonna ist der Satz überliefert: „Elvis is back - she is beautiful." Gemeint ist die Sängerin k.d. lang, dieses erotisch verwirrende Geschöpf mit der lasziven Sinnlichkeit eines Elvis Presley und der verheißungsvollen Schüchternheit eines James Dean. Der Regisseur Percy Adlon, der so viel von Frauen versteht, inszenierte Lang in *Salmonberries* als verstockt knabenhafte Lesbe, die sich im Eis von Alaska in die blonde Rosel Zech verliebt. Auf dem Höhepunkt ihres Werbens reißt k.d., die in einer Erzgrube als Kumpel malocht, sich den Anorak und das Flanellhemd vom Leib und enthüllt etwas, was der *Vanity-Fair*-Journalistin den Atem verschlägt: „Wuchtig und sinnlich hat ihr Körper die schwere Würde einer prähistorischen antiken Fruchtbarkeitsgöttin mit ausladenden Hüften, Bauch und Brüsten. Nichts an diesem Körper ist knabenhaft - doch Langs Verhältnis dazu ist deutlich ambivalent."

Auch k.d. ist also eine Frau. Aber ambivalent. Zweideutig. Womit mit einer einzigen Szene gezeigt wäre: Sie ist *beides*, ist Mann *und* Frau, ja vielleicht sogar ein drittes - die Vorbotin von Geschöpfen, die sich aus den Zwängen der Zweigeschlechtlichkeit befreien werden. Beide, k.d. lang wie Madonna, spielen ja nicht nur mit den Geschlechtsrollen, sie kündigen die Geschlechtsidentität an sich auf. Wenn sie als Mann (wie k.d. lang) oder als Frau (wie Madonna) auftreten, lassen sie gleichzeitig durchblicken: Alles nur ein Spiel.

Und zwar ist *beides* ein Spiel: die männliche *und* die weibliche Rolle. k.d. lang ist ein Mensch, der einen Mann (und manchmal auch eine Frau) spielt, Madonna ist ein Mensch, der das Weibchen (und manchmal auch den Kerl) spielt.

Die beiden sind nicht die Ersten, die so agieren. Die Geschichte der letzten Jahrhunderte ist gepflastert von Frauen, die aus dem Frausein ausbrachen und sich die Freiheiten des anderen Geschlechts nahmen. So wie Greta Garbo, die als *Kameliendame* oder *Natascha* zum Sterben schön war, aber nie mehr so sexy wie in ihren Hosenrollen als *Königin Christine*. Die „schönste Frau der Welt" fühlte sich ja auch selbst zutiefst als Mann, wie posthum enthüllt wurde. Oder Marlene Dietrich, die beide Parts spielte: den Vamp *und* den Dandy. Aber eines ist vielleicht neu an dem Spiel mit den Geschlechtsidentitäten: die Ironie, das Augenzwinkern, das Provokante, mit dem manche Frauen durchs Labyrinth des Weiblich-Männlichen streifen.

Doch verstoßen diese Geschlechtsrollen-Brecherinnen damit auch schon automatisch gegen die Geschlechtermoral? Hat *Yentl*, alias Barbra Streisand, auf ihrer Flucht in Hosen aus dem Getto des Frauseins in ihrer Hochzeitsnacht den Kuss mit der sinnlichen Rothaarigen auch genossen? Und was ist wirklich passiert in dieser Nacht? Wir werden es nie erfahren.

Was ist überhaupt „Homosexualität"? Die Antwort auf diese Frage wird selten sachlich gestellt und endet meist als Glaubensbekenntnis für oder gegen Homosexualität. Und immer wieder geht es dabei auch um die eigentlich längst überholte und wissenschaftlich unhaltbare Frage: angeboren oder nicht? So machte zum Beispiel Mitte der 90er ein angeblich in den USA entdecktes „Homo-Gen" die Runde in der Weltpresse. Genforscher Dean Hamer hatte die - trotz Gen-Entschlüsselung noch arg unerforschte - DNA von schwulen Brüderpaaren aus 30 (!) Familien untersucht, bei denen Homosexualität auch in der mütterlichen Linie aufgetaucht war. Bei 20 dieser Brüderpaare wollte er ähnliche „Auffälligkeiten" im Bereich des X-Chromosoms entdeckt haben. Eine parallele Untersuchung von lesbischen Schwesterpaaren blieb völlig ergebnislos. So viel zur Entdeckung des „Homo-Gens".

Für die aufgeklärte Wissenschaft ist heute die ursprüngliche Bisexualität bzw. Multisexualität eine Selbstverständlichkeit. Schon der Vater der Psychoanalyse, Sigmund Freud, wusste, dass Menschen eine Sexualität haben, Punkt. Wie die sich realisiert, das ist eine Frage der individuellen Prägung und Entscheidung - und des gesellschaftlichen Diktats. In einer Kultur, in der die Zwangsheterosexualität das herrschende Modell ist, kann die (Zwangs)Homosexualität nichts anderes sein als die andere Seite der Medaille: Die Verweigerung des Gebotes und der Fall ins Gegenteil.

In seinem Klassiker, dem *Kinsey-Report*, schrieb Alfred Kinsey 1948: „Man kann nicht häufig genug betonen, dass das Verhalten eines jeden Lebewesens von der Art des Reizes (...) und seinen früheren Erfahrungen abhängig ist. Die Klassifizierung des sexuellen Verhaltens als onanistisch, heterosexuell und homosexuell (...) ist nur deshalb von Wert, weil sie die Quelle des sexuellen Reizes angibt. Sie sollte aber nicht zur Charakterisierung der Personen verwendet werden, die auf die jeweilige Weise reagieren. Unser Denken wäre klarer, wenn die Ausdrücke vollständig aus unserem Wortschatz verschwänden. Denn dann könnte das zwischenmenschliche Sexualverhalten als Betätigung zwischen Mann und Frau oder zwischen zwei Frauen oder zwischen zwei Männern beschrieben werden - was eine objektivere Darstellung des Tatbestandes wäre." - Eine erfrischend gelassene, klinisch ganz und gar logische Argumentation, die allerdings die politischen Dimensionen der Hetero- und Homosexualität nicht berücksichtigt.

Die Fortschrittlichen unter den Sexualwissenschaftlern - die die Kategorien „Heterosexualität" und „Homosexualität" Ende des 19. Jahrhunderts überhaupt erst erfunden hatten - revidierten hundert Jahre später ihr Kästchendenken und stellten drei Kriterien zur Erfassung der ganz und gar nicht eindeutigen, der „fluktuierenden" Männer- und Frauenliebe auf:

1. Das Angezogensein von einer Person desselben Geschlechts,
2. der genitale Geschlechtsverkehr mit Personen desselben Geschlechts,
3. die Selbstdefinition als homosexuell.

Unter der Lupe dieser Differenzierungen stellt sich heraus, dass die gleichgeschlechtliche Lust bei Frauen wie Männern größer ist als die homosexuelle Tat. Allerdings: Männer handeln öfter als Frauen. So fand der amerikanische Sex-Report heraus, dass sich rund 10 % aller Frauen und Männer „zu einer Person desselben Geschlechts hingezogen fühlen" bzw. „gleichgeschlechtlichen Verkehr reizvoll finden". 9 % der Männer haben es irgendwann auch einmal oder öfter getan - aber nur 4 % der Frauen, also jede 25. Und in den letzten fünf Jahren hatte jeder 25. Mann *aktive* homosexuelle Kontakte – jedoch nur jede 50. Frau. Vielleicht liegt die Zahl der praktizierenden Homosexuellen im liberalen Europa höher als im prüden Amerika. Aber sicherlich nicht niedriger. Was hieße: In Deutschland leben zur Zeit mindestens zirka 1,4 Millionen Frauen frauenliebend (das ist jede 25. Frau ab 18) und zirka 3 Millionen Männer (jeder 11. Mann ab 18).

Diese Zahlen liegen deutlich niedriger als die seit dem *Kinsey-Report* durch die Welt geisternden 10 % Homosexueller. Was allerdings auch, wie gesagt, eine Frage der Definition ist – sowie der subjektiven und objektiven Möglichkeiten, dem Begehren nachzugeben. Bei einer Befragung deutscher Studentinnen 1996 zum Beispiel stuften sich 2 % selber als homosexuell ein und weitere 2 % als bisexuell – aber 23 % finden „Frauen manchmal sexuell attraktiv". Sind die nun schon lesbisch bzw. bisexuell?

Schon die Frage an sich – hetero oder homo? – ist übrigens relativ neu. In früheren Jahrhunderten hat sie sich überhaupt nicht gestellt. Da wechselten libertäre mit prüden Zeiten, aber die Sexualität spielte keine so zentrale Rolle, dass sie für die Definition eines Menschen entscheidend gewesen wäre. Was allerdings immer bemerkt und verfolgt wurde, war der Bruch mit der Geschlechtsrolle. Zuständig für die Überwachung ihrer Einhaltung waren ganz früher ausschließlich die Kirchenmänner, sodann die Mediziner, heute sind es vor allem die Psychologen. Der Bruch mit der Geschlechtsrolle wurde immer stärker sanktioniert als die homosexuelle Tat. Geächtet wird auch heute weniger der Homosexuelle, sondern vor allem der weibliche Mann, die *Tunte*; bzw. die männliche Frau, der *Kesse Vater* (KV) bzw. *butch*. Früher landete die Frau in der Hosenrolle auch schon mal auf dem Scheiterhaufen (wie Jeanne d'Arc), beim Henker oder im Irrenhaus. Besonders scharf wurden die Sanktionen übrigens immer dann, wenn es sich nicht um eine individuelle „Verirrung" handelte, sondern der Rollenbruch im Zusammenhang mit dem Versuch eines kollektiven Einbruchs von Frauen in die Männerwelt stand.

Es gibt wenig, was die Neue Frauenbewegung neu erfunden und vor ihr nicht schon die Historische Frauenbewegung gefordert hätte, bis hin zum Kampf gegen die Sexualgewalt. Und selbstverständlich ist auch die Liebe und Ehe von Feministinnen bereits im

19. Jahrhundert scharf ins Visier genommen worden. Sogar die Aufkündigung der symbolischen Zweigeschlechtlichkeit, die für neu gehalten wird, hat eine lange feministische Tradition. Nur eines scheint ganz neu zu sein: der Angriff auf die „Zwangsheterosexualität" und die Forderung nach einer gleichberechtigten Homosexualität bzw. nicht festgelegten Sexualität.

Die Frauenbewegung und die Homosexuellenbewegung haben sich in der Forderung nach der Akzeptanz der Homosexualität gegenseitig bestärkt. Doch in der männerdominierten Homosexuellenbewegung ist bis heute die vorherrschende Tendenz, sich mit einer „Toleranz" der „Andersartigkeit" zu bescheiden. Ja, es gibt sogar biologistische Strömungen, die argumentieren, Homosexualität sei angeboren, ergo könne der Homosexuelle an sich nichts dafür und müsse man ihn schon deswegen akzeptieren. Die unterschiedliche Sichtweise homosexueller Frauen und Männer ist erklärbar. Schließlich muss es dem homosexuellen Mann nicht, wie der homosexuellen Frau, gleichzeitig um die Abschaffung der Geschlechtsrolle an sich gehen. Im Gegenteil.

Für die Feministinnen dagegen musste die Forderung der Akzeptanz der Homosexualität von Anbeginn an zwangsläufig verbunden sein mit der Infragestellung der Frauenrolle und damit auch der „Zwangsheterosexualität". Hetero- wie Homosexualität waren für die politisierten Lesben von Anbeginn an „starre Geschlechterrollen, die nur in einer sexistischen Gesellschaft mit männlicher Vorherrschaft möglich sind". So antworteten die amerikanischen *Radicalesbians* in ihrem in der 1975 vom *Lesbischen Aktionszentrum Westberlin LAZ* veröffentlichten Manifest auf die Frage „Was ist eine Lesbe?" euphorisch: „Sie ist eine Frau, die häufig schon in einem frühen Alter entsprechend ihrem inneren Wunsch handelt, ein vollständigerer und freierer Mensch zu sein, als es ihr die Gesellschaft erlaubt."

Warum die Frauenliebe so eine Rolle für die Frauenbewegung spielt? Weil „die Priorität der Beziehung zu Frauen, die ein neues Bewusstsein von und mit Frauen entwickeln, das Herz der Frauenbefreiung (ist) und die Basis unseres Beitrages zur Kulturrevolution" (*Radicalesbians*). Ja, es ging den frühen Feministinnen noch nicht um Quoten, es ging ihnen um Revolution.

Für die radikalen Feministinnen war – und ist – die Frage des Geschlechtsrollenbruches also unlösbar verknüpft mit der nach der sexuellen Präferenz. „Ältere Frauen werden sich daran erinnern, dass vor noch nicht allzu langer Zeit jede erfolgreiche, unabhängige Frau, die nicht ihr ganzes Leben nach einem Mann ausrichtete, dieses Wort (Lesbe) zu hören bekam“, schrieben die *Radicalesbians* damals. „Denn in einer sexistischen Gesellschaft sagt man über eine unabhängige Frau: Die kann keine Frau sein, die muss lesbisch sein.“

Damals, in der Stunde null, da ahnten diese *Radicalesbians* noch nicht, dass das Erinnerungsvermögen der Frauen gar nicht sonderlich bemüht werden musste. Denn kaum traten die Feministinnen erneut auf die Bühne der Geschichte, schallte es ihnen schon im Chor entgegen: „Ihr seid doch nicht normal! Ihr seid doch alle lesbisch!“ Die amerikanische Feministin (und Mutter eines Sohnes) Robin Morgan gab darauf die wunderbar ironische Antwort: „Ihr habt uns schon Lesben genannt, als wir selbst noch gar nicht wussten, dass wir welche sind.“ Womit sie sagen wollte, dass viele Frauen überhaupt erst durch die Frauenbewegung – und die Reaktionen der Männergesellschaft auf sie – darauf kamen, sich in eine Frau zu verlieben. Ich weiß, wovon ich rede.

Lesbisch lieben heißt, sich selbst zu lieben! lautete nun die Parole. Und die *Radicalesbians* gaben die Argumentationshilfe: „Der Selbsthass entfremdet die Frau von ihrem Selbst und macht sie zu einer Fremden gegenüber anderen Frauen. Sie versucht, dem zu entfliehen, indem sie sich mit ihrem Unterdrücker identifiziert, durch ihn lebt und ihren Status und ihre Identität über sein Ego, seine Macht, seine Fähigkeiten bezieht. Die Frau vermeidet die Beziehung mit anderen Frauen, die ihre eigene Unterdrückung, ihren eigenen zweitklassigen Status, ihren Selbsthass widerspiegeln. Denn sich mit einer Frau auseinander setzen heißt letzten Endes, sich mit sich selbst auseinander setzen – diesem Selbst, dem wir unter so großer Anstrengung ausweichen. Solange Frauen nicht die Möglichkeit sehen, sich sehr grundsätzlich füreinander zu engagieren – was sexuelle Liebe mit einschließt –, so lange verweigern sie sich selbst die Liebe und Wertschätzung, die sie Männern so bereitwillig zukommen lassen, und bestätigen damit ihren zweitklassigen Status.“

Der Feminismus kreuzte die Klinge, auch innerhalb der eigenen Reihen. Denn schließlich lebte die überwältigende Mehrheit der aktiven Feministinnen heterosexuell und liebte und liebt Männer. Die bis dahin auch unter Frauen unterdrückte Minderheit der Frauen, die schon vor der Frauenbewegung Liebesbeziehungen mit Frauen gehabt hatten (und das in der totalen Heimlichkeit und Repression), sah ihre Stunde gekommen. Sie kam raus - und war nun endlich nicht mehr auf der „falschen" Seite, sondern auf der „richtigen". Selbstgerechtigkeiten und ein neuer Dogmatismus konnten nicht ausbleiben. Aber es war oft auch einfach verführerisch. So manche bis dahin ausschließlich heterosexuell liebende Frau fand diese Amazonen aufregend, warf eigene Tabus über Bord und verliebte sich plötzlich selbst in eine Frau.

Nicht die „Sexwelle" der 60er, die Frauenbewegung der 70er war es, die die Sexfront in Bewegung brachte. Sie machte die sexuelle Revolution des 20. Jahrhunderts. Doch auch sie hätte sich vor 25 Jahren nicht die 350 000 Menschen beim Berliner Christopher-Street-Day 2000, die geflaggten Rathäuser, die Grußworte des CDU-Bürgermeisters und die angekündigte „Homo-Ehe" vorstellen können. Allerdings: Auch diese Libertinage darf nicht zu Illusionen verführen. Ein halbes Jahrhundert nach den Rosa Winkeln im KZ und ein Vierteljahrhundert nach der Abschaffung des § 175 (der männliche Homosexualität noch mit Gefängnis bedrohte) sind die Ressentiments gegen homosexuell lebende Frauen und Männer noch immer groß, nicht nur in Deutschland. Zu fundamental bedrohen sie die heterosexuelle Weltordnung.

Es existiert auch weiterhin nicht nur die Ächtung, sondern auch eine handfeste Diskriminierung, ja sogar Gewalt gegen Lesben und Schwule. Und es gibt zwar große Homo-Communitys in den Metropolen, doch die könnten pessimistischer auch als Gettos verstanden werden. So ergab die US-Studie, dass in den Großstädten fast jeder zehnte Mann und jede 40. Frau homosexuell lebt. In Kleinstädten und auf dem Land ist es nur noch jede und jeder Hundertste. Es ist eben immer noch kein kleiner Unterschied, ob Homosexuelle in San Francisco oder Falls City, in Berlin oder Passau leben. Was hier gesellschaftlich in, ja manchmal fast schon zwingend ist, kann da noch immer tödlich sein. So ist es keine Überraschung, dass eine Gewerkschaftsstudie jüngst ergab, dass nur jeder achte homosexuell lebende Mensch am Arbeitsplatz seine Wahrheit sagt.

Doch zurück zu der Frage: Ab wann ist ein Mensch denn nun homosexuell? Ist es der verheiratete Familienvater, der sich in der Mittagspause in den Schwulenpark schleicht? Ist es die Familienmutter, die im Traum einen Orgasmus mit ihrer besten Freundin hat? Ist es eine Frau oder ein Mann, die/der gleichgeschlechtlich liebt, aber keinen Sex macht? Ist es eine Frau oder ein Mann, die/der gleichgeschlechtlich Sex macht, aber nicht liebt? - Schon diese Fragen zeigen die Unhaltbarkeit der Schubladen, die sowohl einschließen wie ausschließen.

Es kommt hinzu, dass Individuen sich in unterschiedlichen Lebensphasen unterschiedlich sexuell orientieren können. Studien signalisieren allerdings auch bei einem solchen „erotischen Kontinuum" einen Gendergap. So haben Männer eher Tendenz zu homosexuellen Kontakten in der Jugend und zur späteren Heterosexualität, Frauen haben genau umgekehrt eher Tendenz zur Heterosexualität in der Jugend und zur späteren Homosexualität. Erklärungen dafür drängen sich en masse auf.

Erstens erwachen Frauen sexuell in unserer Kultur später als Männer. Zweitens haben ältere Männer Vorteile von der traditionellen Heterosexualität und Frauen Nachteile. Drittens haben junge Männer Vorteile von einer frühen Homosexualität mit älteren, sie fördernden Männern. Viertens haben ältere Frauen Vorteile vom späten Wechsel zur Homosexualität, weil Alter in der lesbischen Wertewelt nicht automatisch erotisch entwertet (bei Männern ist es genau umgekehrt). Und außerdem haben eben manche Frauen nach Jahrzehnten Heterosexualität einfach die Schnauze voll oder finden Frauen einfach liebenswerter. Die Motive für die sexuelle Wahl sind also auch hier weder zwingend biologischer, noch eruptiv erotischer, sondern vor allem psychosozialer Natur.

Wobei es unterschiedliche Stufen von homosexueller Dringlichkeit gibt. Da gibt es die, die es sich kaum anders vorstellen können, und die, die locker bisexuell leben könnten - wäre da nicht der große Unterschied, der gelebte Bisexualität leicht zwischen die

Geschlechterfronten geraten lässt. Entscheidend für den Grad dieser inneren Dringlichkeit ist wohl ein ganzes Bündel von Einflüssen und Prägungen. Zwar könnte sich wohl kein halbwegs bewusster Mensch auf einer Hetero/Homo-Polaritäten-Skala bei 100 % Hetero oder 100 % Homo einstufen – aber die sexuelle Identität kann zweifellos zwischen 90 % Hetero und 90 % Homo schwanken. Hinzu kommt bei Männern so manches Mal die ihnen auch in der Heterosexualität vertraute Spaltung von Sex und Liebe: Sie machen mit Männern Sex und weinen sich bei ihren Freundinnen aus.

Im Zuge der Frauenbewegung ist so manche Frau übergelaufen und von 90 % Hetero auf 90 % Homo umgeschwenkt. Die Schätzungen der Anzahl homosexuell lebender Frauen unter engagierten Feministinnen schwanken zwischen 10 bis 20 %. Und in Amerika bezeichnen sich Frauen mit College-Abschluss achtmal so häufig als homosexuell wie Frauen ohne. Was die Männergesellschaft verständlicherweise nervös macht. Denn Sexualität ist für die Mehrheit der Frauen quasi unlösbar mit Liebe verknüpft. Und die Liebe entscheidet, welcher Mensch in unserem Leben den wichtigsten Platz erhält. Männer haben neben dieser Liebe eine lange Tradition von Freundschaft mit dem eigenen Geschlecht; Frauen sind erst mühsam dabei, das zu lernen. Was bedeutet: Eine heterosexuell lebende Frau investiert gemeinhin 90 % ihrer Gefühle und Energien in den geliebten Mann. Die Energie der Frauen, die sich in Frauen verlieben, geht also den Männern verloren.

Was aber suchen Frauen in Frauenbeziehungen, was sie in Männerbeziehungen nicht haben? Schon Untersuchungen aus den 70er und 80er Jahren zeigten, dass sie vor allem Gleichheit suchen. So fand Sigried Schäfer von Hamburger Sexualforschungsinstitut heraus, dass 94 % aller homosexuell lebenden Frauen „Selbständigkeit und Selbstbewusstsein“ bei ihrer Partnerin schätzen. 95 % finden es gut, wenn beide berufstätig sind und sich auch die Arbeit im Haushalt teilen. Und 69 % finden die sexuelle Befriedigung beider gleich wichtig. Doch: Zwei Drittel hatten damals noch Schuldgefühle, und knapp jede Dritte einen Selbstmordversuch hinter sich. Was vermutlich seither besser geworden ist.

Dennoch: Es ist nicht immer rosig, was da so lila strahlt. Wie sieht das Binnenverhältnis von Frauenpaaren aus? Da sie nicht auf einer Insel leben, sind auch sie nicht frei von der Gefahr - und Faszination - der zweigeschlechtlichen Inszenierung. Keineswegs immer muss es, aber durchaus kann es manchmal auch innerhalb eines Frauenpaares eine vollständige oder partielle weiblich-männliche Rollenverteilung geben, denn die ist ja keine Frage des biologischen Geschlechts. Das kann von äußerlichen Signalen wie Rock und Hose bis zur Polarisierung im Bett und in der Küche gehen. Aber selbst bei der rigidesten Rollenverteilung - die erwähnten *Femme* und *Kesser Vater* - unterscheidet so ein Paar sich doch in einem ganz entscheidenden Punkt von einem heterosexuellen Paar: Es spielt subjektiv Frau/Mann, aber erfährt objektiv dabei nicht die Unterstützung seiner Umwelt. Ein heterosexuelles Paar hingegen könnte umgekehrt noch so entschlossen sein, die Rollen aufzuheben: Es wird immer wieder von außen in die Mann/Frau-Rollen gedrängt. Das Tragische, und manchmal gleichzeitig Charmante, des *Kessen Vaters* gegenüber dem „echten" Mann ist also, dass die männlich identifizierte Lesbe es spielt, aber nicht ist - und der Mann es ist, selbst wenn er es gar nicht mehr spielen will.

„Die Homosexualität kann für die Frau eine Möglichkeit sein, ihrer Weiblichkeit zu entfliehen - wie auch eine Möglichkeit, die Weiblichkeit anzunehmen", erkannte schon Simone de Beauvoir. Will sagen: Die frauenliebende Frau kann sich als die Andere, als Mann projizieren (und stößt dabei rasch auf ihre Grenzen) - oder aber einfach als die Gleiche gelassen Frau sein wollen, ohne damit zwangsläufig männliche Dominanzgelüste auszulösen.

Schon für Beauvoir ist „jede Frau von Natur aus (auch) homosexuell" und „Homosexualität eine aus der Situation heraus gewählte Haltung, die begründet und frei angenommen ist". Im *Anderen Geschlecht* skizziert sie in ihrem Kapitel *Die Lesbierin* 20 Jahre vor der kollektiven feministischen Bewusstwerdung ein hellsichtiges Psychogramm der weiblichen Homosexualität. Die „wahre Frau" ist danach „ein Kunstprodukt, das die Zivilisation erzeugt, wie sie einst Kastraten erzeugte". Aber auch die „virile Lesbierin" legt sich „durch ihren Willen, ‚den Mann nachzuahmen'" auf einer „unauthentischen Haltung" fest.

Beauvoir verschweigt also keineswegs die problematischen Seiten der Homosexualität. Sie blickt kritisch auf die Frauen, die „nur untereinander verkehren und klubähnliche Gemeinschaften bilden, um kundzutun, dass sie die Männer nicht brauchen, weder gesellschaftlich noch sexuell". Und spottet: „Von dort ist es kein weiter Schritt zu großspurigem Gehabe und allen möglichen unauthentischen Komödien. Die (virile) Lesbierin spielt zunächst, ein Mann zu sein. Dann wird das Lesbischsein selbst zum Spiel. Die männliche Aufmachung ist keine Verkleidung mehr, sie wird zur Livree. Unter dem Vorwand, sich der Unterdrückung durch die Männer zu entziehen, macht die Frau sich zur Sklavin ihrer Rolle."

Dies allerdings gilt nur für eine Minderheit. Die größte Gefahr für die Mehrheit ist, dass Frauen bei einer heterosexuellen Verbindung die quasi „natürliche" Unterschiedlichkeit des Anderen akzeptieren, bei einer homosexuellen Verbindung jedoch Gefahr laufen, eine unterschiedslose Gleichheit zu fordern – was zur gegenseitigen Einschüchterung und Lähmung ausarten kann. Und dann kennen Frauen Frauen natürlich auch besser als Männer.

Doch auch Beauvoir weiß schon: „Eine Frau, die den Schutz des Mannes nicht mehr genießt, steht wehrlos einer höheren Kaste gegenüber, die sich aggressiv, spöttisch oder feindselig zeigt. Als ‚erotische Perversion' wird die weibliche Homosexualität eher belächelt. Insofern sie aber eine Lebensweise impliziert, löst sie Verachtung oder Empörung aus." Simone de Beauvoir selbst hat sich zu Lebzeiten diese Verachtung erspart. Sie hat lebenslang bisexuell gelebt, ihre erste leidenschaftliche Liebe war nicht Sartre, sondern ihre Freundin Zaza. Aber sie hat keiner dieser Frauenlieben sozialen Raum gegeben.

Im Alter, also zu der Zeit ihres aktiven Engagements in der Frauenbewegung, hat Beauvoir das bedauert. In einem Interview mit mir sagte sie 1978: „Ich hätte gerne eine wirklich sehr ehrliche Bilanz meiner eigenen Sexualität gezogen. Und zwar vom feministischen Standpunkt aus. (...) Früher habe ich darüber nicht geschrieben, weil ich die Wichtigkeit dieser Frage und vor allem auch der subjektiven Ehrlichkeit nicht in dem Ausmaß begriffen hatte – das habe ich von den jungen Feministinnen gelernt." Zu Lebzeiten hat sie – aus

Rücksicht auf „einige Personen, die mir sehr nahe stehen" – geschwiegen, in ihrem zur Veröffentlichung bestimmten Nachlass in Tagebüchern und Briefen jedoch die inzwischen auch veröffentlichte Wahrheit hinterlassen.

Zwanzig Jahre nach den ersten Anstößen der Frauenbewegung wurde Mitte der 90er Jahre die Bisexualität zum Trend ausgerufen. Schwer zu sagen, ob die Bi-Mode der Homosexualität die Spitze brechen soll, indem sie sie integriert – oder aber ob dies Vorboten einer wirklichen sexuellen Freiheit sind. Popkultur, Film, Medien zeigen uns die schillernden Seiten der Bisexualität. Nicht selten verkommt die Darstellung jedoch zur Schlüsselloch-Vorlage für heterosexuellen Voyeurismus. Manchmal jedoch gibt es auch Momente der Wahrheit. Zum Beispiel, wenn der sich zu seiner eigenen Bisexualität bekennende deutsche Modemacher Wolfgang Joop im *Spiegel* sagt:

„Männer wissen nichts über andere Männer, sie machen ihnen Angst. Sie wissen nicht, wie sich Nackenhaar oder eine harte Schulter für eine Frau anfühlt. Heterosexuelle Männer kennen ja nur das hingebungsvolle Fleisch, nicht das fordernde. Das sind zwei verschiedene Erfahrungswelten. (...) Meine Art zu verführen, meine Art mich hinzugeben ist bei Männern völlig anders. Ich lebe automatisch in zwei verschiedenen Rollen, fühle mich aber in beiden zu Hause. Ich betrage mich einer Frau gegenüber immer noch ritterlich. Aber ich finde es faszinierend, dass Männer anderen Männern in den Mantel helfen." Joop skizziert damit in wenigen Strichen die traditionell „weibliche" und „männliche" Erotik – und das Abenteuer, sich beides zu nehmen.

Für eine Frau ist dieser erotische Spagat zweifellos schwieriger, weil die anerkannte Verbindung mit einem Mann sozial viel schwerer wiegt als die minder geachtete Verbindung mit einer Frau. In einer Männerwelt bedeutet männliche Homosexualität Mann plus Mann – und weibliche Homosexualität Frau minus Frau.

Wie sehr sich die Hetero- und Homosexualität trotz ihrer eigentlichen Gleichheit heute kulturell unterscheiden, weil ja auch der kulturelle Unterschied zwischen den Geschlechtern groß ist, lässt sich an der Rolle der Gewalt sowie der Intensität der Erotik erkennen.

Darüber schreibt Simone de Beauvoir im *Anderen Geschlecht:* „Ein Mann kann ihr (der Frau) die Existenz ihres Fleisches für sich enthüllen, nicht aber, was es für andere ist. Erst wenn ihre Finger den Körper einer Frau erfühlen, deren Finger umgekehrt auch über ihren Körper gleiten, kann das Wunder des Spiegels geschehen. (...) Unter Frauen ist die Liebe Kontemplation. Die Zärtlichkeiten sind weniger dazu bestimmt, sich die Partnerin anzueignen, als sich über sie ganz allmählich wieder zu finden. Die Trennung ist aufgehoben, es gibt weder Kampf noch Sieg noch Niederlage. In vollkommener Wechselseitigkeit sind beide Subjekt und Objekt, Herrscherin und Sklavin zugleich."

Mein Herz gehört meinem Freund.
Aber heiraten will ich nicht.
Nie! Das geht immer schief.

Das Trauma Sexualgewalt

Sexualpolitik – die schärfste Waffe

Das passiert immer nur den Anderen. Nie einem selbst. Die Anderen sind diese peinlichen Opfer, die endlich aufhören sollen zu lamentieren. Wir aber sind die Powerfrauen, die mit dieser Art von „Opferfeminismus" nichts zu tun haben. Oder …?

Es ist nur 30 Jahre her, dass wir Frauen – wieder einmal – begonnen haben, über das Unsagbare zu reden. Zunächst gab es kaum Worte dafür. Auch war die Scham zu groß. Doch kaum waren die Schleusen geöffnet, da schlug aus den Untiefen des Bewusstseins die dunkle Welle hoch: Sexualgewalt. Eine Gewalt, die allgegenwärtig ist und unlösbar verknüpft mit Sexualität und Liebe. Sie wird meist nicht von Fremden, sondern von Vertrauten verübt. Sie kommt nicht von den Anderen, sondern von den Eigenen. Sie trifft uns da, wo wir uns sicher und zu Hause glauben.

Das Machtgefälle zwischen den Geschlechtern basiert auf der Sexualgewalt: von der Definition des Begehrens über das Abtreibungsverbot und die Prostitution bis hin zur direkten Sexualgewalt. Für diese Art von „Politik" haben Feministinnen den Begriff „Sexualpolitik" geprägt – eine lange verschwiegene, lange ungreifbare Politik. Erst jetzt, nach dem Aufbruch der Frauen in die ökonomische Eigenständigkeit und auf ihrem Weg zur Teilhabe an der Welt können sie diese härteste Bastion der Männerwelt attackieren.

Zwanzig, dreißig Jahre nach dem Bruch des Schweigens der Opfer kann es nicht länger geleugnet werden: Es gibt die Sexualgewalt von Männern gegen Frauen und Kinder, und sie hat epidemische Ausmaße. Doch erst jetzt, in diesen letzten Jahren, bequemt sich die Gesellschaft, Sexualgewalt nicht länger als Vaterrecht oder Kavaliersdelikt abzutun, sondern als Verbrechen gegen Körper und Seele ernst zu nehmen. PolizistInnen, KriminologInnen, ÄrztInnen,

PsychologInnen und JuristInnen nehmen das Geleugnete wahr und werden zunehmend regelrecht geschult für den Kampf gegen die Sexualgewalt, in Amerika und Österreich zum Beispiel von Feministinnen mit alltäglichen Erfahrungen in Notrufen und Frauenhäusern.

Die VerhinderInnen der Wahrheit über die Sexualgewalt haben zunächst versucht, das Ganze lächerlich zu machen (Auch Ehefrauen schlagen ihre Männer), die Schuld auf die Opfer zu schieben (Das Mädchen hat den Vater verführt) – und jetzt streiten sie um die Zahlen. Wurde jedes dritte oder fünfte Mädchen missbraucht? Prügelt jeder dritte oder vierte Ehemann? Ist jede dritte oder sechste Frau vergewaltigt worden? Dieser Streit ist möglich, weil selbst die empirisch fundiertesten Studien immer auch auf Hochrechnungen und Dunkelziffern zurückgreifen müssen. Denn es liegt in der Natur dieser erst seit kurzem überhaupt thematisierten Sexualgewalt, bei der Opfer und Täter in der Mehrheit der Fälle verwandt oder befreundet sind, dass die Opfer selbst nicht immer das Unrecht erkennen bzw. benennen können.

Beim Streit um die Zahlen wird Feministinnen gerne unterstellt, sie würden „übertreiben". Nur – warum sollten sie?

Die inzwischen vielfach belegte Wahrheit ist bedrückend genug. Der Schock darüber ist vor allem deshalb so groß, weil diese Wahrheit bis vor kurzem als eine Frage der Sitten und nicht als Skandal galt. Die Erkenntnisse der Feministinnen, die sich mit der so zentralen Problematik der Sexualgewalt befassen, werden gern als „Opferfeminismus" abgetan (ein Begriff, der von Naomi Wolf geprägt wurde, und mit dem sie ursprünglich etwas ganz anderes meinte: nämlich den Glauben an das Anderssein der Frauen). Dabei wird unterstellt, Feministinnen würden sich nur unter dem Opferaspekt für Frauen interessieren und alle Frauen zu Opfern machen. Was natürlich unsinnig ist.

Längst gibt es eine Flut von Erkenntnissen und Erhebungen, gibt es regionale, nationale und internationale Studien, die an dem Ausmaß der Sexualgewalt keinen Zweifel mehr erlauben. Ich selber habe mich bei diesem Buch ausschließlich auf Quellen gestützt, die sich vielfach überschneiden und empirisch untermauert sind: von regionalen über nationale bis zu internationalen Studien, von der feministischen Pionierstudie aus den 70ern über die Presseerklärung des Gynäkologie-Verbandes bis hin zum UNO-Report aus dem Jahr 2000. Und es bleibt kein anderer Schluss als die bittere Erkenntnis: Jede zweite Frau ist ein Opfer von Sexualgewalt. Und wer darüber streiten will, kann meinetwegen auch davon ausgehen, dass es „nur" jede dritte ist. Entscheidend ist, dass die Sexualgewalt allgegenwärtig ist und alle Frauen jederzeit zum Opfer machen kann.

Und wer sind die Täter? Es sind meist die eigenen Väter, Ehemänner, Brüder, Freunde. Sie schlagen, missbrauchen, vergewaltigen, ja töten. Ihre Waffe ist ihr Körper – ihr Schlachtfeld sind die Körper der Frauen und Kinder. „Dass ein Fremder eine Frau zum sexuellen Verkehr zwingt, ist geradezu die Ausnahme", resümiert der US-Sex-Report *Sexwende* von 1994.

Gemeinhin wird davon ausgegangen, dass beim Missbrauch in drei von vier Fällen der eigene Vater/Onkel der Täter ist und bei Vergewaltigung in zwei von drei Fällen der eigene Mann/Freund. Die amerikanischen ForscherInnen jedoch deckten einen viel höheren Prozentsatz auf. Was daran liegt, dass sie nicht direkt nach „Vergewaltigung" fragten, sondern indirekter nach „sexueller Nötigung". Nach der US-Studie ist der Vergewaltiger Nr. 3 der „flüchtige Bekannte": in 19 von 100 Fällen. Vergewaltiger Nr. 2 ist der „gute Bekannte": in 22 von 100 Fällen. Und der Vergewaltiger Nr. 1 ist der eigene Mann/ Liebhaber: in 55 von 100 Fällen „sexueller Nötigung" ging sie von ihm aus. Erst ganz am Schluss kommt der Fremde: in 4 von 100 Fällen. Jede zweite zum Sex „genötigte" Frau war nach eigenen Aussagen in den Täter „verliebt". Je besser eine Frau einen Mann kennt, umso gefährlicher ist er also.

Auch geschlagen und misshandelt werden Frauen vor allem von ihren eigenen Männern. Ja, sogar bei der Frage auf Leben und Tod ist der geliebte Mann der gefährlichste Feind: In drei von vier Fällen werden Frauen von ihrem eigenen Mann/Freund getötet. Pathologen pflegen so genannte „Beziehungsmorde" daran zu erkennen, dass die Leichen oft ganz besonders verstümmelt sind. Das kommt von der Distanzlosigkeit. Und vom Hass.

Und das sind die bitteren Zahlen: Jedes dritte bis vierte Mädchen ist Opfer sexuellen Missbrauchs. Jede dritte Frau ist Opfer häuslicher Gewalt, meldet 1995 der UNO-Report der deutschen Regierung, und jede vierte Frau wird als Erwachsene vergewaltigt. Die Gruppen überschneiden sich, auch sind Missbrauchsopfer als Erwachsene in noch größerer Gefahr als die anderen. Doch selbst wenn wir das berücksichtigen, kommen wir nicht um die sehr bittere Erkenntnis herum: Jede Zweite bis Dritte ist direkt betroffen.

Und die andere, die entkommene Hälfte? Die weiß – oder verdrängt –, dass sie Glück gehabt hat. Bis jetzt. Aber das Damoklesschwert der Vergewaltigung schwebt über jeder Frau. Die bewusste oder unbewusste Angst davor kann sie einschüchtern oder auch an die Seite der Täter treiben. Die anbiedernde Identifikation mit dem Aggressor ist eine klassische Reaktion aller Opfer: von der Geisel bis zur Ehefrau. Diese Bedrohung raubt jeder Frau nicht nur die äußere Freiheit, sondern auch die innere, im Büro wie im Bett – denn mit überwältigender Wahrscheinlichkeit arbeitet, feiert oder lebt sie mit ihrem eigenen Vergewaltiger. Und am gefährdetsten sind diejenigen, die sich für „frei" und darum ungefährdet halten und darum die Gefahr unterschätzen, warnen ExpertInnen. Der beste Schutz zur Verarbeitung der Tat ist eine starke Persönlichkeit. Und nicht sicher, aber oft effektiv ist die entschlossene Gegenwehr (die auch heute gerade die jungen Frauen zunehmend trainieren).

Die Täter sind zu quasi hundert Prozent männlich, und ihre Opfer zu quasi hundert Prozent weiblich. Was keine biologische Frage ist. Denn da, wo keine Frauen sind, in Männergefängnissen zum Beispiel, werden die „unmännlichsten" Männer zu Frauen degradiert. Dann sind sie es, die bei den hinter Gittern üblichen Vergewaltigungen anal oder oral „gefickt" werden.

Niemand gehört gerne zur Gruppe der Opfer. Doch bei dieser epidemischen Dimension der Sexualgewalt hat es keinen Sinn, noch länger die Augen zu verschließen. Und bist du nicht willig, gebrauch ich Gewalt ... Die Sexualgewalt ist das dunkle Herz der Männerherrschaft und bedroht alle Frauen.

Diese Gewalt ist der Kern jeder Herrschaft. Das ist zwischen Völkern so wie zwischen Rassen und Klassen. Und es ist zwischen den Geschlechtern nicht anders. Wo es Unterdrückung gibt, kann die immer nur mit ausgeübter oder drohender Gewalt aufrecht erhalten werden. Je stärker die Unterdrückung, umso größer die Gewalt. Auch für moderne Diktaturen ist die Folter unverzichtbar. Nur: Da ist es der Feind, der Gewalt antut – bei den Frauen ist es der Freund.

Es gibt inzwischen eine breite Traumaforschung, ausgelöst von den Schocks der Veteranen aus den Weltkriegen und Vietnam, den Überlebenden der Konzentrationslager oder heutiger Folterkeller. Und es ist heute eine weitgehend unstrittige wissenschaftliche Erkenntnis, was ein Trauma ist. Ein Trauma entsteht angesichts einer überwältigenden Übermacht, die Hilflosigkeit, Angst und völlige Kapitulation auslöst. Der gesamte komplexe menschliche Schutzmechanismus bricht zusammen. Der Mensch verliert sein Urvertrauen in sich und die Welt. Das Trauma ist der Schmerz der Ohnmächtigen.

Posttraumatische Störungen können lebenslang anhalten. Lange nachdem die Gefahr vorüber ist, erleben Traumatisierte das nicht verarbeitete Ereignis immer wieder neu und immer wieder so, als ob es gerade geschähe. Ein traumatisierter Mensch erstarrt wie ein Hase im Scheinwerferlicht. Das Opfer wird passiv, gleichgültig, depressiv, lebensmüde. 42 % aller misshandelten Frauen haben laut Psychiaterin Judith Lewis Herman einen Selbstmordversuch gemacht. 60 bis 70 % aller Psychiatrie-InsassInnen sind Missbrauchsopfer.

Der während der Tat klassische Schutzmechanismus ist die Persönlichkeitsspaltung: Die Seele des Opfers verlässt den gequälten Körper. Es passiert mit einer anderen. Eine vergewaltigte Frau beschreibt das so: „Ich stand drüben, neben dem Bett, und schaute dem Geschehen zu. Ich löste mich von der Ohnmacht. Ich stand neben mir, und auf dem Bett lag nur die Hülle. Wenn ich mir den Raum heute vorstelle, sehe ich ihn nicht vom Bett aus. Ich sehe ihn von der Bettkante aus. Von dort beobachtete ich das Geschehen." Kriegsveteranen haben ganz ähnliche Worte für „dieses betäubte Starren, die weit aufgerissenen leeren Augen eines Mannes, dem alles egal ist", gefunden. KZ-Insassen, die den äußersten Zustand der Entfremdung und Erstarrung erreicht hatten, waren wie wandelnde Leichen und wurden von den anderen „Muselmanen" genannt.

In Demokratien wie Deutschland gibt es heute Folteropfer-Zentren, in denen die Opfer der politischen Tyrannei an Körper und Seele behandelt werden. Die dabei gewonnenen Erkenntnisse sind oft ganz nahe liegend. Wurde zum Beispiel ein Mensch mit zahnärztlichen oder ähnlichen Techniken gefoltert – Mediziner sind in allen Ländern unverzichtbarer Teil der modernen Folter –, wird er niemals mehr eine Zahnarztpraxis betreten können. Die Opfer der privaten Tyrannei, eine Frau, die über Jahre in der Küche geschlagen und in ihrem Ehebett vergewaltigt wurde, muss Tag für Tag weiterleben in ihrer Folterkammer – und darf noch nicht einmal schreiend weglaufen, wenn sie einen Mann sieht, sonst landet sie in der Psychiatrie.

Seit Beginn der 90er Jahre veröffentlichen WissenschaftlerInnen Erkenntnisse über die Parallelen zwischen den Opfern privater und denen von politischer Gewalt. Das Grundlagenbuch zu der Problematik erschien 1994 auch auf Deutsch: *Die Narben der Gewalt* von der Harvard-Professorin Judith Lewis Herman. Die klinisch arbeitende Psychiaterin deckt darin unter anderem die Parallelen zwischen „weiblicher“ Hysterie und „männlicher“ Kriegsneurose auf und kommt zu dem Schluss, dass beides ähnliche Reaktionen auf ähnliche Erfahrungen sind. Herman: „Zwischen den Geschlechtern herrscht Krieg. Vergewaltigungsopfer, misshandelte Frauen und sexuell missbrauchte Kinder sind die Opfer dieses Krieges. Die Hysterie ist die Kriegsneurose des Geschlechterkampfes.“

Denken wir das zu Ende, beginnen wir zu ahnen, warum so viele Frauen ein so schwaches Selbstwertgefühl haben und in einer so unberechenbaren Verfassung sind. Die Heilung ihrer äußeren und inneren Verletzungen und die Verdrängung von Erniedrigung und Schmerz absorbieren weite Teile ihrer Kräfte. Ihr Verhältnis zur Welt und zu sich selbst ist zutiefst gestört. Denn sie haben die furchtbarste aller Erfahrungen machen müssen: Sie wurden von Menschen zerstört, denen sie vertrauten. Diese Opfer haben auch noch den letzten Rest von Urvertrauen verloren. Alles kann passieren. Jederzeit. Und mit jedem.

Frauen sind das gefolterte Geschlecht.

Verschärfend ist, dass ihr Leid bis heute nicht angemessen ernst genommen wird. Und dass häufig noch immer dem Opfer die Schuld zugewiesen wird, statt dem Täter. Die Heilung wird auch erschwert durch die Isolation. Weibliche Opfer dachten lange: Ich bin die Einzige. Sie wussten nichts vom Leid der Millionen anderen. Denn die allgegenwärtige Männergewalt war ein totales Tabu. Im Krieg hat man die Erfahrung gemacht, dass nichts den Schmerz eines traumatisierten Soldaten so lindert wie die Nähe seiner Kameraden. Darum schafft man selbst schwer Erkrankte wieder an die Front, in die Gemeinschaft. Und die Frauen? Die hatten bis vor kurzem überhaupt keine Gemeinschaft. Eine jede war mit ihrem Täter und ihrem Trauma allein.

1971 wurde in New York das erste Zentrum für vergewaltigte Frauen eröffnet, zehn Jahre später gab es im ganzen Land hunderte solcher Zentren. 1977 wurde in Berlin das erste *Haus für geschlagene Frauen* eröffnet. Heute gibt es im ganzen Land 440, in die allein 1999 rund 45 000 Frauen mit ihren Kindern flüchteten. Hinzu kommen 160 Notrufe. Als die Feministinnen Anfang der 70er Jahre begannen, die Sexualgewalt beim Namen zu nennen, da wurden sie noch mit Hohn und Spott übergossen. Inzwischen ist das Problem nicht mehr zu leugnen. 96 % aller EuropäerInnen wissen von der Existenz sexueller Gewalt, 90 % halten sie für eine „sehr ernste" Sache, und 62 % finden, dass die Täter bestraft werden müssen. Das ergab eine Umfrage der EU.

Gleichzeitig aber gibt es immer noch Versuche, die sexualisierte Gewalt zu verharmlosen, wenn nicht gar zu leugnen. Die Medien spielen dabei eine fatale Rolle. Und ein Teil des (pseudo)fortschrittlichen Milieus ist führend bei der Leugnung der Sexualgewalt und der Diffamation der Opfer. Es scheint es noch immer nicht verwunden zu haben, dass die im Zuge der „Sexuellen Revolution" so billig gewordene Ware Frau sich wieder auf ihr Menschsein besinnt.

So machte in Deutschland in den 90er Jahren das böse Schlagwort vom „Missbrauch des Missbrauchs" die Runde – als sei es ein Spaß, sich als Opfer darzustellen. Tatsächlich beweisen die Gerichtsstatistiken, dass in keinem Bereich die falschen Anschuldigungen so niedrig sind wie bei den Sexualverbrechen, nämlich bei quasi Null. Was an der Nähe der Täter und der bei Aufdeckung drohenden Erschütterung auch der Welt des Opfers liegt. Aber auch daran, dass die Opfer trotz erhöhter Sensibilisierung weiterhin Gefahr laufen, vor Gericht und in der Öffentlichkeit ein zweites Mal zum Opfer gemacht zu werden.

Opfer sind Stigmatisierte. Das Opfersein ist ihnen auf die Stirn gebrannt und kriecht in ihre Haut. Die Verachtung des Täters pervertiert nicht selten zur Selbstverachtung des Opfers. Das macht es so schwer für die Opfer, darüber zu reden. Und es macht es auch schwer für die anderen, sich mit den Opfern zu solidarisieren. Denn wer sich für Verachtete einsetzt, wird selber verachtet. Es ist so einfach, wegzusehen ... Es ist so leicht, den mächtigen Tätern zuzustimmen. Und: So manche Frau hat auch das Bedürfnis, sich eindeutig zu distanzieren – gerade wenn sie selbst vielleicht in Wahrheit Opfer ist.

Bahnbrechend für das Problembewusstsein bei Vergewaltigung war das 1977 erschienene Buch von Susan Brownmiller *Gegen unseren Willen*. Brownmiller wies nach: Vergewaltigung ist seit Jahrtausenden nicht die Ausnahme, sondern die Regel. Der typische Vergewaltiger ist kein Perverser, sondern der ganz normale Mann von nebenan. Vergewaltigung ist nicht nur eine individuelle, sondern auch eine kollektive Strategie. In allen Kriegen, auch in den beiden Weltkriegen, wurden systematische Vergewaltigungen zur Demoralisierung des feindlichen Mannes (seinen Besitz schänden) und Zerstörung der Kultur eingesetzt.

Der zu Beginn der 90er Jahre relativ rasch öffentlich gewordene Protest gegen die systematischen Vergewaltigungen im jugoslawischen Bürgerkrieg in Bosnien und im späteren UNO-Krieg im Kosovo wären ohne die fundamentale Analyse von Brownmiller so klarsichtig nicht denkbar gewesen. Inzwischen haben die Frauen es sogar erreicht, dass Vergewaltigung als „Kriegsverbrechen" eingestuft und entsprechend geahndet wird. Zumindest auf dem Papier. Aber – die Geschichte vom Hasen und Igel – schon jetzt wird dieses Instrument nicht nur für Frauen, sondern auch gegen den politischen Feind eingesetzt. Wenn der politische Freund vergewaltigt, ist das kein Thema; wenn der politische Gegner vergewaltigt, kommt er dafür vor den Internationalen Gerichtshof (der in Wahrheit eben nicht international ist, sondern eine Einrichtung des Westbündnisses). Und übrigens: Auch in den Bürgerkriegen ist es nicht immer der fremde Mann, sondern erwiesenermaßen oft auch der eigene Nachbar, der da unter der Maske des Feindes vergewaltigt. Er erlaubt sich in Kriegszeiten, was in Friedenszeiten verboten war. Das war in Bosnien nicht anders als im Kosovo.

Dem Buch von Brownmiller ist es auch zu verdanken, dass über 30 Jahre danach die Vergewaltigungen deutscher Frauen bei Kriegsende 1945 erstmals zaghaft zur Sprache kamen. Wir wissen heute, dass oberste Befehlshaber der Sowjetarmee regelrechte Aufrufe zur Vergewaltigung deutscher Frauen erließen. Die Amerikaner hingegen ahndeten sehr rasch nach den ersten Wirren sexuelle Übergriffe ihrer Soldaten auf die Besiegten mit schweren Strafen. In den Westgebieten ist von den Siegern also „nur" sporadisch vergewaltigt worden, im Osten jedoch systematisch, fast alle Frauen waren dran. Was bedeutet dieser nie wirklich ausgesprochene Schrecken für die Generation unserer Mütter – und was bedeutet dieses traumatische Erbe für uns Töchter?

Brownmiller vertrat Mitte der 70er noch die These, der Mann hätte schon in der Steinzeit „neben dem Gebrauch des Feuers und der ersten grob gehauenen Steinaxt seine Geschlechtsorgane als Waffe" entdeckt. Seither wurden fundierte historische Studien erarbeitet. So geht die österreichisch-amerikanische Historikerin Gerda Lerner in ihrem Grundlagenwerk *Die Entstehung des Patriarchats* von einer relativen Gleichheit der Geschlechter in der Frühzeit aus und datiert den Beginn der Männerherrschaft auf um 2000 vor Christus. Und die war von Anfang an verknüpft mit der Sexualgewalt, denn: Die ersten Sklaven waren Sklavinnen. Lerner: „Wie es möglich ist, andere Menschen zu beherrschen und eine Hierarchie zu festigen, das lernten die Männer durch die bereits praktizierte Dominanz über die Frauen in ihrer eigenen Gemeinschaft."

Stämme, die unter Frauenmangel litten, tauschten Frauen gegen Nahrung oder Handwerkszeug. Oder sie raubten sie mit Gewalt, wie beim Raub der Sabinerinnen. So wurden Sexualität und Gebärfähigkeit von Frauen zur Beute und Ware. Lerner: „Die Kontrolle der weiblichen Sexualität, die zuvor dem einzelnen Ehemann oder Familienoberhaupt oblag, wurde nun zu einer staatlich reglementierten Angelegenheit." Die Ware Ehefrau war Besitz des einzelnen

Mannes, die Ware Sklavin Besitz der Gemeinschaft der Männer. Über Jahrtausende hatte Sexualität für Frauen und Männer also wenig mit Lust und viel mit Macht zu tun. Der Anspruch auf Lust – und gar noch auf macht- und gewaltfreie Lust – ist neu. Die Geschichte der Sexualität ist eigentlich eine Geschichte der Sexualgewalt. Die Akzeptanz der Sexualgewalt ist auch tief verankert in unserer jüdisch-christlichen Kultur. Und klar ist von Anfang an, dass der Frauenhass das Urmodell jeden Fremdenhasses ist – und eine Bekämpfung des Fremdenhasses sinnlos ist ohne Bekämpfung des Frauenhasses.

Dazu ein Beispiel aus dem Alten Testament, Kapitel 19, das *Buch der Richter*. Darin geht es um die Geschichte eines Leviters, der als Fremder in Ephraium lebt, und dessen Nebenfrau „über ihn erzürnt war" (so heißt es bei Luther). Die Frau verlässt ihren Mann und geht zurück in das Haus des Vaters. Nach einiger Zeit reist ihr der Mann nach, „um freundlich mit ihr zu reden". Er bewegt die Frau, mit ihm zurückzukehren. Die Rückreise verzögert sich. Schließlich brechen sie auf und kommen in die Nacht. Sie durchziehen ein fremdes Land, treffen einen freundlichen alten Mann, der zu ihnen sagt: „Hier draußen könnt ihr nicht bleiben. Kommt mit zu mir, ich gebe euch, euren Leuten und Tieren Herberge."

Und als sie nun bei diesem Mann im Haus sind und es Abend ist, kommen Männer aus dem Ort, umzingeln das Haus und fordern, dass man den Fremden herausgebe. Und sie sagen: „Gib den Mann heraus, der in dein Haus gekommen ist, dass wir uns über ihn hermachen." Der Gastgeber tritt heraus und versucht, die Leute zu beruhigen, und sagt zu ihnen: „Nicht, meine Brüder, tut doch nicht solch ein Unrecht! Nachdem dieser Mann in mein Haus gekommen ist, tut nicht solch eine Schandtat. Siehe, ich habe eine Tochter, noch eine Jungfrau, und dieser hat eine Nebenfrau; die will ich euch herausbringen. Die könnt ihr schänden und mit ihr tun, was euch gefällt, aber an diesem Mann tut nicht solch eine Schandtat!"

Auf die Tochter wird anscheinend verzichtet, doch der Gast ergreift seine Frau und führt sie hinaus auf die Straße. Und „sie machten sich über sie her und trieben ihren Mutwillen mit ihr die ganze Nacht bis an den Morgen." Bei Tagesanbruch lassen sie die Frau gehen; sie schleppt sich zurück zur Türe und bricht an der Türschwelle tot zusammen. „Als nun ihr Herr am Morgen aufstand und die Tür des Hauses auftat und herausging, um seines Weges zu ziehen, da lag seine Nebenfrau vor der Tür des Hauses, die Hände auf der Schwelle. Er sprach zu ihr: Steh auf, lass uns ziehen! Aber sie antwortete nicht. Da legte er sie auf den Esel, machte sich auf und zog an seinen Ort."

Das *Buch der Richter* lässt uns wissen, dass der Leviter die Leiche seiner Nebenfrau mit nach Hause nimmt, sie in zwölf Teile zerstückelt und ihre Körperteile im ganzen Land umherschickt, um die Israeliten zu bewegen, die ruchlose Tat zu rächen. Und tatsächlich nahmen die Israeliten Rache. Es begann ein Krieg, den sie dann auch gewannen.

Aber welche Tat rächten die Israeliten? Die Tat des netten alten Mannes, der so liebenswürdig ist zu Fremden, sie in sein Haus zu bitten – aber bereit ist, der rasenden Meute seine eigene Tochter und seinen weiblichen Gast auszuliefern? Die Tat des Fremden, der seine Frau ausliefert? Nein, diese Tat rächten die Israeliten nicht, denn sie wird in dem Bibeltext gar nicht als Missetat begriffen.

Der Gastgeber schützt den fremden Mann – aber er schützt nicht die eigene Tochter und nicht die fremde Frau. Im Text gibt es keine einzige Stelle, in der das Verhalten der beiden Männer kritisch kommentiert würde. Die Israeliten rächten die Verletzung der Gastfreundschaft – die Verletzung der Gastfreundschaft unter Männern. Die beiden Frauen existieren gar nicht auf der Ebene. Sie stehen als Frauen weit unter dem männlichen Fremden.

Die Sexualgewalt ist ein zentraler Bestandteil der abendländischen Geschichte. Auch eines der frühesten uns von einer Frau erhaltenen schriftlichen Zeugnisse thematisiert die sexuelle Gewalt. In der zweiten Hälfte des 10. Jahrhunderts schreibt die Nonne Roswitha von Gandersheim in mehreren von ihr verfassten Theaterstücken über Vergewaltigung. Einmal sind es drei Jungfrauen, die ein Kaiser zwangsverheiraten und, als die sich weigern, vergewaltigen will. Sie werden wie durch ein Wunder gerettet. Ein andermal versucht ein Mann, der einer verheirateten Frau seine „Liebe" erklärt hat, sie, als sie ihn abweist, zu vergewaltigen. Und als sie sich tötet, versucht er, ihre Leiche zu schänden. Auch hier wird die Frau auf wundersame Weise geschützt.

Als wir Feministinnen Anfang der 70er Jahre in den so genannten Consciousness-Raising-Groups, den Bewusstwerdungsgruppen, wieder begannen, das Unsagbare zu sagen, glaubten wir nicht mehr an Wunder. Aber wir glaubten, wir seien die ersten Frauen, die sich wehren. Und selbst so manche Feministin weiß bis heute nicht, dass schon die Historische Frauenbewegung ab Mitte des 19. Jahrhunderts nicht nur für die Bürgerinnenrechte, sondern auch gegen die Sexualgewalt gekämpft hat.

Mühsamst musste in den vergangenen Jahren die verschüttete Geschichte der Frauen freigelegt werden. Schicht um Schicht, bis entdeckt wurde: Schon die historischen Frauenrechtlerinnen haben gegen Vergewaltigung und doppelte Moral bei Prostitution gekämpft, ja sogar gegen sexuelle Belästigung am Arbeitsplatz. Und alles deutet darauf hin, dass die ab Mitte des 19. Jahrhunderts steigende Sexualgewalt auch damals bereits eine Reaktion auf die Emanzipation der Frauen war. Die keinesfalls zufällig in dieser Zeit zunehmende Repression auch gegen Prostituierte richtete sich eigentlich gegen alle aushäusigen Frauen, die - ermutigt von der Frauenbewegung - raus aus dem Haus und auf die Straße gingen.

1852 wurde in Deutschland die *Lex Otto* erlassen, benannt nach der engagierten Frauenrechtlerin Louise Otto (und später verehelichte Peters). Das Gesetz verbot „Frauen und Minderjährigen" jegliche politischen Betätigungen und Treffen. 1869 wurde in England ein Gesetz verabschiedet, das angeblich gegen Prostitution war, aber nach dem auf der Straße jede Frau ohne männliche Begleitung bei Verdacht auf bzw. bei „gutem Grund zur Annahme" von Prostitution verhaftet werden konnte, entwürdigend behandelt und eingesperrt.

1889 nahm Hanna Bieber-Böhm als eine der Ersten die Anregungen der englischen Suffragetten auf, die an allen Fronten die Sexualgewalt bekämpften, allen voran Josephine Butler in der Hafenstadt Liverpool. Bieber-Böhm initiierte eine Initiative gegen sexuelle Belästigung am Arbeitsplatz, inklusive „schwarzer Listen" einschlägig verrufener Chefs. 1898 organisierte eine der führenden „Radikalen", Minna Cauer, in Berlin eine Veranstaltung unter dem Motto:

Die Schutzlosigkeit der Frau im öffentlichen Leben. Und wenig später wurden die radikalen Feministinnen Anita Augspurg und Lida Gustava Heymann auf einer ihrer Agitationsreisen durch das Land unter dem Vorwand des Verstoßes gegen die „Sittlichkeit" verhaftet.

In der Tat, die guten alten (Un)Sitten gerieten ins Wanken. Doch es ist keineswegs ein Zufall, dass von der Ersten Frauenbewegung zwar die Forderung nach dem Wahlrecht und Bildung Niederschlag fand in der Geschichtsschreibung – wenn auch sehr unzureichend –, der Kampf gegen die Sexualgewalt jedoch vollständig in Vergessenheit versank. Schlimmer noch: Dem wenigen, was erhalten blieb, wurde der Ruch der „Prüderie" verpasst. Auch das unterscheidet sich übrigens nicht einen Deut von den heutigen Verhältnissen. Auch heute werden Feministinnen, die gegen Pornografie oder die Verharmlosung von Prostitution angehen, wieder als „prüde Zicken" diffamiert.

Würde die Geschichtsschreibung die Frauengeschichte nicht in einem so ungeheuren Ausmaß manipulieren und negieren, hätten die heutigen Feministinnen viel Zeit sparen, nämlich von ihren Vorfahrinnen lernen können. Frauenrechtlerinnen forderten schon vor über hundert Jahren Ärztinnen, Polizistinnen und Richterinnen für die Sexualopfer sowie mehr Opferschutz oder behütete Kinderspielplätze. Die Neue Frauenbewegung aber hat Jahrzehnte gebraucht, bis sie sich wieder zu solchen Forderungen durchringen konnte.

Dabei sind es immer die Frauen, die bei der Bekämpfung von Sexualgewalt Pionierinnen sind. Wie Bertha Pappenheim, die eine doppelte Pionierin war. Die zu Beginn des 20. Jahrhunderts als der „Fall Anna O." bekannt gewordene spätere aktive Frauenrechtlerin war als Kind missbraucht worden und als „Hysterikerin" in Behandlung bei dem Arzt und Freud-Ausbilder Josef Breuer gelandet. Sie war es, die in Gesprächen mit ihm den Begriff „Talking cure" prägte, dieses Herzstück der Psychoanalyse. Später engagierte die deutsche Jüdin sich für Prostituierte und gegen Prostitution und Frauenhandel – der damals in den jüdischen Gettos in Osteuropa blühte – und gründete in Frankfurt ein Heim für Aussteigerinnen, das dann von den Nationalsozialisten geschlossen wurde. Frauen wie Pappenheim sind die eigentlichen Urmütter der Psychoanalyse.

Der dann als „Vater der Psychoanalyse" berühmt gewordene Sigmund Freud kannte nicht nur den Fall Anna O., sondern vermutlich vieles, was die Frauenbewegung gesagt und geschrieben hatte. Auch er entdeckte nun bei seinen Patientinnen immer öfter das, was er bald für die eigentliche Ursache ihrer Verstörung halten sollte: deren sexueller Missbrauch in ihrer Kindheit. 1896 veröffentlichte Freud seine berühmt gewordene Studie zur Hysterie, in der er schrieb: „Ich stelle also die Behauptung auf, zugrunde jeden Falles von Hysterie bedingen sich ein oder mehrere Erlebnisse von vorzeitiger sexueller Erfahrung, die der frühesten Jugend angehören. Ich halte dies für eine wichtige Enthüllung, für die Auffindung eines caput nili der Neuropathologie."

Nur ein Jahr später widerrief Freud. Wider besseres Wissen. Seinem Freund und Kollegen Fliess klagte er: „Isoliert bin ich, dass du zufrieden sein kannst. Es sind irgendwelche Parolen ausgegeben worden, mich zu verlassen, denn alles fällt ringsum von mir ab." Freud gab die Erforschung psychischer Traumata wieder auf, begründete jedoch auf den Trümmern seiner Erkenntnisse die entscheidende psychologische Theorie des 20. Jahrhunderts. Der Preis dafür: seine Verleugnung des sexuellen Missbrauchs der Mädchen.

„Die Sexualität stand weiterhin im Mittelpunkt des Forschungsinteresses, doch das ausbeuterische soziale Umfeld, in dem sexuelle Beziehungen letztendlich stattfinden, verschwand völlig aus dem Gesichtsfeld", schreibt Psychiaterin Herman hundert Jahre später. Sie vertritt allerdings die Auffassung, dass Freud damals quasi gar nicht anders konnte, er seine Erkenntnisse zurückziehen musste, weil es zu früh dafür war. Es gab kein Umfeld, das ihn hätte unterstützen können.

In der Tat, die Frauen waren noch machtlos. Sie rangen um Zugang zu Bildung, Beruf und Politik. Erst jetzt, nachdem sie das alles erreicht haben, sind sie stark genug, zum Kern der Männerherrschaft vorzudringen: zu Besitz und Gewalt. Zum ersten Mal in der Geschichte haben Frauen eine wirkliche Chance, der Sexualgewalt den Kampf zu erklären.

Längst ziehen auch seriöse Wissenschaftler das Ausmaß der Sexualgewalt nicht länger in Zweifel. So wies jüngst auch Prof.

Pfeiffer, der Leiter des *Kriminologischen Instituts Niedersachsen*, den Teufelskreis der Gewalt nach: Söhne schlagender Männer prügeln auch ihrerseits wieder, Töchter vergewaltigter Frauen werden auch ihrerseits wieder zum Opfer, und missbrauchte und entsprechend gebrochene Mädchen sind als Erwachsene erhöht gefährdet. Frauen, die Opfer sind, werden nicht zu Täterinnen - sondern erneut zu Opfern. Bis hin zum bitteren Ende.

Wohl nicht nur in Deutschland werden 90 % aller Tötungen von Männern begangen (und in den 10 % Frauen sind die Kindsmörderinnen stark vertreten). Die Männergewalt hat sich seit Mitte der 80er Jahre fast verdoppelt. Heute ist knapp jeder 50. junge Mann aktenkundig bei der Polizei - aber nur jede 1 000. junge Frau. Verschärft wird das Problem durch Ausländer wie Türken oder Osteuropäer, die aus Kulturen kommen, in denen die Männer noch unerschüttert das Sagen haben.

So fanden die Hannoveraner Forscher heraus, dass die - von den Jugendlichen selbst angegebene - Gewalt bei Ausländern um ein Vielfaches höher ist als bei Deutschen. „Eingebürgerte Ausländer“ gaben doppelt so häufig mehr als zehn Gewalttaten in den letzten zwölf Monaten an. Bei den jungen Türken sind es sogar rund dreimal so viel Gewalttaten wie bei den Deutschen. Sie werden als Kind in der Familie auch um ein Vielfaches mehr Opfer von Gewalt. Die Diskussion darüber, was das bedeutet, ist bisher von (pseudo)fortschrittlichen Kräften als „ausländerfeindlich“ verhindert worden. Dabei ist diese Gewalteskalation keineswegs eine Frage der ethnischen Herkunft, sondern ausschließlich eine Frage von Geschlecht und Männlichkeitswahn. Denn die Mädchen aller Nationen sind nur in Bruchteilen so gewalttätig wie die Jungen - und die von der Gewalt verstärkt betroffenen ausländischen Mädchen nicht mehr als die deutschen.

Langsam jedoch werden alle Tabus durchlässig. Auch wenn es lange gedauert hat. So veröffentlichte die *Deutsche Gesellschaft für Gynäkologie und Geburtshilfe* erst nach 17 Jahren, nämlich im Juni 2000, Ergebnisse, die auf einer Untersuchungsreihe aus den Jahren 1967 bis 1983 an der Uniklinik in Berlin-Charlottenburg bei über 3 000 Frauen und Mädchen basieren. Diese laut Initiatoren

„weltweit umfangreichste Untersuchung dieser Art" bestätigt, ja übertrifft zum Teil noch die Erkenntnisse der Feministinnen: So war rund jedes zweite Sexualopfer in Berlin unter 16, jedes fünfte sogar jünger als 11 Jahre, das jüngste sechs Monate. Zwei von drei Tätern waren mit den Opfern verwandt oder bekannt. Über 90 % der Täter waren ganz „normale" Männer, nur jeder zehnte psychisch auffällig.

„Der typische Vergewaltiger ist der ‚Mann von nebenan'", kommentiert der Arzt und Jurist Prof. Reinhard Wille die Ergebnisse – ein Satz, für den Feministinnen noch vor zehn Jahren schallend ausgelacht wurden. Doch jetzt appelliert selbst der Gynäkologie-Präsident Prof. Günter Kindermann: „Frauenärztinnen und Frauenärzte müssen sich sexuell missbrauchter Mädchen und Frauen annehmen!" Und die Frauenärztin Kornelia Schönfeld, die zur Zeit in dem Ex-Kriegsgebiet Zagreb arbeitet und dort sowohl mit den im Krieg vergewaltigten als auch mit den im Frieden (zwangs)prostituierten Frauen zu tun hat, insistierte: „Die betroffenen Mädchen und Frauen empfinden nicht nur eine massive Bedrohung ihres Lebens, sondern möglich ist auch die Zerstörung ihrer physischen und psychischen Integrität." Die so genannte posttraumatische Störung.

Dass der früher als erzkonservativ verschriene Stand der FrauenärztInnen endlich Tacheles redet, hat nicht nur mit dem veränderten öffentlichen Bewusstsein, sondern auch mit den Veränderungen innerhalb dieses Berufsstandes zu tun. 1970 noch gab es nur so wenige Gynäkologinnen, dass sie nicht einmal in den Statistiken auftauchten. Heute ist jeder dritte Gynäkologe eine Gynäkologin. – Ein Drittel. Das gilt genau als der magische Anteil, ab dem, laut Männerforschung, Frauen Männerbünde von innen knacken könnten. Das heißt, vereinzelte Frauen werden von den Männerbünden geschluckt und können auch beim besten Willen nichts ausrichten. Erst ab einer gewissen Quantität haben sie als Frauen eine Chance.

Auch die Gesetze zur Sexualgewalt sind unter dem Druck der Frauen in den letzten Jahren verbessert worden. Die Definition von Vergewaltigung umfasst nicht länger nur den Koitus, sondern alle Arten von Penetrationen, orale sowie anale Vergewaltigung. Eine Frau muss sich nicht länger „aktiv" wehren, sondern kann sich – eingeschüchtert unter der üblichen Todesdrohung des Vergewaltigers - auch passiv in die Situation ergeben und dennoch ein juristisch glaubwürdiges Opfer sein. Die Vergewaltigung in der Ehe ist seit 1996 strafbar. Prügelnde Männer sollen in Zukunft die gemeinsame Wohnung verlassen, statt der geprügelten Frauen und Kinder. In Deutschland wie ganz Westeuropa legen die in Regierungspositionen gelangten Politikerinnen umfangreiche „Aktionspläne gegen Gewalt“ vor.

Gleichzeitig aber wird der Abgrund, in den wir endlich den Blick wagen, immer tiefer und Schwindel erregender. ExpertInnen gehen inzwischen davon aus, dass das Gewalttrauma nicht nur seelische, sondern auch körperliche Folgen hat. Terror und Todesangst lösen eine Überflutung des Gehirns durch das Stresshormon Glukokortidkoid aus, das Gehirnzellen zerstört. Psychiater haben inzwischen einen Namen dafür: das *Post-Traumatic-Stress-Disease* (PTSD), posttraumatische Belastungsstörungen.

Der aktuelle Stand der Forschung besagt, dass Missbrauch und Folter nicht nur ein ähnliches Persönlichkeitsbild haben, sondern auch einen ähnlichen Krankheitsverlauf. Wird das Trauma nicht innerhalb von neun Monaten bearbeitet, wird seine Heilung also nicht in Angriff genommen, kann sich die Software Seele in die Hardware Körper einschreiben.

MedizinerInnen fanden bei PTSD-Patienten „eine Reihe physiologischer und biochemischer Auffälligkeiten“ wie erhöhten Blutdruck, Pulsrasen oder verhärtete Haut und Muskeln. Allen gemeinsam sind die immer „wiederkehrenden Bilder vom Tatgeschehen, Alpträume, Vermeidungsverhalten und Gefühlsabstumpfung“, so der Kölner Traumaforscher Gottfried Fischer. Je länger und je häufiger das Opfer Gewalt erlitten hat, umso tiefer ist die Verstörung und umso größer die Gefahr einer „neurophysiologischen Verfestigung“. Die so erkrankten Frauen sterben im Schnitt neun Jahre früher als andere.

Noch ist unklar, ob diese Veränderungen irreversibel sind oder aber therapeutisch bis zu einem gewissen Grad geheilt werden könnten. Vollständige Heilung aber kann es nie geben, das sagt auch Judith Lewis Herman. Der amerikanischen Forscherin scheint die PTSD-Diagnose für länger andauernde Foltererfahrungen von

Frauen zu kurz gegriffen. Herman: „Die derzeitigen diagnostischen Kriterien für diese Störung zielen hauptsächlich auf Opfer von eng umschriebenen traumatischen Ereignissen wie Krieg, Katastrophen und Vergewaltigung. Die Opfer eines lang andauernden, wiederholten Traumas zeigen häufig eine sehr viel komplexere Somatik", nämlich „lang anhaltende Ängste, Phobien, Panikgefühle und Depressionen".

Lang anhaltende Folterungen aber sind bei Frauen keine Ausnahme. Herman schreibt in ihrem Buch gleich ein ganzes Kapitel über *Gefangenschaft*. Bedingungen der Gefangenschaft „herrschen sichtbar in Gefängnissen, Konzentrations- und Zwangsarbeitslagern", schreibt sie. „Sie können aber auch in religiösen Sekten, Bordellen – und in der Familie auftreten. Dass es politische Gefangenschaft gibt, ist allgemein anerkannt, häusliche Gefangenschaft hingegen bleibt oft unbemerkt. Des Mannes Heim ist sein Reich – nur wenige Menschen können sich vorstellen, dass dieses Reich für Frauen und Kinder zum Gefängnis werden kann."

Die Psychiaterin fährt fort: „Frauen und Kinder werden normalerweise nicht angekettet, obwohl auch das öfter vorkommt, als man meinen möchte. Die Barrieren, die eine Flucht verhindern, sind zwar im Allgemeinen unsichtbar, aber trotzdem äußerst wirkungsvoll. Kinder sind abhängig und deshalb gefangen. Frauen werden durch physische Gewalt zu Gefangenen, aber auch, weil sie in ökonomischer, sozialer, rechtlicher und psychologischer Hinsicht benachteiligt sind."

Die Opfer häuslicher Gefangenschaft werden durch eine Mischung von Verführung, Einschüchterung und Gewalt gefesselt. Der Täter wird in der geschlossenen Welt des Opfers zum wichtigsten Menschen, zum Halbgott. „Autoritär, verschlossen, manchmal größenwahnsinnig und sogar paranoid, hat der Täter trotz allem ein äußerst feines Gespür für reale Machtverhältnisse und gesellschaftliche Normen", schreibt Herman. Er ist nach außen unauffällig, ja oft sogar besonders liebenswürdig – was die Verunsicherung seiner Opfer erhöht und ihren Realitätssinn zusätzlich schwächt. Seine Methode ist die Willkür und Unberechenbarkeit sowie eine despotische Kontrolle des Opfers, verbunden mit sozialer Isolation von der

Umwelt. Denn dieser Gefängniswächter will keine Gefangenen, die ihn hassen, sondern solche, die ihn lieben.

George Orwell, der in *Such, such were the joys* selbst über seinen erlittenen sexuellen Missbrauch berichtete, beschreibt in seinem Roman *1984* die Gesinnung der Tyrannen mit folgenden Worten: „Wir geben uns nicht mit unfruchtbarem Gehorsam, ja nicht einmal mit der hündischsten Unterwerfung zufrieden. Wenn sie sich uns schließlich ergeben, dann muss es freiwillig geschehen. Wir vernichten den Ketzer nicht, weil er uns Widerstand leistet: solange er uns Widerstand leistet, vernichten wir ihn niemals. Wir bekehren ihn, wir ergründen sein Innerstes, wir formen ihn um. Wir brennen ihm alles Böse und jede Illusion aus: Wir bringen ihn auf unsere Seite, nicht dem Anschein nach, sondern aufrichtig, mit Herz und Seele."

Der Sklavenhalter erwartet Dankbarkeit von seinen Sklaven, auch der häusliche Sklavenhalter. Sein Ziel ist die vollkommene, die göttliche Macht über den anderen.

1973 veröffentlichte *amnesty international* eine *Charta der Gewalt*, erstellt auf der Grundlage der Aussagen politischer Gefangener aus den unterschiedlichsten Ländern. Sie beschreiben darin im Detail die Methoden ihrer politischen Brechung – diese Methoden decken sich exakt mit denen der Opfer privater Gewalt. „Mit denselben Techniken werden auch Frauen gefügig gemacht – in der Prostitution, in der Pornografie und zu Hause", schreibt Herman. Und sie fährt fort:

„Da keine sichtbaren Barrieren die Flucht verhindern, wagt die misshandelte Frau nach einem Gewaltausbruch vielleicht einen Fluchtversuch. Häufig kann der Täter sie dann zur Rückkehr überreden, und zwar nicht durch weitere Drohungen, sondern mit Entschuldigungen, Liebesbekundungen, dem Versprechen, sich zu bessern, und Appellen an Treue und Mitgefühl. Für den Moment scheint das Gleichgewicht der Macht in der Beziehung wiederhergestellt, da der Täter nun alles tut, um das Opfer zurückzugewinnen. Seine besitzergreifende Aufmerksamkeit ist unverändert intensiv, hat jetzt jedoch eine völlig andere Qualität. Er wiederholt beharrlich, dass sein dominierendes Verhalten ein Beweis dafür sei, wie sehr er seine Frau brauche und liebe. Möglicherweise glaubt er das selbst.

Außerdem beteuert er, dass sein Schicksal in ihrer Hand liege und sie die Macht habe, die Gewalttätigkeiten zu beenden, indem sie ihm noch größere Liebesbeweise erbringe. Diese ‚Versöhnungsphase' ist ein wichtiger Schritt, um die psychische Widerstandskraft der misshandelten Frau endgültig zu brechen."

Judith Lewis Herman schildert hier Mechanismen, die nicht nur aus einer so zugespitzten Situation wie der „häuslichen Gefangenschaft" bekannt sind. Sie sind vielen Frauen auch ganz einfach aus Liebesbeziehungen mit besitzergreifenden bzw. tyrannischen Strukturen vertraut. Ich bin außerdem der Überzeugung, dass diese immer wieder neue künstliche Erzeugung von Spannungen und Aggressionen eine sexuelle Stimulation für diese Männer ist. Fast immer, das wird selten gesagt, geht Tyrannei und Gewalt gegen Frauen Hand in Hand mit anschließend ausgeübter Sexualität. Die Problematik der sexualisierten Gewalt zwischen den Geschlechtern ist also sehr komplex. Auch der anderen, der entkommenen Hälfte, bleibt vieles davon nicht erspart.

Aus Amerika schwappte in den 90ern der Begriff der „politischen Korrektheit" zu uns herüber. Dieses Gebot der „Korrektheit" nahm nicht zufällig im Land der Date-Rapes seinen Ursprung: Das ist die weit verbreitete Unsitte, bei Verabredungen die Mädchen zu vergewaltigen – gleichzeitig sind diese Dates ein absolutes Muss für die Girls, weil sie sonst völlig out sind.

Wenn eine Frau Nein sagt, meint sie Ja ... Um aus dem Dickicht der „Missverständnisse" herauszukommen und überschaubare Verhältnisse zu schaffen, hatten die StudentInnen des Antioch-College Regeln aufgestellt: „Bei allem, was du tun willst, musst du deine Partnerin um ihr Einverständnis fragen. Wenn du ihre Bluse öffnen willst, musst du fragen. Wenn du ihre Brüste berühren willst, musst du fragen. Wenn du deine Hand tiefer nach unten wandern lassen willst, musst du fragen. Wenn du deinen Finger in sie reinstecken willst, musst du fragen."

Reaktion: Eine Welle von Hohn und Spott durchzog Amerika und schwappte bis nach Europa. Theaterstücke wurden geschrieben (wie *Oleanna* von David Mammet), Filme gedreht und Coverstorys veröffentlicht über die prüden Zicken, die der Menschheit nun auch noch den letzten Spaß verderben wollen. Doch siehe da, der amerikanische Sex-Report von 1994 konstatierte nüchtern: „Unsere Daten zeigen, dass die Verhaltensregeln am Antioch-College aus guten Gründen entstanden sind. (...) Es geht um mehr als nur ein paar Missverständnisse. Wenn man danach fragt, ab wann sexueller Kontakt als erzwungen empfunden wird, klafft offensichtlich ein Abgrund zwischen den Geschlechtern. Viele Frauen in unserer Studie sagen, sie seien von Männern zu sexuellen Handlungen, die sie nicht wollten, gezwungen worden. Umgekehrt berichten jedoch nur wenige Männer, dass sie Frauen zu etwas gezwungen hätten."

Am schlimmsten ist übrigens für die Opfer laut Herman nicht die Tat an sich, sondern das Wegsehen der Anderen. Dass einer das tut, ist vielleicht noch zu verkraften – dass niemand einem hilft, nicht mehr. Da ist es tröstlich, dass inzwischen auch eine zunehmende Minderheit der Männer nicht nur selbst auf Gewalt verzichtet, sondern aktiv etwas gegen Männergewalt tun will. Und damit auch schon angefangen hat. Und das nicht zufällig in Kanada.

Am 6. Dezember 1989 stürmte Marc Lepine bewaffnet mit einem Maschinengewehr in den Hörsaal der Politechnischen Hochschule von Montreal, wo er kurz zuvor abgelehnt worden war. Lepine brüllte: „Ich will die Frauen! Ihr seid Feministinnenpack! Ich hasse Feministinnen!", und mähte 14 Studentinnen nieder. Sie starben noch am selben Tag. Zwei Jahre später war der Kanadier Michael Kaufman so weit (ein Mann aus einer jüdischen Familie, dessen Mutter ihn von klein an gegen den Rassismus sensibilisiert hatte). Er versammelte um sich eine Gruppe von Männern, die bereit waren, mit ihm zusammen die *White Ribbon Campaign* zu starten, die Weiße-Schleifen-Kampagne. Eine Flagge für den Frieden mit den Frauen.

1999 verteilten die Aktivisten allein in Kanada über eine Million weißer Schleifen, darunter an 700 Bergarbeiter in New Brunswick. Längst ist die Kampagne auch nach Europa übergeschwappt und engagieren sich Männerinitiativen. Und nicht nur sie gehen am 25. November – dem *Internationalen Tag gegen Gewalt gegen Frauen* – damit an die Öffentlichkeit. Bei den von Frauennotrufen und Männerbüros initiierten Aktionen *Männer gegen Gewalt* machten 1999 in Deutschland und Österreich zahlreiche Schauspieler und andere Prominente mit. Und pünktlich am 25.11.1999 stellte der deutsche Finanzminister eine Sonderbriefmarke vor: *Keine Gewalt gegen Frauen.*

Es wäre in der Tat mehr als ein Trost, wenn die Frauen in ihrer Verzweiflung nicht länger allein blieben und die Männer, die nicht mehr zu den Tätern gehören wollen, an ihrer Seite hätten. Die Anzeichen dafür mehren sich. Anzeichen für beides: für mehr und für weniger Männergewalt zugleich. Da überrascht es nicht, dass die Forderung nach „mehr Schutz vor der (Sexual)Gewalt" bei den Frauen, laut *Allensbach*, an zweiter Stelle steht (gleich nach gleichen Berufschancen): 80 % erwarten das auch von Vater Staat.

Doch auch so mancher Mann möchte nicht länger dazugehören. Diese Männer sind verstört und schockiert über das, was sie an der Seite ihrer Freundinnen und Frauen erleben. So wie der Sänger der *3. Generation*, der in einem Lied seinen Schmerz über das ausdrückt, was mit seiner Freundin geschah: „Und da standest du vor mir / deine Kleider waren zerrissen, dein Make-up verschmiert / Hast dich sofort aufs Bett geschmissen / Was ist los, was ist passiert / Wer hat dir das angetan / Bitte rede mit mir, sag was / Bitte - guck mich an!" - Sieh mir in die Augen, Gefährtin.

Ließe sich die Erkenntnis der Männerforschung umdrehen? Könnten wir Frauen zusammen mit dem sympathisierenden Drittel der Männer nicht nur die Männerbünde, sondern mit ihnen auch diese ganze Männergewalt aushebeln?

Abtreibung – die endlose Geschichte

Seit 30 Jahren gucke ich mir jetzt dieses Spielchen an, und ich habe schon länger einen Verdacht: Wir Frauen sollen mit elementaren Problemen wie dem Kampf um das Recht auf Abtreibung aufgehalten werden, damit wir gar nicht erst auf andere Gedanken kommen – zum Beispiel auf den, Päpstin zu werden.

Seit 30 Jahren spielt der Vatikan Katz und Maus mit uns. In Deutschland haben ein paar Dutzend Dunkelmänner Millionen Frauen schachmatt gesetzt. Sie haben Justiz und Politik so unter Druck gebracht, dass die 1974 verabschiedete Fristenlösung (das Recht auf Abtreibung in den ersten drei Monaten) vom Verfassungsgericht wieder zurückgenommen wurde. In Italien gibt es die Fristenlösung. In Frankreich auch. In der DDR gab es sie auch. Der heutige Stand in Deutschland aber ist, dass Frauen kein Recht auf Abtreibung haben, sondern nur um die Gnade bitten können, es tun zu dürfen. Andere bestimmen für sie. Indikationslösung heißt das, mit Zwangsberatung.

Wie ein solches Gesetz jeweils ausgelegt wird – ob eng oder weit, ob liberal oder repressiv –, das ist immer eine Frage des gesamtgesellschaftlichen Klimas. Und eben dieses Klima versucht die Vatikan-Connection jetzt wieder zu beeinflussen, ja zu manipulieren. Was sie erreicht haben, genügt ihnen nicht. Sie wollen den Frauen jetzt die in den letzten 30 Jahren erreichte innere Freiheit wieder nehmen, diese Entscheidung eigenverantwortlich zu treffen. Sie wollen uns moralisch nötigen. Und vor allem: Sie drohen den Chemiekonzernen und Ärzten, ja erteilen letzteren quasi Berufsverbot an katholischen Krankenhäusern und in den Kommunen und Bundesländern.

Im Jahr 1999 wurden in Deutschland 130 471 legale Schwangerschaftsabbrüche gemacht. Die Statistiken zeigen: Drei von vier abtreibenden Frauen sind Mütter. Jede zweite Frau, die abtreibt, hat sogar bereits mehrere Kinder zu versorgen. Die meisten Abtreibungen werden nach dem zweiten Kind gemacht.

Das passt nicht ganz in die Sonntagsreden der Herren von der Kanzel, aber es ist der Alltag von Frauen. Frauen, die einen Mann haben oder nicht, die Kinder haben, meist sogar mehr als eines, und die sich einfach sicher sind, dass sie nicht noch mehr Kinder verkraften können. Frauen, die vermutlich auch nicht immer freiwillig sexuellen Verkehr haben, wie wir aus den erschreckenden Zahlen über Gewalt in Beziehungen wissen. Frauen, die sich das Recht nehmen, zu entscheiden, dass sie nicht (noch einmal) Mutter werden. Daran darf und kann sie niemand hindern. Egal, ob gläubig oder ungläubig. Egal, ob der Papst sie dafür in die Hölle oder Hitler sie in die Todeszelle schickt. Frauen treiben unter allen Umständen ab. Denn alle Frauen, und vor allem Mütter, wissen, was Mutterschaft bedeutet. Sie haben die Verantwortung. Und darum haben auch sie das Recht der Entscheidung.

Die Drohgebärden der katholischen Kirche wären komisch, wenn sie nicht so zynisch wären. Da vergleichen Bischöfe abtreibende Frauen und Ärzte mit Mördern, ja sogar mit Sexualmördern (ausgerechnet!) und die Abtreibung mit dem „Holocaust“ (so sprach der Papst-Mann in Deutschland, der jüngst verstorbene Bischof Dyba, vom „Babycaust“). Aber wie das so ist mit der Diffamation: Es bleibt immer etwas hängen. Ganz so schlimm ist es nicht, sagen sich die seit Jahren derart traktierten Menschen, aber anscheinend ist es doch irgendwie nicht richtig, oder ...?

Ginge es nach der Vatikan-Connection, sollten wir Frauen erstens über unseren Körper und unsere Sexualität nicht selber verfügen, zweitens die Finger von jeglicher Verhütung lassen, drittens dementsprechend auch ungewollt schwanger werden, viertens gezwungenermaßen austragen und fünftens und am allerliebsten: uns gar nicht erst versündigen, sondern gleich jungfräulich Mutter werden. So wie die vom Papst Woytila und seiner Herrenriege hochverehrte Mutter Gottes.

Bekanntermaßen sind die Abtreibungszahlen nirgendwo so hoch wie in streng katholischen Ländern. Logisch, da werden die

Frauen auch am häufigsten ungewollt schwanger, weil sie nicht ausreichend aufgeklärt und der Willkür von Männern stärker ausgesetzt sind. Wie ebenfalls offensichtlich, hat niemand zur Senkung der Abtreibungszahlen und Steigerung echter Wunschkinder so beigetragen wie die Feministinnen. Auch logisch. Eine aufgeklärte Frau wird schon ihr Sexualleben so gestalten, dass sie seltener ungewollt schwanger wird.

Wir leben nicht in einem Gottesstaat, sondern in einer Demokratie. Da sind Gesetze keine Glaubensfragen, sondern Rechtsfragen. Und unserem abendländischen Rechtsverständnis entspricht es, dass eine Frau, die ungewollt schwanger wird – aus Versehen oder durch Gewalt –, diese Schwangerschaft abbrechen kann. Denn während der Schwangerschaft handelt es sich nicht um ein „Kind", sondern um einen Fötus. So sieht das auch das deutsche Gesetz.

Wie willkürlich und relativ das ganze opportunistische Gerede vom „werdenden Leben" ist, das sehen wir schon an der katholischen Kirche selbst. Für Papst Pius IX. hatte im Jahre 1869 der männliche Fötus noch ab dem 40. Tag eine Seele – der weibliche allerdings erst ab dem 80. Tag. Für Papst Johannes Paul II. beginnt im Jahre 2000 das Leben bereits im Moment der Begegnung von Ei und Sperma. Wenn das so weitergeht, kann es nicht mehr lange dauern, und die katholische Kirche ahndet die sündige Vergeudung unbefruchteter Eier und nicht befruchtender Spermien mit dem ewigen Fegefeuer ... Übrigens: Selbst in islamischen Ländern ist der Fötus erst ab dem 120. Tag schützenswertes Leben. Und in Japan ab der Geburt.

Vor allem aber darf bei der ganzen Debatte nicht vergessen werden: Es geht hier nicht darum, ob wir *für* oder *gegen* Abtreibung sind. Da lässt sich keine Frau auf der Welt etwas vorschreiben. Und eine jede wünscht sich selbstverständlich gleichzeitig, dass ihr dieser Schritt erspart bleiben möge. Es geht hier nur darum, ob wir dafür sind, dass eine ungewollt schwangere Frau in Scham, Angst und Lebensgefahr abtreibt – oder in Eigenverantwortung, Würde und mit ärztlicher Hilfe.

Frauen unter 40 sind heute in eine – von Feministinnen sehr hart erkämpfte! – gewisse Liberalität hineingewachsen. Wenn sie nicht gerade im tiefsten Bayern wohnen, völlig mittellos und unaufgeklärt sind, dann können sie - nach der vorgeschriebenen Zwangsberatung - mit ärztlicher Hilfe abtreiben. Noch. Ob das so bleiben wird, ist fraglich. Denn die Abtreibungsgegner sind weltweit in der Offensive und kennen keine Skrupel.

So ging am 17. Juli 2000 die Meldung durch die Weltpresse, dass auf den kanadischen Arzt Garson Ramalis auf dem Weg in die Klinik ein Attentat verübt wurde: Der Täter stach den 63-Jährigen nieder und entkam. Es war das zweite Attentat auf den Gynäkologen, der auch Abtreibungen macht. Sechs Jahre zuvor war Ramalis in seinem eigenen Haus angeschossen worden und wäre fast verblutet.

In den USA ermordeten selbst ernannte „Lebensschützer" in den 90er Jahren innerhalb von acht Jahren sieben Menschen: drei Ärzte, eine Krankenschwester, zwei Klinikangestellte und einen Oberst, der zufällig neben einem Arzt im Visier stand. Die *National Abortion Federation* registrierte allein 1997 insgesamt 14 Bomben- und Brandanschläge auf Kliniken, elf Morddrohungen und 2829 Drohbriefe und -anrufe der Pro-Life-Fanatiker.

Anrufe wie der bei Richard Hausknecht, dem Leiter der New Yorker *Organisation für geplante Elternschaft*. Der Gynäkologe wurde nachts vom Telefon aus dem Bett gerissen, und eine Stimme schrie in den Hörer: „Du Mörder! Du Babykiller! Jetzt bringen wir dich um!" Dass sie es ernst meinen, demonstrierten die „Lebensschützer" den „Babykillern" zum Beispiel am 23. Oktober 1998: Da erschossen sie Dr. Barnett Slepian durch das Küchenfenster seines Hauses. Der Arzt starb vor den Augen seiner Frau und seiner vier Kinder ...

Im Internet kursieren seit Jahren Abschuss-Listen von den „Babyschlächtern". Einer der eifrigen Betreiber ist Neal Horsley in Georgia. Der Computerberater appelliert online: „Unser Ziel ist es, jede Person hier namentlich zu erwähnen, die an dem Geschäft des Babyschlachtens beteiligt ist. Schicken Sie uns Ihre Beweise." Die durchgestrichenen Namen auf der Liste sind die der Toten, die grau markierten die der Verwundeten. Eine von ihnen ist Emily Lynons. Die 41-jährige Krankenschwester wurde 1999 bei einem Bombenanschlag auf eine Abtreibungsklinik in Birmingham/Alabama lebensgefährlich verletzt. Sie wird nie wieder richtig lesen, schreiben und arbeiten können. Doch die Mutter von zwei Kindern lässt sich nicht einschüchtern: Emily engagiert sich heute stärker denn je zuvor auf den *Pro-Choice*-Veranstaltungen für die „freie Wahl" der Frauen.

Und auch in Europa mobilisieren sie längst, die selbst ernannten „Lebensschützer". In Frankreich fielen die ersten Schüsse. Und vor der Münchener Abtreibungspraxis von Dr. Stapf halten sie seit Jahren täglich „Mahnwache", schwenken Eimer mit Plastikembryos in blutrotem Wasser und belästigen Stapfs Patientinnen: „Gehen Sie nicht zu Dr. Stapf! Der ermordet Ihr Baby!"

Übrigens: Ich habe noch nie gehört, dass der Vatikan sich von diesen Predigern des Hasses und Meuchelmördern, die ja alle im Namen des Christentums agieren, distanziert hätte. Oder habe ich etwas verpasst?

Auf der einen Seite sind also die Terroristen, die mit Worten oder Taten die Menschen und Pharmakonzerne einschüchtern, erpressen und bedrohen. Auf der anderen Seite sind die Frauen, die in unseren Breitengraden zur Zeit die Möglichkeit haben, ohne Lebensgefahr abzutreiben, und das für selbstverständlich halten. Dass dieser Fortschritt jeden Tag verteidigt und neu erkämpft werden muss, dass erneut Gefahr droht, scheinen sie nicht zu erkennen.

Wie es war und wie es wieder werden könnte, das kann einer wie Richard Hausknecht erzählen. Der Gynäkologe half 1970 bei der Errichtung der ersten Abtreibungsklinik in New York. Zu der Zeit starben in den USA noch Jahr für Jahr rund 5 000 Frauen an unsachgemäßen Abtreibungen. „Die Frauen lagen auf unseren Operationstischen, halb verblutet, mit schrecklichen Gegenständen in der Vagina und zerstörten Körpern ..." Das ist Gott sei Dank vorbei seit der Legalisierung der Abtreibung in den USA im Jahre 1973.

In den vergangenen Jahren trieben im Schnitt jährlich 1,5 Millionen Frauen in Amerika ab, es handelt sich bei der Abtreibung also um den häufigsten medizinischen Eingriff. In neun von zehn Fällen muss der jedoch inzwischen in Spezialkliniken gemacht werden. Denn in den Jahren 1983 bis 1995 ist die Zahl der ÄrztInnen, die überhaupt noch zur Abtreibung bereit oder in der Lage sind, von knapp jedem zweiten auf nur noch jeden dritten gesunken. Die jüngeren ÄrztInnen haben regelrecht Angst, Abtreibungen zu machen. Viele von ihnen können es auch gar nicht mehr. Inzwischen wird Abtreibung an den Medizinischen Hochschulen kaum noch gelehrt. Der amerikanische Ärztinnenverband hat darum ein spezielles Lehrprogramm erarbeitet, doch nur fünf von 160 Lehrinstituten bieten diesen Kurs auf freiwilliger Basis an. In den medizinischen Pflicht-Lehrgängen ist der Schwangerschaftsabbruch schon lange gestrichen.

Drohen auch in Europa amerikanische Verhältnisse? Werden die christlich-fundamentalistischen „Lebensrechtler" zwar die Gesetze nicht noch mehr zurückschrauben können, ihre Anwendung jedoch unmöglich machen? Bekommen wir Verhältnisse, in denen zwar die Abtreibung erlaubt ist – aber kein Arzt mehr da, der sie macht?

Das ist keinesfalls undenkbar. Denn auch hierzulande steigt der Druck. Kliniken, Ärzte und Pharmakonzerne erhalten Drohungen. *Mifegyne*, die in Frankreich seit langem erlaubte Abtreibungspille, wurde in Amerika bis heute von den „Lebensrechtlern" verhindert (die Pharmakonzerne haben Angst vor internationalen Kaufboykotten). Nach Deutschland kam *Mifegyne* erst 1999, nach langer Blockierung durch die CDU-Regierung und nur dank des Drucks engagierter Frauen und ÄrztInnen. Doch auch unter der rot-grünen Regierung wird die Anwendung der Abtreibungspille von der grünen (!) Gesundheitsministerin und den Krankenkassen durch die kalte Küche boykottiert: Die Ärzte erhalten nur einen Bruchteil des bei anderen Abtreibungsmethoden üblichen Honorars für die zeitaufwendige, aber für die Frauen besonders schonende Abtreibung mit *Mifegyne*.

Ein halbes Jahr nach der Einführung der Abtreibungspille erwägt der deutsche Pharmakonzern die Rückgabe der französischen Lizenz. Grund: der Druck aus katholischen Kreisen. Verantwortungsbewusste Ärzte wie der Präsident des Berufsverbandes der deutschen Frauenärzte, Dr. Armin Malter, ist hoch alarmiert: „Wenn die Firma Femagen tatsächlich Mifegyne vom Markt nehmen würde, wäre das ein deutlicher Rückschlag – vor allem für die betroffenen Frauen. Denn der Schwangerschaftsabbruch mit der Pille ist das modernste und schonendste Verfahren, das wir kennen."

Auch das gehört seit Jahrzehnten zur Strategie der Dunkelmänner und ihrer grauen SympathisantInnen: die Verhinderung moderner medizinischer Methoden im Bereich der Abtreibung. Was natürlich auf Kosten der Gesundheit der Frauen geht. Nur der Minderheit mutiger ÄrztInnen und engagierten Feministinnen ist es überhaupt zu verdanken, dass die in Ungarn erfundene schonungsvolle Absaugmethode Anfang der 70er Jahre auch in Westeuropa eingeführt wurde. - Ich selbst habe, mit Hilfe französischer Ärzte, 1974 deutschen ÄrztInnen erstmals diese Absaugmethode vorgestellt - heute wird sie in 86 % aller Fälle praktiziert.

25 Jahre später versucht man nun erneut, eine Abtreibungsmethode zu verhindern, die noch schonungsvoller ist als die Absaugmethode und die den Frauen auf jeden Fall als Alternative zur Verfügung stehen sollte: die Abtreibungspille, die bis zur 12. Woche genommen werden kann. Und wieder blockieren und taktieren die GegnerInnen, doch ihre Front ist diesmal beunruhigend breit und schwer durchschaubar geworden: Sie geht von den alten Konservativen bis zu den neuen Fortschrittlichen. Denn zu den alten Dunkelmännern gesellen sich neuerdings die neuen Skrupelleusen, denen so polemische Begriffe wie der vom „werdenden Leben" und den „abgetriebenen Kindern" locker über die Lippen gehen. Sogar so manche Feministin kokettiert heutzutage mit einer Psychologisierung des Problems, spricht vom „Verlust", vom „Trauma", von der „Angst" - aber nicht von der Angst vorm Verbluten.

Nein, den Luxus solcher Innensichten kann sich niemand erlauben, solange die äußeren Probleme nicht geregelt sind; solange Frauen, die abtreiben, Angst um ihr Leben haben müssen, und hilfsbereite Ärzte wie tollwütige Hunde abgeknallt werden.

Wir feministischen Pionierinnen kämpfen seit Anfang der 70er Jahre für das Recht auf Abtreibung (siehe Kapitel *Wo ist die Frauenbewegung?*). Und ich erinnere mich noch sehr gut an die Zeit davor. Schon der Gedanke, ungewollt schwanger zu werden, war lebensbedrohlich. Die Angst, wenn die Regel nicht rechtzeitig kam ... Ich selbst hätte vermutlich nie abgetrieben. Nicht aus ethischen Gründen, nein, aus nackter Angst. Denn jede von uns hatte Geschichten vom Verbluten wispern hören.

Diese Zeiten sind vorbei. Zum Glück. Und sie dürfen nie wiederkommen. Doch auch die jüngere Geschichte hat uns gelehrt, dass, wenn wir Frauen uns nicht für dieses Recht einsetzen, sich niemand für uns einsetzt (außer den paar getreuen ÄrztInnen). Auf die Parteien ist auf jeden Fall kein Verlass, die müssen schon von ihren WählerInnen massiv unter Druck gesetzt werden, um zu handeln. Die Christdemokraten sind gegen das Recht auf Abtreibung, das ist klar und unverrückbar. Nur die Liberalen waren immer dafür, ebenso die PDS. Aber auch die Sozialdemokraten und die Grünen sind in der Frage durchaus unsichere Kandidaten, auch wenn sich einzelne Politikerinnen von ihnen stark machen. So hat sich zum Beispiel die SPD 1974 nur unter dem Druck „der Frauen von der Straße" zu einer Zustimmung zur Fristenlösung durchringen können (Und ausgerechnet der damalige Bundeskanzler Willy Brandt entzog sich, indem er im Moment der Abstimmung zur Toilette ging).

Jahr für Jahr sterben weltweit noch immer rund 200 000 Frauen an nicht sachgemäßen Abtreibungen - und das nicht zuletzt dank der Vatikan-Politik und seinen Lebensschützer-Truppen. Sie suchen auf der ganzen Welt das Recht auf Abtreibung und die Verbreitung des medizinischen Fortschritts bei diesem meistpraktizierten Eingriff zu verhindern oder sogar zurückzudrehen - was ihnen nicht selten gelingt. Was eigentlich sagt der (Un)Heilige Vater zu den 200 000 toten Frauen im Jahr?

Wir müssen klar sehen, dass die „Lebensschützer" in Wahrheit Lebensfeinde sind - und Frauenfeinde allemal. Die wahren „Lebensschützer" sind diejenigen unter den ÄrztInnen, die den abtreibenden Frauen ihre medizinische Hilfe nicht verweigern. Sie retten Leben.

Missbrauch – die frühe Brechung

Am Ende des 20. Jahrhunderts haben zwei Filme internationales Aufsehen erregt, in denen es um ein Verbrechen geht, das noch 20 Jahre zuvor bestenfalls ein Kavaliersdelikt gewesen ist und bis heute von gewissen Kreisen geleugnet, verharmlost, ja verklärt wird: der Inzest und der sexuelle Missbrauch durch Fremde von Kindern. Beide Filme stammen von männlichen Regisseuren und thematisieren das weibliche Leid. In *Das Fest* des Dänen Vinterberg lässt der Bruder nach dem Selbstmord der Schwester die ganze verlogene, feine Familientafel hochgehen. In *Magnolia* des Amerikaners Anderson wird am Ende einer ganzen Spirale der Gewalt die Wahrheit durch die Zerstörung des drogenabhängigen Opfers hochgespült.

In beiden Fällen haben die Töchter geschwiegen – und die Mütter auch. Im *Fest* hält die Mutter noch nach der Anklage durch den Sohn weiterhin zum Vater und verrät damit endgültig ihre Kinder. In *Magnolia* entscheidet die Mutter sich im allerletzten Augenblick gegen den Mann und für die Tochter – und gibt ihr damit eine Zukunft. Der Blick der Tochter beim Auftauchen der Mutter steht am Ende des Films und verheißt Hoffnung. Hoffnung für alle.

Es ist die bittere Wahrheit: So manche Mutter spielt beim Inzest eine fatale Rolle. Nicht als Täterin, wie es eine Zeit lang dreist behauptet wurde (*Der Spiegel* ließ sich dazu hinreißen zu schreiben, jeder vierte Kindesmissbrauch werde von einer Frau verübt). Nein, 98,5 % aller Missbraucher sind Männer, laut Bundeskriminalamt. Und die verbleibenden 1,5 % Frauen sind in den meisten Fällen „nur“ Mittäterinnen. Frauen sind jedoch so manches Mal Dulderinnen. Sie sehen weg, sie wollen es nicht wahrhaben, sie schweigen. Aus Angst. Aus Schwäche. Aus Scham. Weil sie erleichtert sind, dass sie nicht dran sind. Oder weil sie eifersüchtig sind auf „die Jüngere“.

Und machen so den Missbrauch in diesem Ausmaß überhaupt erst möglich.

Allein in Deutschland werden jährlich bis zu einer Million Kinder sexuell missbraucht, meldete das Kriminologische Institut in Hannover. Etwa jedes vierte bis dritte Mädchen und maximal jeder zehnte Junge sind Opfer – ergeben Statistiken und Schätzungen aus Deutschland, den Nachbarländern und den USA. In mindestens drei von vier Fällen ist der Täter nicht der böse Fremde, sondern der liebe Nachbar, Onkel, Vater, signalisieren alle Erhebungen, auch der US-Sex-Report von 1994. Und meist ist es kein einmaliges Grauen, sondern ein fortgesetztes, ist es ein Missbrauch, der über Jahre geht.

Es ist der schlimmste Verrat, den ein Erwachsener einem Kind antun kann: die Zerstörung von Körper und Seele unter dem Vorwand der Liebe. Und er hat lebenslange Folgen für das Opfer. Drei von vier Psychiatrie-Patientinnen und neun von zehn Prostituierten sind missbraucht worden. Missbrauchte leiden an zerstörtem Selbstwertgefühl, Angstzuständen, Depressionen, Persönlichkeitsspaltungen; sie neigen zu Magersucht, Drogen, Selbstverstümmelungen, Selbstmord.

Doch das vielleicht Allerschlimmste ist, dass die kindlichen Opfer sich meist auch noch selbst für schuldig halten: für böse Kinder, die es nicht besser verdient haben. Wie sollten sie auch anders, wenn der allmächtige Vater sie wie ein Stück Dreck behandelt, müssen sie ja schmutzig sein. Und wenn dann auch noch die schützende Mutter versagt, dann kann das nur am Kind selber liegen.

Über Jahrtausende herrschte uneingeschränkt das Recht des Vaters. Erst im Mittelalter wurde in Europa das verbriefte Recht des Vaters abgeschafft, seine Kinder zu missbrauchen, zu verstoßen und zu töten. Und noch im 16. Jahrhundert „hallten die Latrinen von den Schreien der Kinder wider, die man hineinwarf“ (so ein Zeitzeuge). Die Familie war Besitz des Patriarchen. Sie ist es seit dem 20. Jahrhundert rein rechtlich nicht mehr, aber die patriarchalen Sitten wirken nach. Darum sind so manche Väter noch immer so befremdet über den Aufstand. Für sie ist in Wahrheit nicht der sexuelle Missbrauch der Skandal, sondern die Tatsache, dass dieser ein Skandal sein soll. Denn ihr sexuelles Verfügungsrecht über Frau und Kind ist das traditionelle Fundament ihrer Macht: Dein Körper und deine Seele gehören mir. Ich mache damit, was ich will. Vergiss das nie.

Es ging lange gut, bis Frauen und Kinder sich im 19. Jahrhundert erstmals kollektiv gegen „das Gesetz des Vaters“ auflehnten. Ihr Widerstand wurde zerschlagen. Was einzelne Stimmen nicht zum Verstummen bringen konnte. So geißelte die (selbst missbrauchte) Schriftstellerin Virginia Woolf 1938 den „unterbewussten Hitlerismus“ in jedem Mann, dieses private Herrenmenschentum. Für sie kann es „ohne private Freiheit keine öffentliche Freiheit“ geben. Zwanzig Jahre später schrieb die (allem Anschein nach ebenfalls missbrauchte) Ingeborg Bachmann - eben jede Vierte bis Dritte - über den alltäglichen „Faschismus in der Familie“. Und das sind nur zwei Stimmen von vielen. Doch öffentlich blieb das Thema tabu. Und wenn doch mal etwas hochkam, war selbstverständlich das Mädchen schuld und hatte der Mann Recht. Jedes Recht.

Im April 1978 veröffentlichte *EMMA* als Erste im deutschen Sprachraum ein Sieben-Seiten-Dossier über *Das Verbrechen, über das niemand spricht.* Auslöser war der Fall der 14-jährigen Petra, die wiederholt von ihrem Vater vergewaltigt worden war. Ihre Stiefmutter flüchtete mit ihr in das Berliner Frauenhaus, Petra zeigte den Vater an.

Die Lektüre der *EMMA*-Texte von vor über 20 Jahren ist rückblickend aus zwei Gründen erschütternd: Erstens, weil schon damals alle Fakten auf dem Tisch lagen, vom Ausmaß des Missbrauchs über die Struktur der Täter bis hin zur Mitverantwortung der Mütter. Zweitens, weil damals auf diese allererste Veröffentlichung nicht eine einzige Reaktion kam. Kein Leserinnenbrief, kein Anruf - und das in einer Zeit, in der *EMMA* Waschkörbe voller Briefe auf die Veröffentlichung über die (ferne) Klitorisverstümmelung erhielt. Es war, als hätten wir uns geirrt, als gäbe es das Problem überhaupt nicht.

Gleichzeitig aber hatte die Propagierung der „Kinderliebe“ Hochkonjunktur. Im Zuge der „sexuellen Befreiung“ nahm sich nun so mancher 68er die Freiheit des *offenen* Zugriffs auf das Kind (bei seinem Vater war der noch verdeckt gewesen). Die „Befreiung der kindlichen Sexualität“ (durch die Erwachsenen) galt als Programm so mancher „antiautoritären" Erziehung. Hinzu kam die feministische Herausforderung. Sie beschleunigte den verstärkten Rückgriff so mancher Männer auf die Kinder: Die konnten mit den erwachsenen Frauen einfach immer weniger anfangen. In Deutschland erfand Klaus Rainer Röhl, der Herausgeber von *konkret*, der damaligen Hauspostille der 68er, die Kindersex-Cover.

Bei der Sexualstrafrechtsreform 1976 waren es ausgerechnet die fortschrittlichen unter den Experten, die den Ausschlag zur Reform des § 173 und damit zur Straf*milderung* bei Inzest gaben. So plädierte der renommierte Gerichtsgutachter Maisch damals mit einer „tragischen Verkettung von Zuneigung und Ablehnung, Angst und Faszination, Fürsorge und Rücksichtslosigkeit. Kurz, der ganzen Zwiespältigkeit, die gerade den engsten zwischenmenschlichen Beziehungen innewohnen kann". – Täter und Opfer tragisch „gemeinsam verstrickt". Zwischenmenschlich. Gemeinsam. Als gäbe es kein Machtgefälle zwischen Erwachsenem und Kind. Als seien Vergewaltiger und Vergewaltigungsopfer gleichberechtigte Partner.

Schon Ende der 70er war *Das bestgehütete Geheimnis* (wie ein Buch der Amerikanerin Florence Rush hieß) auf internationaler Ebene dem Verschweigen entrissen. Eigentlich war es nicht länger zu leugnen, dass Kindesmissbrauch nicht die Ausnahme, sondern die Regel ist. Doch sollte es noch 10, 15 Jahre dauern, bis das Thema von den Medien aufgenommen wurde. Auch dann allerdings keineswegs immer in der Absicht, aufzuklären, sondern oft in der, aufzugeilen oder zu verharmlosen. Strategie: die Opfer noch einmal zum Objekt oder sie und ihre HelferInnen unglaubwürdig machen. Beim Kindesmissbrauch war also der Rückschlag schneller als der Schlag, kam der Backlash vor dem Aufstand. Nicht zuletzt daran sehen wir, welche zentrale Bedeutung das Problem nicht nur für die Opfer, sondern auch für die Täter hat.

Auf dem ersten Höhepunkt der Debatte wurde dann 1993 der Fall Woody Allen zu einer Art internationalem Schauprozess, mit dem der Männerbund beweisen wollte: Es gibt keinen bösen Missbrauch, sondern nur nette Daddys mit ihren Lieblingen und hysterische Mütter mit ihren Frustrationen.

Wobei es nicht nur eigentlich egal ist, ob diese Kinder nun biologische oder soziale Kinder sind, wie im Fall Farrow/Allen, sondern es im Gegenteil kein Zufall ist, dass gerade die in den modernen Patchwork-Familien zunehmende soziale Vaterschaft durch den Fall Woody Allen so relativiert wurde (sie war ja gar nicht seine „richtige" Tochter). Denn einerseits wollen diese sozialen Väter ernst genommen werden - andererseits stehlen sie sich aus der Verantwortung, sobald es ihnen in den Kram passt.

Reden wir also nochmal über den Fall. Was ist wirklich passiert? Woody Allen hatte Mia Farrow, eine Adoptivmutter von zuletzt acht Kindern - darunter das asiatische Straßenkind Soon-Yi - geheiratet. Das von Farrow aufgelesene Mädchen war sieben, als Allen zu der Familie stieß, und stark verhaltensgestört und lernbehindert. Der neue Vater ließ das Kind lange links liegen. 1991, Soon-Yi ist inzwischen 19 oder 20 (das wahre Alter des Straßenkindes ist unbekannt), entdeckt Mia Farrow in seiner Wohnung Pornofotos (das Paar wohnte getrennt: sie mit den Kindern, er allein). Allen hatte die Fotos von dem Mädchen gemacht: mit gespreizten Beinen, bloßen Genitalien etc. Es stellt sich heraus, dass er schon vor Jahren heimlich ein Verhältnis mit ihr angefangen - da muss Soon-Yi 15/16 gewesen sein - und gleichzeitig mit ihr als „Tochter" weiter in der Familie verkehrt hatte.

Später erzählte Allen, Soon-Yi habe sich beim gemeinsamen Ausgehen oft über ihre Mutter beschwert. Die sexuelle Komplizität der beiden schließt also die Mutter nicht nur aus, sondern richtet sich direkt gegen sie.

Mia Farrow, inzwischen Mutter von neun Kindern - darunter Sohn Moses, das gemeinsame biologische Kind mit Woody Allen - hatte bis dahin nichts geahnt. Sie macht ihrem Mann jetzt eine Szene - aber schweigt nach außen. Und er? Er verkehrt weiterhin quasi täglich in der Familienwohnung, nicht zuletzt, um seinen kleinen Liebling, die inzwischen siebenjährige Dylan, zu sehen. Allen hatte sich seit Jahren auch selbst um Dylans Adoption bemüht, die jedoch vom Adoptionsgericht abgelehnt worden war, weil Psychologen bei ihm ein „unangemessen intensives Verhältnis" zu dem Kind konstatiert hatten.

Am 4. August 1992 platzt die zweite Bombe. Ein Kindermädchen beobachtet „irritierend intime Szenen“ zwischen dem (sozialen) Vater und seiner kleinen Tochter. Die vom Kinderarzt und von Psychologen befragte Dylan erzählt daraufhin allen das Gleiche: Ihr Vater habe sie am ganzen Körper geküsst, auch zwischen den Schenkeln, und seine Finger in sie „reingedrückt“: „Es hat wehgetan“, sagt das kleine Mädchen. Aber: „Er hat gesagt, wenn ich in dem Film vorkommen will, bleibt mir nichts anderes übrig. Er hat einfach immer wieder reingestoßen.“ Es kommt raus, dass die kleine Dylan schon seit Jahren Angst vor ihrem Vater hatte, sich versteckte, wenn er kam, und anfing „wie ein Baby zu brabbeln oder wie ein Hund zu bellen“.

Mia Farrow macht ihrem Mann eine zweite Szene – und schweigt nach außen. Sie erstattet auch keine Anzeige.

Erst der Kinderarzt, der Dylan untersucht, erstattet endlich Anzeige wegen Verdachts auf sexuellen Missbrauch (dazu sind die Ärzte in Amerika bei Verdacht auf sexuelle Gewalt seit einigen Jahren juristisch verpflichtet). Eine Woche nach dieser Anzeige geht Woody Allen in die Offensive: Er klagt auf das Sorgerecht für Dylan (!) sowie den gemeinsamen leiblichen Sohn Moses. Durch die europäischen Feuilletons wogt eine Welle von Hohn und Spott. Doch der gilt nicht Allen, sondern Farrow, dieser frustrierten, hysterischen Mutterkuh.

In dieser Zeit schreibt Moses an seinen Vater: „Du kannst mich nicht zwingen, bei dir zu leben. Du hast dir eine schreckliche, armselige, hässliche, dumme Sache geleistet. Jeder Mensch weiß, dass man mit der Schwester seines Sohnes keine Affäre anfängt (Anm. d. Aut.: Soon-Yi). Ich betrachte dich nicht mehr als meinen Vater. Ich hoffe, du bist stolz darauf, den Traum deines Sohnes zerstört zu haben.“ – Worte, die Woody Allen in seinem selbstgerechten Wahn nicht hindern können, weiterhin auch auf das Sorgerecht seines Sohnes zu klagen. Öffentlich bekannt wird der Brief erst Jahre später durch die Veröffentlichung von Mia Farrows Memoiren *Dauer hat, was vergeht*.

Die Niederlage, die der New Yorker *Surpreme Court* dem Kläger am 7. Juni 1993 beschert, könnte vernichtender nicht sein. Das Gericht spricht Woody Allen jegliche „elterliche Fähigkeit“ ab. Es weist ihm nach, dass er weder die Namen der Freunde oder Haustiere, noch die der Kinderärzte oder Lehrer seines Sohnes kennt. Und: dass dieser Ehemann und Vater alles getan hat, seine Familie vollends zu zerstören. Richter Elliot Wik:

„Seine Prozessstrategie bestand darin, einen Keil zwischen seine Kinder zu treiben, die Kinder gegen ihre Mutter einzunehmen, die Familie gegen ihre Haushaltshilfen aufzustacheln und die Hausangestellten selbst gegeneinander auszuspielen. Seine Selbstbezogenheit, sein mangelndes Urteilsvermögen und die Hartnäckigkeit, mit der er weitere Zwietracht sät und somit verhindert, dass die von ihm bereits zugefügten Wunden verheilen, lassen geraten erscheinen, seinen Kontakt zu den Kindern in Zukunft aufmerksam zu überwachen."

Dass Woody Allen die Kindernärrin Mia Farrow geheiratet hat, ist geradezu symptomatisch. Studien (und auch einschlägige Kleinanzeigen) zeigen, dass Männer, die Kinder missbrauchen, auffällig oft Frauen heiraten, die bereits Kinder mit in die Ehe bringen ...

Der Fall Woody Allen hat übrigens noch eine grausame Pointe. Nachdem er die als Kind so verstörte Soon-Yi als Minderjährige „verführt" und als Volljährige geheiratet hat - adoptierte er 1999 mit ihr zusammen ein Baby, eine Asiatin; und im Sommer 2000 eine sechs Monate alte Texanerin. Noch zwei Mädchen. Soon-Yi wird ja auch nicht jünger ... Es ging kein Aufschrei durch die Medien.

Der Fall Woody Allen ist so exemplarisch, weil er klarmacht, wie dreist trotz erschlagender Faktenlage die öffentliche Leugnung der Schuld der Täter sein kann. Hinzu kommt: Allen gilt als „moderner" Mann, dessen filmische Sexfantasien einst für selbstironische Satire gehalten wurden (Heute wissen wir, wie bitterernst sie gemeint waren). Ausgerechnet dieser Mann, in dessen Kreisen Patchwork-Familien gang und gäbe sind, tritt mit Soon-Yi die Verantwortung der modernen, sozialen Vaterschaft mit Füßen. Die Sache sei doch gar nicht so schlimm, sagte nicht nur er, schließlich sei Soon-Yi doch gar nicht seine „richtige" Tochter. Von Dylan redet inzwischen niemand mehr. Beide „falschen" Töchter hatten, ganz wie Mia Farrow, Woody Allen jahrelang für den richtigen Vater gehalten.

Nach der Woody-Allen-Affäre war die *Lolita*-Renaissance quasi vorprogrammiert. 1997 wurde der berühmte Roman von Vladimir

Nabokov neu verfilmt. Er hatte bereits in den 50ern Furore gemacht, der Zeit der Rückkehr der müden Kriegshelden und Brechung der starken Frauen, die in deren Abwesenheit ihren Mann gestanden hatten. Nabokovs Held ist, ganz wie der Autor, Literaturprofessor von Beruf, und er ist ein Frauenhasser von Passion. Es ekelt ihn vor „massigen Menschenweibern“ mit ihrem „schalen Fleisch“, er treibt sich lieber auf den Spielplätzen dieser Welt herum, um sich an „Nymphchen“ aufzugeilen. Mit 40 macht er sich an eine dieser „Mutterkühe“ ran, meint aber in Wahrheit deren 12-jährige Tochter. Während er noch auf Mutters Mord sinnt, entdeckt die sein aufschlussreiches Tagebuch und läuft verwirrt unters Auto. Der Weg zu Lolita, dem „kleinen Biest“, ist frei. Die muss nun täglich ran, ein-, zwei-, dreimal, das Taschengeld gibt's erst danach. Das Verhältnis des erwachsenen Mannes zu dem Kind wird im Roman schließlich so obsessiv, dass die zunehmend verstörte Lolita irgendwann abhaut.

Der Name Lolita steht bis heute für das frühreife Biest, das die armen Männer verführt – obwohl der Roman von Nabokov durchaus auch das Quälende und Abgründige der Affäre für den „Täter“ thematisiert. In Amerika gab es in den 90ern starke Proteste gegen eine verharmlosende und romantisierende Wiederverfilmung („vor dem Hintergrund der Missbrauchshysterie“, wie die unnachahmliche *taz* damals schrieb). In Deutschland aber schwadronierte Literaturclown Reich-Ranicki darüber, er habe bei der Lektüre des Buches immer nur „an den armen, unglücklichen Menschen gedacht, der Lolita verfallen war“.

Apropos Lolita. Auch die Forschung vergangener Jahre ergab, dass missbrauchte Kinder ihren Missbraucher oft stark idealisieren und versuchen, dessen wirkliche Zuneigung und Achtung durch überangepasste Höchstleistungen in der Familie oder Schule zu erringen. Ein zwanghaftes Sexualverhalten ist typisch für missbrauchte Kinder – sie haben eben einfach zu früh lernen müssen, Liebe mit Sex zu erkaufen. (Das heißt, wenn sie zu den Privilegierten gehören, die ohne körperlich-brutale Gewalt genommen werden. Was keineswegs immer so ist. So manches Mal landen die blutenden und zerfetzten Körper der Opfer auf den Tischen der Gynäkologen – oder der Pathologen.)

Irgendwann kriecht es dann trotz aller Verdrängung bei den Opfern hoch, das Grauen. „Ich bin voll von schwarzem Schleim. Wenn ich den Mund aufmache, kommt alles raus. Ich sehe mich als schlammiges Abwasser, in dem die Schlangen brüten“, sagte ein erwachsenes Inzest-Opfer im Gespräch mit Judith Herman in *Narben der Gewalt*. Oder: „Ich fühle mich innerlich eiskalt, und meine Oberfläche ist hüllenlos. Ich scheine zu fließen und überzulaufen, als ob mich nichts mehr zusammenhält. Angst packt mich, und ich verliere das Gefühl, gegenwärtig zu sein. Ich bin weg.“

Heute wissen wir: Nur das Benennen des Schmerzes macht seine Verarbeitung möglich. Und damit haben die Frauen jetzt angefangen, Frauen wie die Rapperin Alina. Für ihre Generation ist es erstmals möglich, sich nicht länger im Selbsthass zu zerstören, sondern den Hass gegen die Täter zu wenden. So rappte Alina 1997:

„Du bist ein Schwein und bleibst es auch / Darum stirbst du heut auf dem Bauch / Du bist ein Arsch so warst du halt / Doch deine Reste sind jetzt kalt / Früher warst du übergroß in deiner Hose war viel los / Und nach der Arbeit wunderbar / Strichst du mir gerne durch das Haar / Ich war zu klein und ich hab es nicht begriffen / Hast deine Schiesser an mir angestriffen / So hast du alles mir zerstört / Und meine Schreie nie gehört / Behalt es für dich denn es ist geheim / Summst du es mir im Schlafe ein / Mutti hat’s nicht mitgekriegt / Weil so was sich halt gar nicht schickt / So passiert es immer schlimmer / In meinem kleinen Kinderzimmer / Doch heute aber bist du tot / Zu lang gelabt an meiner Not / Deine Tage sind vorbei / Doch ich - ich werde nie mehr frei.“

Alina und ihre LeidensgenossInnen sind jetzt so frei. Aber sie haben weiterhin sehr ernst zu nehmende Gegner. Das sind nicht nur die very Old Boys, sondern auch so manche mittelalten 68er, die seither nicht geschlafen haben. Im Gegenteil, sie haben sich zu „Kinderexperten“ profiliert. Seit 1980 warnt - nicht nur, aber doch fast nur - *EMMA* vor dieser Kinderfreunde-Connection: ein Netz von Wissenschaftlern, die die „Kinderliebe“ verharmlosen, ja propagieren.

Dazu gehören Intellektuelle wie der Berliner Pädagoge Prof. Reinhardt Wolff, Gründer des *Kinderschutzzentrums* und Erfinder des Slogans vom „Missbrauch des Missbrauchs“; der Bremer Soziologe Prof. Rüdiger Lautmann, Initiator der *Homo studies* und Autor der *Phänomenologie sexueller Kontakte zwischen Erwachsenen und Kindern*; oder auch der Hannoveraner Psychologe Prof. Helmut Kentler, verantwortlich für das Projekt *Leihväter.* Bei diesem Projekt wurden auf seine Anregung schwer erziehbare Jugendliche von der Justiz in die „Obhut" vorbestrafter Pädosexueller vermittelt.

Mit zu der illustren Runde gehörten zeitweise der inzwischen verstorbene Gründer der österreichischen *Gesellschaft für Sexualforschung*, Prof. Ernest Bornemann, der in der *Neuen Revue* schwärmen durfte: „Wer nie erlebt hat, wie ein launisches Püppchen von zehn Jahren einen gestandenen Mann von 40 herumkommandiert, der weiß wenig über Sexualität." Über Sexualität! Oder auch der Wiener „Aktionskünstler" Otto Mühl. Der saß zuletzt wegen Vergewaltigung und Folterung von Mädchen und Frauen jahrelang im Gefängnis. In den 70ern hatte Mühl die Friedrichshof-Kommune bei Wien und die AA-Kommune auf Gomera gegründet, deren Credo der ganz „freie Sex" war, natürlich auch mit Kindern. Beide AA-Kommunen galten als in bei Post-68ern und wurde eine Art Durchlauferhitzer für Pädophile und solche, die es noch werden wollten.

Der Pädagoge und Alt-68er Wolff kann sich zugute halten, dass sein 1990 lanciertes Schlagwort vom „Missbrauch des Missbrauchs" seither Furore in den Medien macht. Wolff plädiert unter anderem für den so genannten „familienorientierten Ansatz", was heißt, dass der Missbraucher in der Familie bleibt, und Täter und Opfer zusammen „therapiert" werden. Wolff will so „die Normen einer desexualisierten Kindheit wieder aufrichten". Aufrichten! Und Professor Lautmann erhielt 350 000 DM öffentliche Gelder für eine „Forschungsarbeit", für die er mit 60 praktizierenden (!) Pädosexuellen sprach, aber mit keinem einzigen Kind. Immerhin empörte sich *Focus* über die „faktenjonglierende Propagandaschrift", und rügte Sexualforscher Martin Dannecker diese Art von „Verleugnung und Beschönigung der Realität".

All diese netten Kinderfreunde treffen sich immer wieder in der *Arbeitsgemeinschaft Humane Sexualität (AHS)*, die davon überzeugt ist, dass „pädosexuelle Kontakte (...) partnergleichberechtigt und einvernehmlich gestaltet werden" können. Der Meinung ist auch das langjährige *AHS*-Kuratoriumsmitglied Kentler, der über sein „Leihväter-Projekt" verlauten ließ: „Mir war klar, dass die drei Männer vor allem darum so viel für ‚ihre' Jungen taten, weil sie mit ihm ein sexuelles Verhältnis hatten." Aber keine Sorge: „Sie übten keinerlei Zwang auf die Jungen aus, und ich achtete bei meiner Supervision besonders darauf, dass sich die Jungen nicht unter Druck gesetzt fühlten." (*EMMA* 2/1997) - Gemeinhin heißt so etwas Kuppelei und nicht Supervision.

Assistiert wurde Kinderfreund Kentler von Kinderfreund Wolff, der im Juli 1994 in *Psychologie heute* schrieb: „Über Pädophilie wird hierzulande viel dummes Zeug geredet. Von Gewalt kann bei der Pädophilie in der Regel überhaupt keine Rede sein." Überhaupt werde viel zu viel von patriarchaler Gewalt geredet. Wolff: Nicht „alle Väter, die ihre Kinder sexuell missbrauchen, sind mächtige Männer. Sie sind eher Männer, die am Ende sind." Das mag sein, am Ende vielleicht in der Welt - aber nicht in „ihrer" Familie.

Mit im Bunde der Kinderfreunde ist eine Kinderfreundin. Das heißt, eigentlich ist sie eine Männerfreundin. Die gelernte Lehrerin gibt sich gerne als „Freudianerin" aus und ist seit langem die Frau vom Dienst überall da, wo es sexuelle Gewalt zu leugnen und Opfer zu diffamieren gilt. Es ist ja seit 20 Jahren in den Medien üblich, Frauen in die Schlammschlacht gegen Feministinnen zu schicken - kluge Männer sind sich schon lange viel zu schade für so was. In den deutschen Medien gibt es dafür eine Hand voll Frauen, die mit dem Antifeminismus regelrecht Karriere gemacht haben. Keine große Karriere, aber immerhin. Es ist müßig, alle Namen zu nennen, sie sind austauschbar. Aber eine soll doch stellvertretend für alle genannt werden, denn sie gilt zu allem Überfluss neuerdings auch noch als Kronzeugin in Frauenfragen und Expertin in Sexualität: es ist Katharina Rutschky.

Aufgefallen ist mir Rutschky zum ersten Mal, als *EMMA* 1988 ein neues Gesetz gegen Pornografie forderte, das Pornografie nicht länger als Verstoß gegen die „guten Sitten", sondern als Verstoß gegen die Menschenwürde definiert. Damals durfte Rutschky über eine ganze Seite in der *Frankfurter Rundschau* ausholen und schrieb unter anderem Sätze wie diesen: „Das Interesse von Frauen und – auch das muss mal gesagt werden – von Männern an Pornografie ist in unserer Gesellschaft ziemlich gering."

Vier Jahre später veröffentlichte Rutschky dann gleich ein ganzes Buch über den „Missbrauch des Missbrauchs", Titel: *Erregte Aufklärung*. Darin erregte sich die Autorin nicht etwa über die Täter, sondern über die Opfer und ihre Helferinnen. Das neumodische Geschwätz über den Kindesmissbrauch sei hemmungslos übertrieben und nichts als „dogmatischer Männerhass", eine Art von „Hexenwahn", nur diesmal von Frauen gegen Männer. O-Ton der Expertin: „Was soll daran politisch oder aufklärend sein, wenn mit Aplomb Dinge vorgetragen werden, über die wir uns doch längst einig sind? Inzest, also Beischlaf zwischen Blutsverwandten, ist ein uraltes Verbrechen, also verboten und im Paragraf 173 entsprechend mit Strafe bedroht."

Die schriftgläubige Freud-Anhängerin geht noch heute von einem männlichen „Sexualtrieb" aus. Von Organisationen wie *Wildwasser* und *Zartbitter*, die missbrauchten Kindern Zuflucht bieten, behauptete Rutschky dreist, sie wollten sich lediglich bereichern (die Frauen dort arbeiten meist ehrenamtlich).

Und über das neue Gesetz gegen Kinderpornografie hämte die Kinderfreundin: „Hoffentlich wissen dann auch alle, denen die Ausführung der Gesetzesneuerung obliegt, was unter Kinderpornografie zu verstehen ist und was als Nacktfoto vom niedlichen Nachwuchs noch durchgehen kann." – Na, Hauptsache, Rutschkys Kinderfreunde können das noch unterscheiden …

Im Anhang ihres Buches, das sie übrigens in demselben Verlag veröffentlichte wie Lautmann sein Pädo-Pamphlet (im Hamburger Ingrid Klein Verlag), bedankt Rutschky sich bei Reinhardt Wolff. So schließen sich die Kreise.

1998 veröffentlicht der Vilar-Aufguss im Taschenformat dann ein Buch mit dem Titel *Emma und ihre Schwestern* (wohl in der richtigen Annahme, dass sich für Katharina und ihre Brüder niemand interessiert). Inzwischen war die Dame laut Klappentext des Verlages zur „Quereinsteigerin in den Feminismus" avanciert. Reichlich quer. Das

Pamphlet ist eine pseudogelahrte Abrechnung mit der Frauenbewegung, die in der „Kanonisierung reaktionärer und restaurativer Politik“ geendet sei.

Nicht zuletzt an einer solchen Figur sehen wir, wie die Dinge zusammenhängen. Heute können wir das erkennen – wenn wir nur wollen. Aber es gab Zeiten, da waren die Zusammenhänge und Ursachen tief verschüttet. Und diese Zeiten sind noch gar nicht so lange her.

Was eigentlich waren zum Beispiel die wahren Motive der Terroristinnen der 70er Jahre, die das Gewehr auf die Vätergeneration richteten? Was waren die innersten Motive? Einer Ulrike Meinhoff, die sich jahrelang von ihrem Ehemann Klaus Rainer Röhl hatte demütigen lassen (und diese Tradition dann mit Bandenchef Baader fortsetzte)? Einer Inge Viett, die als Mädchen von Pflegeeltern zu Pflegeeltern geschoben wurde? Einer Großbürgerstochter wie Susanne Albrecht, die den eigenen Onkel, den Bankier Ponto, ans Messer lieferte?

Wieweit haben diese Frauen in Wahrheit nicht nur den Vater Staat gemeint, sondern auch die eigenen Väter, Männer, Onkel? Und das nicht etwa aus einer „unerfüllten inzestuösen Vaterliebe“ (wie in den 70ern Psychologe Hofstätter räsonierte) – sondern ganz im Gegenteil aus einer zu erfüllten „Vaterliebe“?

Mein Feind sind alle,
die kleine Kinder missbrauchen.
Ich war zwischen 6 und 13 dran.
Mein Vater und Nachbarn.

Pornografie – der sexualisierte Frauenhass

Sie war direkt nach mir Gast in der Talkshow, ich stand noch in den Kulissen. Im Verlauf des Gesprächs fragte die Moderatorin die sehr junge und sehr lässige Berliner Szeneautorin, was sie denn so halte vom Feminismus. Och, gar nicht so schlecht, befand die, dem haben wir schließlich zu verdanken, dass wir Frauen heute mehr Freiheiten haben. Nur eines, das fand sie eher doof: die Verteufelung der Pornografie.

Am Schluss der Sendung sprach ich sie an. Was sie denn unter Pornografie verstehe. Na, eben erotische Texte und Bilder, oder wenn jemand nackt gezeigt wird ... Ich erklärte ihr, was ich unter Pornografie verstehe – und da war ihr Erstaunen groß. „Ja, wenn das so ist", sagte sie, „dann bin ich selbstverständlich auch gegen Pornografie."

Reden wir also darüber, was eine Feministin wie ich unter Pornografie versteht. Mit Erotik oder Nacktheit hat das wenig zu tun (auch wenn es oft schwer zu trennen ist). Pornografie ist zu erkennen an der Verknüpfung von Lust auf Sex mit Lust auf Erniedrigung und Gewalt. „Pornografie macht Gewalt sexy", hat die Amerikanerin Catherine MacKinnon es einmal formuliert. Schlimmer noch, Pornografie produziert Gewalt, sie ist der sexualisierte Frauenhass. Dafür drei Beispiele:

- Die Frau liegt auf dem Rücken. Sie ist nackt. An den Fuß- und Handgelenken trägt sie handbreite schwarze Lederfesseln mit Metallringen. Ihre aneinander gefesselten Arme sind so in die Luft gereckt, dass ihr Gesicht verdeckt ist. Ihre Fußnägel sind lackiert, sie trägt offene, hochhackige Stilettos. Zwischen ihren gespreizten Beinen ist ihr bloßes Geschlecht zu sehen. Über ihr steht zwischen ihren Schenkeln zähnefletschend eine riesige

Dogge. Das Tier trägt ein breites nietenverziertes Lederhalsband und befindet sich in Fickposition. – Es handelt sich um das Foto „Siegfried“ des Deutsch-Franzosen Helmut Newton.

- Das etwa zwölfjährige Mädchen trägt eine Schuluniform mit Matrosenkragen und Lackschuhen. Sie ist in einem Wald an einen Baum gefesselt. Ihr Mund ist geknebelt. Zwei lange Enden der Fessel, die aus dem Bild rausragen, spreizen dem Mädchen die Beine. Vor ihrem linken Fuß liegt eine Schere. Der Zwickel ihrer Unterhose ist zu zwei Dritteln eingeschnitten. Der Blick des Kindes signalisiert Angst. – Es handelt sich um ein Foto des Japaners Nobuyoshi Araki.
- Sie liegt allein im Herrenklo auf dem Rücken, die gespreizten Beine Richtung Pissoirs. Ihre Augen sind weit aufgerissen, die Pupillen haben die Starre einer Toten. Sie trägt Modeschmuck, Ohrringe und eine dreireihige Perlenkette, dazu eine schwarzrote Weste, einen rosa Rock, Netzstrümpfe an Strapsen und goldene Pumps. Auf dem Boden neben ihr liegt ihre Jacke und die geöffnete Handtasche, aus der rosa Perlen quellen. Die *Spiegel*-Bildzeile zu dem Foto lautet: „Tatort Toilette: Shinohara Ryoko, tot auf dem Herrenklo, in einem Kleid von Vivienne Westwood.“ – Es handelt sich um ein Foto des Modefotografen Izima Kaoru.

Die entpersonalisierte (verdecktes Gesicht), mit Nazi-Fetischen arrangierte (Siegfried und schwarzes Leder) sodomistische Folterszene von Newton. Der den Betrachter als Handelnden (die aus dem Bild ragenden Fesselenden) einbeziehenden Kindesmissbrauch von Araki. Die zu Tode Vergewaltigte und zum Hohn auch noch modisch Arrangierte auf dem Herrenklo von Kaoru. Alle drei Fotos hängen nicht etwa auf Herrenklos und werden nicht in Schmuddelblättern veröffentlicht. Sie hängen in Museen, werden in Publikumszeitschriften mit Millionenauflage publiziert und gerne von KunsthistorikerInnen kommentiert. Über Kaorus Models zum Beispiel schrieb der *Spiegel*-Autor: „Ort und Art ihres Todes durften sie frei wählen.“ Und eine Journalistin (!) der *Süddeutschen Zeitung* schwärmte: „Trotz ihres gewaltsamen Todes vermitteln alle Frauen eine subtile Erotik, die die Fantasie des Betrachters nährt.“ Über Arakis Inszenierungen räsonierte der wegen der Ausstellung stark kritisierte Direktor des Kunstmuseums Wolfsburg, die Fotos seien „eine Hymne auf die Frau“, außerdem wollten „tausende von Mädchen von Araki in nicht selten sado-masochistischen Posen fotografiert werden“. Und um ein Porträt von Newton, dem Altmeister der Porno-Mode und -Werbung, reißt sich der Jet-Set. In Berlin richtet man dem Ex-Berliner nicht nur pünktlich zum 80. Geburtstag (am 30. Oktober 2000) eine Retrospektive im Museum aus, sondern plant für 2001 gar ein staatliches Fotomuseum, dessen „Herzstück die Newton-Sammlung“ werden soll.

Es steht also schlecht um die Ächtung der Pornografie. Sehr schlecht.

Dass das auch anders geht, zeigten die Franzosen 1996 auf dem renommierten Fotofestival von Arles, wo eine Galeristin die Projektion der Fotos von Araki – der zu Beginn seiner Laufbahn übrigens illegale Untergrund-Pornos produzierte – mit einem Tomatenwurf und dem Ruf beendete: „Das sind doch eindeutig KZ-Fotos!“ Und in Deutschland? Da raunen sich die Herren der Feuilletons zwar beim Glas Wein zu, dass „Newton absolut nichts mit Kunst zu tun“ habe und es sich hier „um eine eindeutig faschistoide Ästhetik“ handele – aber geschrieben haben sie es bisher nicht.

Nicht die Kunstverständigen, sondern die Pornografen scheinen heute das Gesetz in so manchem Museum zu machen, und sie werden immer dreister. Begnügten sie sich in den 70er Jahren noch damit, die Pornografie aus der Schmuddelecke rauszuholen und in die Mode und Werbung einzubringen, so begannen sie in den 80er Jahren ihren Einzug in die Museen. Geweiht als „Kunst“, wird die Pornografie nun auch noch mit öffentlichen Mitteln finanziert und scheint unkritisierbar – alles andere wäre „Zensur“.

Aber stellen wir es uns doch nur eine Sekunde lang vor: Ein gefesselter dunkelhäutiger Mann, der scheinbar von einem Hund vergewaltigt wird (übrigens eine beliebte Foltermethode für Frauen in modernen Diktaturen). Ein Asiate, der in der U-Bahn mit angstgeweitetem Blick und runtergelassenen Hosen zitternd Richtung Aggressor blickt. Ein Jude, der als dekorative Leiche auf einem Bahngleis liegt, gewandet in einen Anzug von Armani mit Gelbem Stern am Revers.

Undenkbar! Solche Fotos würden gar nicht erst gedruckt. Und wenn doch, würden sie umgehend verboten. Dafür gibt es schließlich Gesetze: „Aufstachelung zum Rassenhass" heißt das, „Fremdenhass" oder „Volksverhetzung". Aber ... es sind ja nur Frauen. Und die Propagierung und Verherrlichung von Frauenhass ist nicht nur druckreif, sondern sogar Kunst.

Sich ein Bild von einem Menschen machen - wir alle wissen seit biblischen Zeiten, was das bedeutet. Und wir Deutschen wissen es eigentlich noch ein bisschen besser als die anderen. Schließlich gingen auch der Verjagung und Vernichtung von Millionen Juden Bilder und Worte voraus: hakennasige, triefäugige, raffgierige Kinderschänder; keine Menschen, sondern Tiere, Ratten, mit denen man es machen kann, ja muss. Und auch die Sklaverei kam nicht aus ohne entsprechende Propaganda: trolläugige, unterwürfige Neger mit niedriger Stirn; keine Menschen, sondern Tiere, Affen, gerade mal gut genug, der Herrenrasse zu dienen. - Das wäre heute nicht mehr möglich.

Aber es ist weiterhin möglich, Bilder und Texte über unterwürfige, winselnde Frauen zu veröffentlichen; keine Menschen, sondern Tiere, läufige Hündinnen; Geschöpfe, die Ja meinen, wenn sie Nein sagen; präsentiert oder verschnürt wie ein Stück Fleisch, am liebsten fahles, totes Fleisch. Denn das gilt schon länger als das Schärfste: Frauenleichen. Oder Kinder. Wie das kleine Mädchen auf dem Elektrischen Stuhl. Auch ein Motiv von Newton.

Helmut Newton ist aus vielerlei Gründen ein ganz besonders interessantes Beispiel. Nicht nur, weil seine technisch perfekt inszenierten Fotos international so hoch gehandelt werden und Schule gemacht haben. Sondern auch, weil wir hier den gerade für Frauen so lehrreichen Fall eines Beinahe-Opfers und seiner Identifikation mit dem Aggressor haben. Helmut Newton, als Mann und Jude potenzieller Täter und potenzielles Opfer zugleich, hat sich entschieden. Er hat sich auf die Täterseite geschlagen.

Der 1920 in Berlin geborene Großbürgerssohn flüchtete vor den Antisemiten gerade noch rechtzeitig nach Australien. Nicht nur seine von ihm verehrte Fotolehrerin Yva wurde in Auschwitz ermordet. Doch der Exilant hatte das Herrenmenschentum im Gepäck. In seinem Kopf lebte es weiter. Newtons Fantasiewelt ist bevölkert von Fetischen aus den Folterkammern der Nazis, von Tätern in Uniform und passenden Opfern: arische, nackte Gretchen in Stilettos, glänzende schwarze Sklavinnen in Ketten oder lüsterne Herrinnen, die noch ihren Herrn suchen.

Der Erfolg Newtons ist ein reines Produkt der Frauenbewegung. Bis Mitte der 70er Jahre war er ein Fotograf wie viele, erst dann wurde er plötzlich bekannt. Er lieferte einer verunsicherten Männerwelt gerade zum rechten Zeitpunkt den neu geschärften Blick auf die erstarkenden Frauen.

Würden seine sadomasochistischen Fantasmen Newton nur in seinen dunklen Träumen beschäftigen, wäre er ein Fall für den Analytiker. Würde er bei seinen sado-masochistischen Fantasmen tatsächlich den Schwindel erregenden Blick in den Abgrund wagen, wäre er vielleicht wirklich ein Fall fürs Museum. Aber Newton scheint nichts zu bedrücken oder zu quälen. Der dauerjugendliche alte Mann reproduziert und propagiert nur den Wahn und produziert perfekte menschenverachtende Fotos. Nur macht das Beinahe-Opfer jetzt die Frauen zu Opfern: von der hohen Frau, die vom Peitschen träumt, bis zur Frauenleiche, die es vermutlich noch nicht ganz hinter sich hat.

Als ich seine Fotos 1993 exemplarisch analysierte, kam ich zu dem Schluss: Newtons Fotos sind nicht nur frauenfeindlich, sie sind ganz einfach menschenfeindlich, ja faschistoid. Dem gibt es auch heute nichts hinzuzufügen.

Die Funktion dieser Art von Pornografie ist klar: Sie lieferte den von der Emanzipation strapazierten Männern ein Frauenbild, das die ins Wanken geratene Degradierung erneut im Kopf verankert. Eine Lehrerin oder Vorgesetzte kritisiert einen Jungen oder Mann? – kein Problem, der lässt einfach den inneren Film laufen: die winselnde Hündin, die nur mal richtig durchgefickt werden muss. Eine Freundin oder Ehefrau stellt Ansprüche in der Beziehung? – kein Problem ...

Selbstverständlich gibt es einen Zusammenhang zwischen Pornografie sowie Unterbezahlung und Unterdrückung von Frauen: Eine Menschengruppe, die öffentlich so verächtlich dargestellt werden kann, die ist einfach weniger wert. In jeder Beziehung. Und selbstverständlich gibt es auch einen Zusammenhang zwischen Fantasie und Tat: Pornografie ist die Kriegspropaganda im Krieg der Geschlechter.

Bereits 1988 kannten 82 % aller Jungen und Männer Pornos, erforschte der Schulpädagoge Werner Glogauer. Diese erschreckende Zahl kann im Zeitalter des Internets nur gestiegen sein. Längst muss der Pornokonsument keine Pornohefte mehr kaufen oder ins Pornokino gehen, es genügt das Blättern am Kiosk oder das Zappen im Wohnzimmer. Die seit Jahren schleichende Pornografisierung von Medien und Kultur zeitigt umfassende Resultate.

Angesichts dieser Entwicklung musste die direkte Pornografie ihre Dosis immer weiter steigern. Bereits in den 70er Jahren tauchten die ersten Snuff-Pornos auf, Pornofilme über Frauenmorde, für die Frauen real getötet werden, damals noch in der Dritten Welt. Inzwischen werden solche Filme auch mitten in Europa produziert. So flogen in Deutschland 1998 zwei Frauenmörder in Hagen auf, die ihre Ermordung einer Prostituierten gefilmt hatten und als Pornovideo verkaufen wollten. Die Leiche wurde später auf einer Müllkippe gefunden.

Pornografie, die sich früher noch mit Erniedrigung begnügen konnte, ist heute immer verbunden mit körperlicher Gewalt. Sexualisierter Gewalt. Und die gefährdet nicht nur die Frauen, sondern verformt auch die Männer - und sie tötet die Erotik. Seit langem warnen Wirkungsforscher vor dem Zusammenhang von Pornografie und Sexualgewalt. Glogauer stellte 1994 in einer bei 500 HauptschülerInnen durchgeführten Befragung fest, dass zwei von drei Jungen quasi täglich Computerspiele machen und jeder dritte unter ihnen auch „gewaltverherrlichende, pornografische oder nazistische Software“ hat. Nach der Schule Pornos gucken ist unter Jungs schon seit den 80ern Gruppenzwang.

Der Psychologe Henner Ertel und seine Münchener Forschungsgruppe fanden im Rahmen einer repräsentativen Langzeitstudie heraus, dass „bereits eine Dosis von drei bis vier dieser Filme, verteilt über eine Woche, zu einem ausgesprochenen Abstumpfungseffekt führt“. Er befürchtet, dass „die ständige Verknüpfung von sexuellen und aggressiven Darstellungen diese Gefahr einer Erotisierung von Gewalt in sich birgt". Das heißt, dass nicht nur Sexualität mit Gewalt verknüpft wird - sondern auch umgekehrt Gewalt automatisch sexualisierend wirkt. Ertel: „Nicht nur sexuell-aggressive Darstellungen, sondern auch solche, die nicht sexuelle Gewalt zum Ausdruck bringen, wirken auf eine bestimmte Personengruppe der männlichen Normalbevölkerung erotisierend." - Damit sattelt die moderne Pornografie auf der uralten Verbindung von Sexualität und Gewalt auf und lädt diese neu auf.

Schweden war in den 70er Jahren eines der ersten Länder, das die Pornografie weitgehend liberalisierte. Es ist heute eines der ersten Länder, das versucht, das Rad zurückzudrehen. 1998 meldete Schweden ein Ansteigen der Sexualgewalt innerhalb weniger Jahre um 80 % und konstatierte als Ursache „eine tief verwurzelte Frauenverachtung". Auch in Deutschland sind Prozesse gegen Vergewaltiger und Frauenmörder, die aussagen, Pornos konsumiert und direkt nachgestellt zu haben, längst an der Tagesordnung. Und Zeitungsmeldungen wie diese:

„Er tötete im Pornowahn", titelte *Bild* am 9.5.1997. „Ich will sie haben, ich will mit ihr schlafen!", brüllte der 15-jährige Helmut, als er in Wien mit dem Revolver seines Vaters in das Klassenzimmer stürmte. Der Junge bedrohte damit ein Mädchen, das ihm ein paar Tage zuvor „eine Abfuhr erteilt" hatte. Als die Lehrerin dazwischen ging, drückte er ab: mitten ins Herz. Der Amokläufer sagte später aus, er habe sich kurz vorher Pornos zu Gemüte geführt: „Ich habe mir die Bilder angeschaut, und die haben mir Lust auf Sex gemacht." - Nicht auf Sex, auf Gewalt.

Jetzt, zu Beginn des 3. Jahrtausends, haben wir es also bereits mit mehreren von Kindesbeinen an pornografisierten Männergenerationen zu tun: Die Mehrheit der 15- bis 35-jährigen Männer ist seit frühester Pubertät willentlich oder unwillentlich unter dem massiven Einfluss der Mitte der 70er Jahre liberalisierten Pornografie aufgewachsen. Und genau die Generation ist es ja auch, die zur Zeit den Ärger macht. Und das nicht nur den Frauen, sondern auch den anderen „Fremden". Sicher, die Abstumpfung und Brutalisierung der Jugend ist ein komplexes Problem, die Pornografie aber spielt dabei eine zentrale Rolle. Und die Folgen sind keineswegs überraschend –

es gibt seit Mitte der 70er genug Menschen, vor allem Feministinnen, die genau das kommen sahen.

In Deutschland protestierten Frauen erstmals 1975 öffentlich gegen Pornografie. Anlass: der Pornofilm *Emanuelle*. 1978 schlug dann die von *EMMA* initiierte *Stern*-Klage hohe Wellen, bei der zehn Frauen exemplarisch den *Stern* wegen seiner „frauenverachtenden Titelbilder" verklagten. Anwältin Gisela Wild argumentierte schon damals: „Die Darstellung der Frau ist auf diesen Bildern völlig entpersönlicht und reduziert auf geschlechtliche Benutzbarkeit. Zugleich wird damit weibliche Unterlegenheit und männliche Dominanz ausgedrückt. Die Frau wird so dargestellt, als sei sie männlicher Lust jederzeit verfügbar und unterstehe damit seiner Beherrschung."

Auslöser der *Stern*-Klage war übrigens - Ironie der Geschichte - ein Titelfoto von Helmut Newton: die nackte Grace Jones an schweren eisernen Fußfesseln mit Kugel, Sklavenfesseln eben.

Die *Stern*-Klage bewegte über Monate die Nation. Kein Stammtisch, kein Friseursalon, keine Redaktion, in denen das Pro und Contra nicht heftig debattiert wurde. Und wenn auch die Pro-Porno-Front hart zurückschlug, darunter damals noch die Chefredakteure von *Stern* und *Spiegel*, so geriet doch etwas in Bewegung. Wir Klägerinnen verloren zwar erwartungsgemäß rein juristisch den Prozess (mussten ihn verlieren, weil es für das von uns beklagte Delikt noch gar kein Gesetz gab), aber wir gewannen ihn moralisch. Der Hamburger Richter bei der Urteilsverkündung: „Die Kammer verkennt nicht, dass es ein berechtigtes Anliegen sein kann. Mit einem solchen Anliegen müssten sich die Klägerinnen vielmehr an den Gesetzgeber wenden."

Zehn Jahre später taten wir das. 1988 veröffentlichte der *EMMA*-Verlag als Speerspitze einer erneuten *PorNO*-Kampagne von der Amerikanerin Andrea Dworkin *Pornographie - Männer beherrschen Frauen*, und einen (zusammen mit der heutigen Hamburger Justizsenatorin Lore Maria Peschel-Gutzeit erarbeiteten) Gesetzesvorschlag. Danach sollte Pornografie nicht länger als „Verstoß gegen die guten Sitten" definiert sein (wie es in dem bis heute gültigen Zivilgesetz der Fall ist), sondern als „Verstoß gegen die Menschenwürde". Die Argumentation: „Pornografie ist die verharmlosende oder verherrlichende, deutlich erniedrigende sexuelle Darstellung von Frauen oder Mädchen in Bildern und/oder Worten, die eines oder mehrere der folgenden Elemente enthält: 1. Die als Sexualobjekt dargestellten Frauen/Mädchen genießen Erniedrigung, Verletzung oder Schmerz; 2. Die als Sexualobjekt dargestellten Frauen/Mädchen werden vergewaltigt (...), gefesselt, geschlagen, verletzt, misshandelt, verstümmelt, zerstückelt oder auf andere Weise Opfer von Zwang und Gewalt."

Die *PorNO*-Kampagne mit der Forderung nach einem neuen Gesetz löste, ganz wie die *Stern*-Klage, eine sehr breite öffentliche Debatte aus, diesmal spürbar nachdenklicher. Die SPD, damals noch in der Opposition, berief ein Hearing in Bonn ein. Dort plädierten vier von fünf RechtsexpertInnen, darunter auch die Vorsitzende des Juristinnenbundes, für ein neues Pornografiegesetz und die so genannte „Verbandsklage". Sie würde Interessenvertreterinnen (Verbänden) aller Frauen erlauben, gegen Pornografie zu klagen, weil Pornografie nicht nur die dargestellten, sondern alle Frauen erniedrigt. Auch die überwältigende Mehrheit der ExpertInnen aus Kultur und Wissenschaft vertrat 1988 die Auffassung, ein neues, präzises und wirkungsvolles Gesetz gegen Pornografie müsse unbedingt her. – Folgen: Keine.

Wiederum zehn Jahre später, im August 1998, veröffentlichte ein überparteiliches Bündnis von Spitzenpolitikerinnen aus allen Parteien die Aufforderung, endlich etwas zu tun gegen Sexualgewalt. Das Bündnis forderte auch ein neues Pornografie-Gesetz, mit Strafandrohung für den Handel *und* den Besitz von Pornografie, eine Internet-Polizei sowie die gesetzliche Verankerung von „Frauenhass" als „Volksverhetzung" (wie es ja beim „Fremdenhass" inzwischen der Fall ist). Folgen: Keine. Zumindest bis zum Jahr 2000 nicht.

Direkt nach den Wahlen 1998 jedoch kündigte die neue SPD-Justizministerin in einem *EMMA*-Interview das „überfällige Anti-Porno-Gesetz" an sowie die Verankerung des Begriffs „Frauenhass" im Gesetz. Sie liegt damit im internationalen Mainstream, wo „Hate-crimes" (Hassverbrechen) auch gegen Frauen längst gesondert in

Statistiken geführt, von den Medien als solche berichtet und bei Gericht als strafverschärfend gewertet werden. Die gesetzliche Bestrafung von Pornografie wäre nicht nur zur Bestrafung der Täter und zum Schutz der Opfer dringend notwendig, sondern auch als gesamtgesellschaftlicher Moralkodex: Pornografie ist eben kein Kavaliersdelikt, sondern ein Verstoß gegen die Menschenwürde.

Doch das Gesetz allein genügt nicht. Mindestens ebenso dringlich ist die Ächtung der Pornografie. Öffentlich wie privat. Einen Ehemann, Freund, Nachbarn oder Kollegen, der Pornos konsumiert, muss man und frau kritisieren und einklagen. Von Publikationen und Ausstellungen in Museen ganz zu schweigen.

Denn die Aufwertung der Pornografie ist eine ernste Sache. Sie passiert, wie gehabt, vor allem von Seiten der New Boys - und der New Girls! Was die Old Boys noch heimlich taten (und was ihnen wenigstens noch peinlich war), das finden die New Boys schick. Weite Teile der linken, fortschrittlichen und Zeitgeist-Presse waren in den letzten 25 Jahren führend in der Verteidigung, ja Propagierung von Pornografie. Und längst haben die Medien auch hier zu dem bewährten Trick gegriffen: Frau gegen Frau, bzw. noch besser - Feministin kratzt Feministin die Augen aus. Die Kritik an der Pornografie ist für diese „Feministinnen" nichts als der „altfeministische Fundamentalismus" (merke: „alt" muss bei so was immer vorkommen) von „Grenzwächtern der Correctness", die nichts von der „Komplexität des Begehrens", vom „Imaginären" oder dem „Phantasma Frau" verstehen (so zum Beispiel Silvia Bovenschen in der *FAZ*).

Nun, die Sache ist zu real, um sich bei dieser Art von feingeistigen Gedankenspielchen aufzuhalten. Die Pornoarbeiterinnen, die gerne auf den Gängen der Arbeitsämter rekrutiert werden, würden sich auch herzlich bedanken fürs „Imaginäre". Für sie ist das alles bitterste Realität. Wie bitter, darüber packte einer der berühmtesten Porno-Stars, Linda Lovelace aus *Deep Throat*, aus. Die Porno-Queen veröffentlichte unter ihrem wahren Namen Marchino ihre eigene Geschichte, das Buch *Ordeal* (Die Feuerprobe). Dort erzählt sie, wie sie von ihrem eigenen Mann durch Schläge, Gefangenschaft und Gruppenvergewaltigungen zur Prostitution und Pornografie gezwungen worden war. In einem der Filme war Linda sogar zum Geschlechtsverkehr mit einem Hund genötigt worden (siehe Newtons *Siegfried*).

Das direkte Pornogeschäft macht trotz der Pornografisierung von Medien und Kultur weiterhin jährlich allein in Deutschland mehrere Milliarden Mark Umsatz, Tendenz steigend. Nur der Jahresumsatz im Internet wird schon auf 1,5 Milliarden Mark geschätzt. Wobei die Grenzen zwischen Pornografie, Prostitution und Frauenhandel fließend sind. Der moderne Sextourist filmt gleichzeitig die von ihm vergewaltigten Kinder und speist diese Bilder dann am häuslichen Computer ins weltweite Datennetz. Geliefert werden nicht nur Bilder, sondern auf Bestellung auch die menschliche Ware. Auch Tipps und Erfolgsgeschichten wie diese: „Mein Tipp ist Bombay. Für 500 Mark habe ich mir am Bahnhof eine 11-Jährige gekauft. Und dann hart rangenommen. Die Entsorgung der Reste war inbegriffen." (ein O-Ton aus dem Internet). – Dem gegenüber stehen in ganz Deutschland bisher nur drei spezialisierte Polizeistellen mit einem Dutzend Beamten.

Im Juni 2000 ging folgende Meldung durch die Presse. Eine internationale Konferenz gegen „Verbreitung von Hass im Internet", unterstützt vom Bundespräsidenten und der Justizministerin, erklärte: „Wir wollen Straftaten im Internet und die globale Verbreitung und kommerzielle Ausbeutung von gesellschaftszerstörerischem Hass via Internet nicht wehrlos dulden oder einfach hinnehmen. Wir unterstreichen vielmehr den Grundsatz, dass auch online verboten werden muss, was offline verboten ist." Gefordert wird ein „globaler Wertekonsens" und ein „Mindestbestand an Strafbestimmungen, die festlegen, welche Handlungen weltweit strafbar sind und welche Überschreitungen der Meinungsfreiheit nirgendwo hingenommen werden."

Als konkretes Beispiel wird sodann die „Ächtung von Kinderpornografie" genannt, wo man „ein gutes Stück weitergekommen" sei, sowie die Ächtung von „Hass gegen Minderheiten, von fremdenfeindlicher Hetze und rassistischen Parolen". Das ist eine sehr löbliche Absicht. Nur: Warum wird nicht gleichzeitig die Ächtung der Verbreitung von Hass gegen die Mehrheit gefordert, die Mehrheit Frauen? Die Ächtung und Verfolgung von frauenfeindlicher Hetze und sexistischen Parolen im Internet? Haben Frauen keine Menschenrechte?

Über den lange geleugneten Zusammenhang zwischen Texten und Bildern im Internet und Taten im Leben gibt es plötzlich für die Initiatoren der Berliner Konferenz keine Zweifel mehr - zumindest soweit es sich um Rassismus und Antisemitismus handelt. Sie hatten bewusst Rabbiner Abraham Cooper vom *Wiesenthal Center* in Los Angeles eingeladen, der beredte Beispiele nannte: Der 20-Jährige, der in Illinois erst auf Juden und dann auf Schwarze schoss. Der Geiselnehmer, der in Los Angeles Kinder eines jüdischen Kindergartens festhielt (und die Anleitung zum Bau eines Munitionslagers direkt dem WorldWideWeb entnommen hatte). Oder der Brandstifter der *World Church of the Creator*, die ihre Propaganda über das Internet verbreitet, und der drei Synagogen in Brand steckte.

Auch die „christlichen Lebensrechtler", die in acht Jahren sieben Menschen wie tollwütige Hunde abschossen, verständigen sich übers Internet und verbreiten darüber ihre „Ärzte-Steckbriefe". Auch Kinderschänder beziehen ihre „Ware" und Frauenmörder ihre Anleitungen aus dem Internet. Und auch die Frauen-Hass-Propaganda trägt zur schweren Schädigung unserer Gesellschaft bei.

Wie also kann es sein, dass Rassismus und Antisemitismus geächtet werden - der Sexismus aber gesellschaftsfähig bleiben soll? Wie kann es sein, dass appelliert wird an den Schutz von Minderheiten - die Mehrheit aber, die Frauen vogelfrei bleiben?

Prostitution und Frauenhandel – the big deal

Sie stand plötzlich vor meiner Tür. Sie müsse mit mir reden, unbedingt. So könne sie nicht länger leben. Auf mich war sie durch mein Vorwort für das 1981 auf Deutsch erschienene Buch von Kate Millett *Das verkaufte Geschlecht* gekommen. Sie war Mitte 20 und ab 16 auf den Strich gegangen, auf den Drogenstrich am Kölner Hauptbahnhof. Zu Hause abgehauen war sie, weil ihr Vater sie missbraucht hatte – wie 90 % aller Prostituierten (laut UN-Studie). Seit einigen Jahren war sie runter, mit Hilfe von Freunden. Aber es ließ sie nicht los.

Sie klammerte sich an mich wie eine Ertrinkende: „Nachts liege ich wach oder habe Alpträume, tags Migräne. Anfassen darf mich keiner, sonst drehe ich durch. Mal spüre ich meinen Körper überhaupt nicht, mal brennt er wie Feuer. Alles ist angefasst, bis in mein Innerstes. Das Schlimmste waren die Demütigungen. Ich komme einfach nicht darüber weg …"

Es stimmt, ich bin nicht der Meinung, dass Prostitution „ein Beruf wie jeder andere" ist, wie es Huren-Initiativen à la *Hydra* in Berlin oder die Grünen seit Anfang der 90er so gerne propagieren. Denn Männer kaufen bei Prostituierten nicht Sex, sondern Macht. Das prägt Blick und Begehren nicht nur der Freier, sondern aller Männer auf alle Frauen. Und darum ist Prostitution nicht nur ein Verstoß gegen die Menschenwürde der Prostituierten, sondern einer gegen die aller Frauen. Es kann also nicht um die Akzeptanz, sondern nur um den Ausstieg, um die Abschaffung der Prostitution gehen. Und um die Bewusstwerdung für die Verantwortung der Freier: Denn erst die Nachfrage schafft den Markt.

Das erste Mal saß ich 1967 mit Prostituierten in der Bordellküche in Mönchengladbach zusammen. Damals war ich noch Volontärin bei den *Düsseldorfer Nachrichten*, und gerade war die Frage aufgekommen, ob nicht auch „die Damen des ältesten Gewerbes der Welt" (wie es neckisch hieß) Steuern zahlen sollten. Ich lernte viel an diesem Nachmittag. Unter anderem, dass so eine „Nummer" im Schnitt nicht länger als zehn, zwanzig Minuten dauert, dann saßen Irene oder Ramona schon wieder am Küchentisch.

Nach zwei, drei Stunden Gespräch waren wir uns einig: Prostituierte haben nicht die gleichen Rechte, also sind ihnen auch nicht die gleichen Pflichten zuzumuten. So schrieb ich es. Gleich nach Erscheinen meines Artikels riefen die Frauen mich an: „Wollen wir nicht ein Blatt zusammen machen, in dem wir für unsere Rechte kämpfen?"

Das war vier Jahre vor der Frauenbewegung. Ich volontierte erst mal brav zu Ende und ging später nach Paris. Doch auch da dauerte es nicht lange, bis ich wieder mit Prostituierten an einem Tisch saß, diesmal zusammen mit Freundinnen aus der Frauenbewegung. Gemeinsam planten wir nun den Kampf um die Rechte der Prostituierten: Flugblätter und Aktionen gegen die Doppelmoral, die Prostituierte verurteilt und Freier toleriert; gegen die Polizeiwillkür, der die Prostituierten ausgeliefert waren; und für gleiche Rechte! Die Spießer waren schockiert, wir waren zufrieden. Ja, wir gehören zusammen – wir lassen uns nicht länger spalten in „anständige" und „unanständige" Frauen!

Was Prostitution ist, das weiß im Grunde jede Frau. Fast jede hat es schon mal getan: aus „Gefälligkeit", um nett zu sein, um des lieben Friedens willen, aus Angst. Nicht nur die Hausfrau, die in Ermangelung eigenen Geldes oft noch nicht einmal gehen kann, wenn sie will, prostituiert sich so manches Mal. – Dass aus dieser feministischen Erkenntnis allerdings einige Jahre später die postfeministische Parole werden würde: Heterosexualität ist immer Prostitution, warum dann nicht gleich kassieren? Und: Prostitution ist ein Beruf wie jeder andere – das konnten wir damals nicht ahnen. Und wir hätten es auch nicht geglaubt. Denn eines war schon damals klar für uns Feministinnen: Wir waren für Prostituierte und gegen Prostitution! Und dabei ist es geblieben.

Der Besuch in Mönchengladbach war nicht mein letzter Besuch

im Bordell, ich habe seither so manchen Abend und so manche Nacht im Gespräch mit Prostituierten verbracht. Mit Domenica, der *Königin der Reeperbahn*, wurden im September 1988 gleich drei Tage und drei Nächte daraus.

Auch sie ist schockiert über das Gerede von der „schnellen Mark“ und der „emanzipierten Prostitution“. Domenica: „Das ist natürlich Quatsch. Und es ist auch verdammt gefährlich, so was zu erzählen.“ Die erfahrene Prostituierte: „Das Problem bei *Hydra* ist, dass da fast alle Sozialarbeiterinnen sind, die die Sache nicht aus eigener Erfahrung kennen und die glauben, sie täten uns Huren einen Gefallen, wenn sie so was erzählen. Aber es ist besser, die Wahrheit zu sagen. Die Wahrheit ist: Maximal ein Drittel der Huren hat einen netten Mann oder gar keinen. Alle anderen werden abkassiert. Und das oft mit Gewalt. Die meisten Huren werden auch heute noch überhaupt erst von einem Mann auf den Strich geschickt. (...) Eine Warnung, das ist doch das wenigste, was wir Alt-Huren ihnen schuldig sind. Die jungen Mädchen müssen doch wissen, was auf sie zukommt: Elend. Verdammt viel Elend. 90 von 100 Huren werden ein Fall fürs Sozialamt.“

Das zeigen auch neuere Untersuchungen. Die etwa 250 000 Frauen, die heute in Deutschland „anschaffen“ gehen (die Schätzungen reichen von 50-400 000, Polizeiexperten gehen von 280 000 aus), haben im Monat im Schnitt nicht mehr als 2 000 Mark im Portemonnaie – jede zweite sogar unter 1 700 Mark. Von einem „gut und leicht verdienten Geld“ kann also keine Rede sein.

Verschärft wird die Lage durch den Strukturwandel der Prostitution. Heute sind 90 % der Prostituierten in Deutschland Ausländerinnen, die meist unter Vortäuschung falscher Tatsachen oder gar mit Gewalt nach Deutschland verschleppt werden. Und etwa jede zehnte ist eine drogenabhängige Minderjährige. Nur jede sechste arbeitet noch auf dem Straßenstrich, zwei von drei arbeiten in Bordellen, Bars und Clubs.

Bernhard Kowalski, Leiter des Frankfurter *Kommissariats für Straftaten gegen die sexuelle Selbstbestimmung, Prostitution und Menschenhandel*: „Früher haben die Prostituierten Regie geführt und zum Freier gesagt: Nix da, so läuft das nicht! Das ist vorbei.

Heute sind die Frauen drogenabhängige Minderjährige oder eingeschüchterte Ausländerinnen. Die machen es billiger und williger. Diese Frauen können sich überhaupt nicht verständigen und sind Freiern und Zuhältern völlig ausgeliefert. Die meisten haben noch nicht mal eine eigene Wohnung und wohnen im Bordell. Da müssen sie dann rund um die Uhr einsatzbereit sein."

Auf vier Millionen Frauen und Kinder weltweit schätzen die *Vereinten Nationen* die Opfer des Frauen- und Kinderhandels innerhalb eines einzigen Jahres. Dem Geschäft in die Hände spielen die Wirtschaftskrisen in Asien und Brasilien sowie der Umbruch in Osteuropa. Die UN geht von sieben Billionen Dollar (gleich 7000 Milliarden, gleich 7000000 Millionen) Profit der Frauenhändler aus – nicht Umsatz, Profit! Damit ist der Frauenhandel neben dem Waffen- und Drogenhandel heute das (Männer)Geschäft Nr. 1 und längst international organisiert. Wie stark die Kräfte sind, die an einer Steigerung der Profitrate der Ware Frau interessiert sind, lässt sich erahnen.

Auf der einen Seite die arbeitslosen Frauen – auf der anderen die steigende Nachfrage der Freier nach Billig-und-Willig-Ware. Allein nach Europa werden Jahr für Jahr 500000 Frauen und Kinder „importiert". Die verschwinden dann in den Wohnzimmern oder Bordellen, bekommen ihre Ausweise abgenommen, werden gefoltert, können kein Wort Deutsch, sind völlig ausgeliefert. In Deutschland ist der Frauenhandel inzwischen zu über 60 % in Ausländerhand, Tendenz steigend. Diese Ausländer kommen fast immer aus Kulturen, in denen das Wort Frauenemanzipation noch ein Fremdwort ist. Und die deutschen Freier freuen sich über die emanzipationsfreie Ware.

Die Verfolgung des Frauenhandels ist besonders schwierig, denn die Opfer melden sich nur in Ausnahmefällen selbst, meist werden sie durch Razzien entdeckt. Als Zeuginnen sind sie extrem eingeschüchtert. Oft wird ihnen mit Rache an ihren Kindern und Familien in der Heimat gedroht. Die speziell zuständigen Dezernate bei Polizei und Justiz arbeiten rund um die Uhr, sind aber viel zu wenige. Sie brauchen mehr Geld und Bleiberecht für die Opfer. Im Rahmen der Europäischen Union von engagierten Politikerinnen initiierten Hilfsprojekte wie *Daphne* oder *Stop* (Sexual Trafficking of Persons) und Privatinitiativen wie *Solwodi* (Solidarity with Women in Distress) sind nur ein Tropfen auf dem heißen Stein. Da kämpfen ein paar Dutzend Frauen allein gegen die internationale Mafia.

Die Opfer werden von Jahr zu Jahr mehr und von Jahr zu Jahr jünger. Die Mehrzahl der Opfer, die zum Beispiel bei den Sozialarbeiterinnen der Initiative *Karo* an der deutsch-tschechischen Grenze („Der längste Strich der Welt") Hilfe suchen, sind zwischen zwölf und 18 Jahre alt. Eine *Spiegel*-Reportage berichtete im Juli 2000 sogar von sechs Monate alten Babys, die in der auf Kinderprostitution spezialisierten tschechischen Grenzstadt Cheb den überwiegend deutschen Sextouristen angeboten werden: für 50 Mark.

Ebenfalls zunehmend jünger sind die Opfer aus den asiatischen Ländern. Zum Beispiel in Bangkok. „Marija war zehn, als sie von ihrem Vater an einen Bordellbesitzer verkauft wurde", erzählt der Leiter eines Kinderheimes. „800 Dollar hat ihr erster Kunde, ein deutscher Tourist, für die Nacht mit der Jungfrau gezahlt. Danach sank ihr Preis stetig." In den darauf folgenden zwei Jahren musste das Kind jede Nacht mit 10-15 Männern aus aller Welt verbringen – es hat mehrere Selbstmordversuche unternommen. Bis der Kinderschützer kam, in dem Fall ein echter Kinderschützer, und sie mitnahm.

Doch: „Was Marija und ihr Beschützer nicht wissen: Der Gast aus dem fernen Deutschland kennt das Mädchen", schreibt der Journalist Detlef Drewes, der sich auf Kinderpornografie im Internet spezialisiert hat und über diesen Fall berichtete: „Wenige Monate vor der Begegnung waren Bilder von Marijas Missbrauch über das Internet in alle Welt verbreitet worden. Seither wird die Kassette weltweit zum Verkauf angeboten."

Kinderhändler nehmen vor Ort Kinder auf Video auf – und die Pädophilen aus aller Welt können dann konsumieren oder sogar gezielt „ordern". Die so gekauften Mädchen und Jungen werden den Eltern abgekauft oder einfach verschleppt. Die Grenzen zwischen Gelegenheitstätern und auf Kinder spezialisierten Pädophilen sind längst fließend. Durchgängig ist auch, dass fast alle Männer immer jüngere Frauen bzw. Kinder wollen.

Drewes: „Marija ist kein Einzelfall. Rund zwei Millionen Kinder sind es weltweit. Aus Deutschland kommen jedes Jahr 125 000 Männer allein nach Thailand. Viele reisen nach Kambodscha weiter, wo die vietnamesische und die deutsche Mafia längst Kinderbordelle im großen Stil aufgezogen haben. Über 1 000 solcher Häuser (in Wirklichkeit bruchfällige Hütten) gibt es allein in Phnom Penh. In jedem arbeiten 10 bis 20 Kinder. ‚Ein Kind - ein Dollar.' Das ist der Preis."

Der Auslöser für die Massenprostitution in ganz Asien waren in den 50er Jahren die amerikanischen Soldaten. Seither waren es immer die Eroberer bzw. die Befreier, die in Asien die Prostitution im großen Stil einschleppten. In Kambodscha begann es mit der Stationierung der UNO. „Die UN ist seit Ende 1991 zur Friedenssicherung in Kambodscha. Seither hat sich die Prostitution rasch ausgebreitet", meldet die *Frankfurter Rundschau*. Führend im weltweiten Sextourismus sind heute die deutschen und die japanischen Freier. Allein aus Deutschland machen sich alljährlich rund 350 000 auf den Weg in die Billig-und-Willig-Prostitution.

Im Frühling 1993 schickte *EMMA* zwei Reporterinnen im Bumsbomber mit ins thailändische Pattaya, das *Bordell des Westens*. Rund 5 000 Prostituierte bedienen in dem einstigen Fischerdorf Männer aus aller Welt, vor allem deutsche. Die Reporterinnen mieteten sich in eines der einschlägigen Hotels ein, eine Bungalow-Anlage mit zwei Swimmingpools, verbrachten zwei Wochen dort und lernten so allerhand. Nämlich, dass der ganz gewöhnliche Freier noch normaler ist, als sie es erwartet hatten: Es ist der nette Kriegsdienstverweigerer, der geschiedene Malocher oder der emeritierte Professor. Und dass die Männer selten Frauen für eine Nacht kaufen, sondern lieber für ein, zwei Wochen. Die begleitet sie dann Tag und Nacht, serviert ihnen das Essen, putzt ihre Schuhe, steht sexuell zur Verfügung - und nervt kein bisschen. Fast wie zu Hause, genauer: Wie es zu Hause eben leider nicht mehr ist.

Noch nicht einmal die Namen der Thailänderinnen merken die Herren sich, sie nennen alle *Pussy* oder *Ziege* oder *kleine geile Sau* oder *Kohlenkasten* (die besonders Dunkelhäutigen). Die meisten dieser Männer sind verheiratet oder fest liiert. Kondome benutzt keiner. Ihre Frauen glauben sie meist auf Geschäftsreise oder beim Segeltörn etc.

Prostitution, Frauenhandel und Sextourismus sind heute - neben Waffenhandel und Drogenhandel - das einträglichste Geschäft der Welt. Für Männer. 80 Milliarden Mark werden jährlich allein in Deutschland mit Prostitution umgesetzt. Der Löwenanteil des Geldes landet nicht in den Taschen der Prostituierten, sondern in denen der Zuhälter, Bordellbetreiber und sonstigen Profiteure. Domenica: „Gut 70 % aller Frauen und Mädchen, die anschaffen, haben ja einen Zuhälter. Und den bezahlen sie. Fürs Nichtstun." Und wenn eine aufmuckt, dann wird sie „schwer misshandelt" „Die Fußnägel rausgezogen, zu zehn Zuhältern drauf uriniert und so." Und die Gewalt wird nicht weniger.

Auch die Freier werden, das sagen alle, immer jünger und immer brutaler. Und die Zuhälter kommen häufig aus den Ex-Militärdiktaturen Osteuropas, knapp jeder fünfte ist inzwischen Türke, Tendenz steigend. Die Kölner Kommissarin Krämer: „Das sind die jungen Bengel zwischen 20 und 30. Die haben gemerkt, dass man mit Frauenhandel sehr viel Geld verdienen kann. Ihr Hauptgeschäft sind Polinnen." Entsprechend genervt ist die Polizistin von TV-Serien wie *Rote Meile*: „Da wird so eine heile Welt vorgegaukelt, mit der guten Puffmutter oder dem guten Puffvater. Die Realität aber ist sehr viel brutaler."

250 000 Prostituierte allein in Deutschland. Rechnet man pro Jahr 1 500 sexuelle Kontakte pro Prostituierte (an 300 Arbeitstagen je fünf Kontakte - was die unterste Grenze ist), so macht das bei 250 000 Prostituierten sage und schreibe 375 000 000 sexuelle Kontakte im Jahr. Sextouristen und homosexuelle Freier mit ihren Strichjungen nicht mitgerechnet.

Doch wie viele Männer haben diese Kontakte? Gehen wir einmal von zwei „Stammfreiern" pro Prostituierter aus, die je 50 Kontakte im Jahr haben, so macht das 500 000 Stammfreier mit 25 Millionen Kontakten. Gehen wir weiter davon aus, dass der „Gelegenheitsfreier" 15 Kontakte im Jahr hat, so macht das rund 24 Millionen Gelegenheitsfreier mit 350 Millionen Kontakten. Was hieße: Etwa 23 300 000 Männer in Deutschland kaufen sich jährlich eine oder mehrere Prostituierte. (1999 leben in Deutschland 31 837 500 Männer ab 18 Jahre.)

Das heißt: Etwa drei von vier Männern in Deutschland sind Freier.

All diese Männer lassen den Freier im Ehebett natürlich nicht vor der Tür. Ihr Begehren, ihr Blick auf Frauen, ihr Verhältnis zu Frauen wird zutiefst geprägt von der Erfahrung ihrer Käuflichkeit. Die Prostitution dringt nicht nur ins Innerste der Prostituierten, sondern auch der Freier. Selbst die Männer, die es nicht tun, wissen, dass sie es tun *könnten*. Und schon das prägt die Einstellung. Die zunehmende gesellschaftliche Akzeptanz von Prostitution korrumpiert verstärkt das Verhältnis der Männer zu den Frauen. Früher gab es noch die „anständigen" und die „unanständigen" Frauen, heute sind alle Frauen Ware. Übrigens: Männer mit Abitur gehen doppelt so häufig zu Prostituierten wie Männer mit Hauptschulabschluss.

So, wie in dem Hollywood-Film *Ein unmoralisches Angebot*, wo Woody Harrelson Demi Moore für eine Million Dollar für eine Nacht an Robert Redford verkaufte, so wollte jüngst auch ein deutscher Ehemann seine Frau im Fernsehen für 100 000 Mark die Nacht „ausleihen" – nur die öffentlichen Proteste hinderten den Privatsender an der Ausstrahlung des Angebots.

Frauen sind das verkaufte Geschlecht. Seit 4 000 Jahren. Was nicht heißt, dass sich das nicht auch wieder ändern könnte.

Schweden ist jetzt auch in diesem Bereich als erstes Land der Welt in die Offensive gegangen. Seit Jahren läuft in Schweden eine öffentliche Aufklärung zur Ächtung der Prostitution. Resultat: 76 % aller SchwedInnen sind heute für das Verbot der Prostitution – darunter 70 % aller Männer! Resultat: Schweden hat, gemessen an der Bevölkerungszahl, heute nur noch relativ ein Zehntel so viele Prostituierte (und Freier) wie Deutschland. Vor diesem Hintergrund konnte das schwedische Parlament Anfang 1999 ein Gesetz erlassen, das erstmals wirklich an die Wurzel des Übels geht: Es bestraft nicht die Prostituierten, sondern die Freier. Denn, so die Begründung: „Nicht die Ware schafft den Markt, sondern die Nachfrage. Wenn wir wirklich die Prostitution abschaffen wollen, müssen wir die Nachfrage nach der Ware Sex bekämpfen."

Auf das Hohngelächter im Ausland reagierte die schwedische

Regierung gelassen mit dem Hinweis, auch das Männerrecht auf Prügelstrafe für Frauen und Kinder sei bis vor kurzem für gottgegeben gehalten worden. Und: Auch die Sklaverei schien noch vor gar nicht langer Zeit unabänderliches Schicksal zu sein und ist dennoch heute abgeschafft. Auch beim Kampf gegen die Sklaverei waren es im 19. Jahrhundert die Frauen, die als Erste auf den Barrikaden standen - warum sollten wir es also im 21. Jahrhundert nicht schaffen, die Prostitution abzuschaffen?

Das schwedische Gesetz *Kvinnofrid* (Frauenfrieden) bedroht den „Kauf von sexuellen Dienstleistungen" mit einer Strafe von bis zu sechs Monaten Gefängnis. Im ersten Jahr landeten rund 60 Freier auf den schwedischen Polizeiwachen. Sie wurden bisher nur mit Geldbußen bestraft. Der Stockholmer Kommissar Anders Gripenlov: „Unter den Angezeigten waren alle Berufe, vom Bauarbeiter bis zum Firmenchef. Die meisten sind verheiratet. Die Zeitungen berichten über die Verhandlungen, und die Öffentlichkeit spricht darüber. Viele betteln, wir mögen die Vorladung doch lieber an ihre Arbeitsstelle schicken - das lehnen wir ab. Manche laden wir auch mehrfach vor, das merkt dann die Ehefrau garantiert."

Für den Stockholmer Kommissar ist Prostitution schlicht „unmoralisch". Doch er sagt: „Wir gehen davon aus, dass wir mindestens noch 20 Jahre brauchen, bis wir es geschafft haben. Das heißt, ganz abschaffen können wir die Prostitution natürlich nicht - genauso wenig wie die Schwerstkriminalität."

Es ist nun schon über 50 Jahre her, dass die UNO ihre Konvention „zur Verfolgung von Menschenhandel und Ausbeutung der Prostitution anderer" 1949 um folgenden Passus ergänzte: „Prostitution und ihre Begleiterscheinungen wie Menschenhandel sind mit der Würde und dem Wert des Menschen unvereinbar." Diese Erklärung wurde von allen UNO-Ländern unterzeichnet, auch von Deutschland. Zeit, dass sie eingelöst wird.

Denn Prostitution ist nicht nur ein Verstoß gegen die Menschenwürde, sondern sie belastet auch das Verhältnis zwischen Männern und Frauen. Prostitution degradiert Frauen zur Ware und Männer zu Freiern. Sie zementiert das Machtverhältnis zwischen den Geschlechtern. „Das Schlimme ist noch nicht einmal der Sex", hat einmal eine Prostituierte gesagt. „Das Schlimme ist, dass man ihnen immer Recht geben muss. Egal, was für einen Unsinn sie erzählen, du musst dazu nicken." Immer Recht haben. Machen können, was man will. Der Boss sein. Männer kaufen bei Prostituierten nicht Sex, sondern Macht. Er zahlt, sie liefert. Und auch noch die Peitschenhiebe sind bestellt.

Solange das Freiertum gesellschaftlich akzeptiert ist, werden alle Frauen zur Sache. Die Tatsache, dass ein Mann die Erfahrung gemacht hat - oder auch nur machen könnte -, dass er für Geld das Recht auf den Körper und die Seele eines anderen Menschen kaufen kann, prägt und korrumpiert zwangsläufig das Verhältnis fast jeden Mannes zu jeder Frau. Nicht nur die Frauen müssen darum ein Interesse an der Abschaffung der Prostitution haben, sondern auch all diejenigen Männer, die diese unmenschlichen Verhältnisse zwischen den Geschlechtern nicht mehr wollen.

„A sex symbol becomes a thing. I hate being a thing." Das hat Marilyn Monroe gesagt, die ein Leben lang so verzweifelt um ihre Würde gekämpft hat.

Frauenmord – das Hassverbrechen

Die Empörung ist groß. Drei Tote. Eine Türkin, ihre Tochter und ihr Sohn. Verbrannt. Vier Jahre nach Solingen. Der damalige fundamentalistische Präsident der Türkei, Erbakan, protestiert prompt gegen die „antiislamische Stimmung in Deutschland“. Gutmeinende schlagen die Gründung eines *Forums gegen Rassismus und Fremdenfeindlichkeit* vor. Die *taz* prangert „das geistige Klima“ an, „das die Täter treibt“. Und nach dem Besuch am Tatort Krefeld stellt eine *taz*-Reporterin die anklagende Frage: „Warum sind die Opfer immer wieder Türken?“

Vier Tage später ist die Erleichterung groß. Falscher Alarm. Die drei Toten in Krefeld sind gar nicht als Türken verbrannt worden, sondern nur als Frauen und Kinder; sie sind nicht Opfer politischer Gewalt, sondern nur Opfer privater Gewalt. Es war kein Skinhead, sondern nur der Familienvater, der seine Frau und Kinder ermordet hat. Motiv: Die Frau wollte sich scheiden lassen. „Nicht Ausländerfeindlichkeit, sondern eine Familientragödie ist offenbar der Hintergrund des Brandanschlages von Krefeld“, meldet die *Süddeutsche Zeitung* erleichtert auf Seite 1. Kein Ausländerhass – Frauenhass. Kein politischer Skandal, sondern nur eine „Familientragödie“ und Meldung für die Seite *Vermischtes* also.

Doch: Warum sind die Opfer immer wieder Frauen?

Im Oktober 1992 startete *EMMA* die Kampagne *Stoppt den Frauenhass!* Auslöser war Angelika Bayer, deren Leiche eines Tages im Gebüsch nur 50 Meter entfernt von der *EMMA*-Redaktion lag. Die später als „attraktiv“ und „selbstbewusst“ geschilderte Frau, von Beruf Betriebswirtin mit dem Hobby Karate, war mitten im Zentrum, einen Steinwurf entfernt vom Dom und *WDR*, nachts um eins Opfer eines Sexualmörders geworden. Der tötete auch danach weiter (identifiziert an seinen „besonderen Perversionen“) und ist bis heute nicht gefasst worden. Angelika Bayer hat mit ihrem Leben bezahlt, dass sie an diesem regnerischen Samstagabend fünf Minuten vor ihrem Freund zum Auto gegangen war.

Sie war die eine Leiche zu viel. Sie gab den Anstoß zur *EMMA*-Kampagne, in deren Verlauf Erstaunliches ans Tageslicht kam. In dem Jahr waren in Deutschland ein Dutzend „Fremdenhassmorde“ begangen worden, wie die Zeitungen meldeten. Also Morde mit dem Motiv Fremdenhass. Das wusste man so genau, weil auf das Anfang der 90er Jahre im vereinigten Deutschland hochwallende Klima von Fremdenfeindlichkeit sehr rasch reagiert worden war: die Medien berichteten; tausende von Menschen demonstrierten, hielten Mahnwachen und bildeten Lichterketten; und Polizei wie Justiz führten innerhalb kürzester Zeit den Begriff „Fremdenhass“ in ihre Arbeit und ihre Statistiken ein.

Im gleichen Jahr appellierte *EMMA* an ihre LeserInnen, alle erreichbaren Zeitungsberichte zu schicken über Frauen, die getötet worden waren, weil sie Frauen sind: vom „Lustmörder“, beim „Eifersuchts-“ oder „Familiendrama“. Die Zeitungsschnipsel erreichten uns aus dem ganzen Land. Wir machten uns ans Zählen und Schätzen und filterten heraus: Allein 1993 waren in Deutschland etwa 800 Frauen mit dem Motiv „Frauenhass“ getötet worden (von insgesamt rund 1200 getöteten Frauen).

Da sticht einer „im Blutrausch“ 35-mal auf seine Frau ein. Ein Zweiter tötet „aus Ehefrust“. Ein Dritter gar aus „Uneigennutz und Altruismus“, wie die *FAZ* mitfühlend meldet: „Der Angeklagte wollte seine Freundin davor bewahren, von ihrem früheren Mann weiter gequält und gedemütigt zu werden.“ Ein Vierter überfährt seine von ihm getrennt lebende Frau mit dem Auto, weil er dachte, „sie könne der Prostitution nachgehen. Darüber war er, der sie immer noch liebte und zurückzugewinnen hoffte, in Wut und Zorn geraten“, berichtete die *Süddeutsche Zeitung* einfühlsam. Ein Fünfter regelt die „Ehescheidung mittels Pistole“, wie die *Stuttgarter Nachrichten* forsch titeln. Und ein Sechster schlägt und würgt seine Tochter, weil sie ihn mit ihren „Provokationen gereizt“, nämlich beim Ehestreit zur Mutter gehalten hatte: „Die 40-jährige Ehefrau nahm gegen seinen Willen die Pille und wollte nicht immer, wenn ihm danach war, mit ihm schlafen" (*Weser Kurier*).

Wir rechneten nach. Das Motiv Frauenhass war also 70-mal tödlicher gewesen als das Motiv Fremdenhass. Ein Dutzend Fremdenhass-Opfer, über die zu Recht Empörung herrschte, gegen etwa 800 Frauenhass-Opfer, über die niemand sprach. So sensibel beim Fremdenhass reagiert wird, so gleichgültig lässt der Frauenhass.

Die Medien alarmieren nicht, die Gutmenschen gründen keine Runden Tische, und Polizei und Justiz haben bis heute den Begriff „Frauenhass" nicht in ihre Arbeit eingeführt. Und das, obwohl die Dimensionen der Männergewalt gegen Frauen längst kein Geheimnis mehr ist und auch so manchen PolizistInnen und JuristInnen Kopfzerbrechen macht. Und schon gar kein Geheimnis sind die Täter: Männer – und meist den Opfern bekannte Männer. Je besser eine Frau einen Mann kennt, umso gefährlicher ist er für sie.

So vermeldeten die von der Verfassungsgerichtspräsidentin mit herausgegebenen *Schriften zur Gleichstellung der Frau* im Jahr 2000: „Wenn Frauen Opfer von Gewalt werden, sind sie am häufigsten Opfer eines ihnen bekannten, mit ihnen verwandten, mit ihnen zusammenlebenden Gewalttäters. Der soziale Nahraum als vermeintlicher Schutzraum stellt sich damit als einer der gefährlichsten Bereiche für eine Frau dar." In der Tat: Bei mindestens drei von vier getöteten Frauen ist der Täter mit dem Opfer verwandt oder bekannt. Und über 90 % aller Sexualmorde werden an Frauen oder Mädchen begangen. Die Angelika Bayers dieser Welt sind also in ihrer eigenen Wohnung noch bedrohter als auf der nächtlichen Straße.

Frauenmord ist jedoch nicht nur die reale Konsequenz des allgegenwärtigen Frauenhasses, er ist auch ein Mythos. Der Frauenmörder ist ein in Literatur und Kunst mystifizierter Held, und seine Taten werden einfühlsam von den Medien analysiert. Das bringt die Frauen zum Zittern – und die Männer zum Beben. Fast ein jeder kann sich irgendwie einfühlen in den „verlassenen" und „in seiner Mannesehre gekränkten" Ehemann oder den nicht mehr zu haltenden „Lustmörder" und „Triebtäter" (der meist eine kalte und herzlose Mutter hatte). Hier nur vier Beispiele von vielen aus den letzten

Jahren: die „Gattinnenmörder“ Pastor Geyer und Dieter Witt sowie die „Lustmörder“ Wolfgang Schmidt (der „rosa Riese“) und Jack Unterweger, Zuhälter.

Der Fall Geyer-Iwand. Pastor Geyer war nicht irgendein Pastor. Er war Aktivist der Friedensbewegung, Ex-Leiter der *Aktion Sühnezeichen* und verheiratet mit der Tochter einer der führenden Köpfe der Bekennenden Kirche. Seine Frau Veronika war Lehrerin und zuletzt Bürgermeisterin ihres Heimatortes, die permanenten Affären ihres Mannes hatte sie lebenslang hingenommen. Wollte sie sich an diesem 25. Juli 1997 von ihm trennen? Was auch immer der Auslöser war: Ihr Mann hat ihr mit sieben Hieben den Schädel so eingeschlagen, dass ein Ohr abgetrennt, ihr Gesicht völlig zerschmettert und Augen und Hirn in den Kopf getrieben wurden. Hier hat nicht einer getötet, hier hat einer vernichtet, platt gemacht. Noch in der Nacht nach der Tat legt sich Pastor Geyer mit einer seiner Geliebten ins halb leere Ehebett, die Kinder sind nebenan. Am darauf folgenden Tag treibt er es mit einer weiteren Geliebten im Auto.

Der Mann ist nicht etwa wegen Mordes zu lebenslänglich, sondern wegen „Totschlags“ verurteilt worden, zu acht Jahren Gefängnis. Und selbst das war knapp. Die Berichterstattung hatte ihn quasi schon freigesprochen, genauer: die Berichterstatterinnen. „Sie reizte, beleidigte und provozierte den leicht kränkbaren, auf Erfolg und Anerkennung angewiesenen Mann“ (Jutta Voigt in der *Woche*). „Sie war die Dominante“ (Bascha Mika in der *taz*). „Hat sie ihn durch eine ‚permanent ausgespielte Überlegenheitsrolle‘ wieder und wieder verletzt?“ (Gisela Friedrichsen im *Spiegel*). Und in Geyers Zelle stapelten sich die Liebesbriefe und Heiratsanträge. – Je grausamer die Tat eines Mannes gegen eine Frau, umso grotesker scheint das Bedürfnis anderer Frauen nach Verdrängung zu sein: Die ja – aber ich doch nicht.

Der Fall Witt. Es geschah kurz vor Weihnachten im Jahre 1990. Seine Frau Ursula soll ihn im betrunkenen Zustand geweckt und „faule Sau“ und „fettes Schwein“ gebrüllt haben. Der Täter ist der einzige Zeuge. „Da packte ich sie am Hals, um sie zur Besinnung zu bringen.“ Dabei erwürgte der Zwei-Zentner-Mann die zierliche Frau und berief sich später auf „Notwehr“. Der gelernte Koch und Metzger ließ die Leiche drei Tage liegen und portionierte sie sodann in der Badewanne. Die einzelnen Leichenteile verscharrte er im Stadtwald, der Kopf tauchte nie mehr auf.

Erst zwei Jahre später entdeckten spielende Kinder die Überreste von Ursula Witt - ihr Verschwinden war niemandem aufgefallen (so isoliert war die Frau). Witt gesteht. ZeugInnen schildern ihn als „schwachen, gutmütigen Kerl", und sie als „Xanthippe", die ihn sogar mal als „Schlappschwanz" beschimpft haben soll - „verletzte Männerehre", leicht tödlich für eine Frau.

Witt wird nicht wegen Mordes verurteilt. Auch nicht wegen Totschlags. Er erhält drei Jahre Gefängnis für „Körperverletzung mit Todesfolge". Kommentar des Richters: „Der Mann ist auch Opfer. Er wollte lediglich seiner erlittenen Demütigung Ausdruck geben." Zwei Jahre nach der Tat ist er wieder auf freiem Fuß. - Gegen das Urteil gab es keine Proteste. In dem Prozess saß nicht eine einzige Feministin, zur gleichen Zeit marschierten ganze „Frauenblocks" bei Demonstrationen gegen Fremdenhass mit.

Der Fall „rosa Riese". Zwischen dem 25. Oktober 1989 und dem 5. April 1991 tötete Wolfgang Schmidt aus Beelitz fünf Frauen, drei weitere entkamen. Er hat die Frauen erschlagen, erwürgt und erstochen und sodann geschändet. Und ganz nebenher hat er auch noch dem Baby eines seiner wimmernden Opfer den Schädel auf einem Baumstumpf zertrümmert.

Als der Täter über ein Jahr später vor Gericht stand, hatte er bereits zahllose Gespräche mit Gutachtern und Anwälten hinter sich. Am ersten Verhandlungstag sagte Schmidt, er habe die Frauen „aus Hass auf meine Mutter" getötet, denn die habe den kleinen Wolfgang „nicht verstanden" und „abweisend behandelt". Am zweiten Tag erklärte Schmidt, er habe Frauen „aus Lust wie im Sexualrausch" ermordet. Damit hatte der Täter die beiden zentralen Verteidigungsstrategien eingeschlagen: 1. Meine Mutter ist schuld. 2. Ich konnte nicht anders.

Spiegel-Gerichtsreporterin Gisela Friedrichsen, seit Jahren in der Nachfolge von Gerhard Mauz spezialisiert auf mitfühlendes, psychologisierendes Verständnis der Frauenmörder und Ignorieren ihrer Opfer, widmete dem „rosa Riesen" fünf Seiten und seinen sechs Opfern, inklusive den weiteren, knapp Entkommenen, fünf Zeilen. Dass der Ex-Hauptwachtmeister Schmidt aus Beelitz von der Volkspolizei unehrenhaft entlassen worden war, weil er am 20. April mit „Kameraden" Hitlers Geburtstag gefeiert hatte, dass er ein Waffennarr war und aus der CDU austrat wg. zu lascher Ausländerpolitik, obwohl „die Fidschis uns platt machen", all das war im *Spiegel* nicht zu lesen. Dabei wäre doch gerade in diesem Fall die Verbindung von Frauenhass und Fremdenhass hochinteressant gewesen.

Wolfgang Schmidt wurde nicht zu lebenslänglich verurteilt, sondern als „vermindert schuldfähig" nur zu 15 Jahren Gefängnis. Er hatte bereits ein Jahr später Freigang, obwohl er selber gesagt hatte, er wisse nicht, ob er „bei einer Begegnung mit einer Frau standhalte". Bei einem seiner Freigänge wurde der Mörder von Journalisten beim Kauf von Pornomagazinen beobachtet. Schmidt darf auf das übliche Drittel Begnadigung hoffen. Während der Therapie rang sich der Frauenmörder übrigens zu seiner „weiblichen Identität" durch. Die „Bestie von Beelitz" trägt jetzt Frauenkleider und möchte mit „Beate" angesprochen werden. Der zwanghafte, extrem enthemmte und brutalisierte Mörder kann schon im Jahr 2002 wieder frei sein – womöglich auch noch als „Frau". Schmidt ist dann 36 und hat noch viel Zeit.

Der Fall Unterweger. Am 28.6.1994 wird in Graz Jack Unterweger wegen vierfachen Mordes zu lebenslänglich verurteilt. Immerhin. Er begeht wenig später Selbstmord in der Zelle. Unterweger hatte eine beispielhafte Karriere als Lustmörder hinter sich. Zum ersten Mal mordete der Zuhälter 1974. Damals lockte er eine 18-Jährige in sein Auto und folterte und erwürgte sie. Er bekam lebenslänglich und wurde 1990 vorzeitig aus der Haft entlassen. Denn inzwischen war der Mörder zum Bestseller-Autor avanciert. In einem Sozialkitschporno mit dem Titel *Fegefeuer oder die Reise ins Zuchthaus* hatte Unterweger sein Leben ausgebreitet und einen Zusammenhang zwischen seinen „Leiden" und seinen Tätern suggeriert: „Sie war allein. Meine Schwanzstöße zuckten wie rasende Messerstiche in ihr Arschloch, weil sie die Regel hatte. Sie begann zu schreien, ich tobte weiter, vor Augen den spuckenden Chef und die Hand in der Uniform, die mich schlug."

Vier Jahre später steht Unterweger erneut vor Gericht. Jetzt ist er des Mordes an elf Frauen angeklagt. Elf Prostituierte, alle vermutlich mit schweren Anus-Verletzungen (die Leichen waren zu verwest, um sicher zu sein) und alle erdrosselt. Und alle immer an Orten ermordet, wo Unterweger gerade für den ORF recherchierte, Thema: die *Angst am Strich.*

In den Jahren auf freiem Fuß war Unterweger in der Wiener Schickeria und Intelligenzia von Salon zu Salon gereicht worden. Ganz Wien wispert sich die Namen seiner bekannten, auch intellektuellen Liebhaberinnen zu. „Es ist eine schreckliche Tatsache, dass mit Hilfe der Transzendenz und einer literarischen Fiktion der Folter und Zerstörung der Frau im Sadismus zu grauenhafter politischer Normalität verholfen wurde", schrieb die Wiener Schriftstellerin Marlene Streeruwitz über den Fall Unterweger. Sie ist eine der wenigen, wenn nicht die einzige österreichische Intellektuelle, die sich kritisch äußert über den gestolperten Society-Liebling.

Die Fiktion war nicht nur im Fall Unterweger von Anbeginn an eng verknüpft mit der Realität. Das kulturelle Ur-Modell des modernen Lustmörders ist der Marquis de Sade (1740-1814). Er formulierte als Erster die Philosophie, nach der Erniedrigung, Folter und Mord höchste Lust und Grenzüberschreitung, eben Transzendenz des Menschen zum quasi Göttlichen sei. Des männlichen Menschen. De Sade machte sich nicht nur in seinen Schriften zum Herrn über Leben und Tod („Oh! Welche Tat ist so wolllüstig wie die Zerstörung. Keine Ekstase gleich derjenigen, die wir erfahren, wenn wir uns dieser göttlichen Infamie hingeben."). Der französische Adelige wurde für seine Taten, die Folterung und Ermordung von Frauen, in die Bastille geworfen.

Was den modernen Mann bis heute nicht hinderte, sich wolllüstig schaudernd auf de Sade zu berufen. Zu Recht. Denn er verdankt diesem Adeligen die Profanisierung und Demokratisierung eines Privilegs, das einst nur der Elite vorbehalten war: die Entscheidung über Leben und Tod, die für den kleinen Mann allerdings nur bei weiblichen Opfern gilt. Er nimmt dieses Privileg vor allem dann in Anspruch, wenn er nervös wird, der Mann. Nicht zufällig machte Jack the Ripper zu den Bestzeiten der Suffragetten Furore, und feierte die künstlerische und literarische Avantgarde die Lust am Frauenmord in den emanzipierten 20er Jahren. Kurze Zeit später sollte dann ein noch stärkerer Männerbund das Recht über Leben und Tod über die Frauen hinaus noch ein bisschen erweitern ...

Ebenso wenig zufällig tauchte Mitte der 70er Jahre in Amerika und, wie üblich, etwas später auch in Europa eine neue Variante des „Lustmörders“ auf: der Serienkiller. Die Kultur-Avantgarde hatte ihm den Boden bereitet. Zum Beispiel die Beatniks mit ihren „apokalyptischen Orgasmen“, wie sie Norman Mailer in seinem Roman *Barbary Shore* beschreibt: „Er nannte verschiedene Teile ihres Körpers und beschrieb, wie er dies aufreißen und jenes drücken würde, hier essen und da ausspucken, wild drauflosmetzgern und fein schneiden, aufschlitzen, kasteien und herausreißen würde ...“ Den Massenmörder, genannt der *Würger von Boston,* verewigten die *Rolling Stones* als *Midnight Rambler.* Mick Jagger kokettierte bei seinen Auftritten in blutrotem Licht mit der „Reinkarnation von Jack the Ripper“. Der Österreicher Falco brauchte noch 20 Jahre, bis er dann mit *Jeanny* einen Frauenmord zum deutschen Disco-Hit machte.

Auch die genüsslich allabendlich im Fernseh-Krimi zelebrierten Frauenmorde haben ihre Funktion. Jeder zuschauende Mann kann sich mit dem (männlichen) Mörder oder dem Kommissar identifizieren - jede zuschauende Frau muss sich mit dem (weiblichen) Opfer identifizieren (darum ist es so gut, dass es endlich auch Kommissarinnen gibt). Eine Umfrage ergab: 52 % aller Frauen haben beim Fernsehen oft „starke Angst und Beklemmungen“. Und genau so ist es auch gemeint. Wir Frauen sind nicht alle Opfer eines Frauenmörders - aber wir könnten es alle werden.

Auf dem Schlachtfeld des Geschlechterkrieges, dieses längsten und nie erklärten Krieges der Menschheitsgeschichte, haben Vergewaltiger und Lustmörder eine zentrale Funktion. Vergewaltiger sind, so hat es Susan Brownmiller in *Gegen unseren Willen* formuliert, die „Stoßtrupps, die terroristischen Guerrillas“. Und die Lustmörder sind die Elitetruppe: Sie sind die SS des Patriarchats.

Als ich 1977 zum ersten Mal über die politische Bedeutung der Sexualmörder und ihre komplizenhafte Behandlung durch Richter,

Gutachter und Journalisten schrieb, da gab ich meinem Text in *EMMA* den Titel *Männerjustiz*. Denn bei meiner Analyse zahlreicher Urteile gegen die vielen Frauenmörder und die raren Männermörderinnen stellte sich heraus, dass Justitia mit zweierlei Maß maß und auf dem Männerauge ganz und gar blind war. Nur wenn eine Frau zum Schutz ihrer Kinder den Haustyrann umbrachte, der so genannte „Tyrannenmord", konnte sie auf Gnade hoffen. Ansonsten hieß es: lebenslänglich – und das bedeutet bei Frauen oft über 20, 25 Jahre (auch bei der Begnadigung spielt das Geschlecht eine Rolle).

Seither lese ich die Zeitungen anders. Ich weiß, wie tödlich seine „gekränkte Männerehre" und ihre „Herrschsucht" sein können. Und ich weiß genau, wie es lautet, das quasi sichere Rezept zum (fast) straffreien Frauenmord: Erst mal kräftig einen antrinken („verminderte Schuldfähigkeit" – ein gesetzlicher Männerbonus, der erst vor wenigen Jahren gestrichen wurde) und später dem Richter klarmachen, wie sie mal wieder genervt, ja dass sie sogar „du Schlappschwanz" gesagt hat und überhaupt sehr „dominant" war. Und dann sah ich rot, Herr Richter, ich erinnere mich an nichts mehr, es kam irgendwie über mich ...

Als ich damals meine Analyse in Anspielung auf die gesamtgesellschaftliche durchaus als Problem wahrgenommene „Klassenjustiz" eben Männerjustiz nannte, da glaubte ich, die Erste zu sein, die diesen Begriff prägte. Erst 20 Jahre später entdeckte ich, dass auch die erste deutsche Juristin und führende Feministin Anita Augspurg bereits die „Männerjustiz" benannt hatte. Und das ist nur ein Beispiel von vielen dafür, wie wir Frauen immer wieder von vorn anfangen müssen.

Dank 25 Jahren Aufklärung und Protest gibt es inzwischen eine gewisse Sensibilisierung für die Gewalt gegen Kinder. Eltern ist das Schlagen „ihrer" Kinder seit dem Jahr 2000 endlich gesetzlich verboten. Und Sexualmorde an kleinen Mädchen sind nicht länger nur auf den Seiten *Vermischtes* oder in die sensationslüsternen Schlagzeilen der Boulevardpresse verbannt. Sie sind manchmal sogar eine Meldung in der *Tagesschau* wert.

So wie der Tod der 14-jährigen Schülerin Sabine W. aus Leverkusen. Sie wurde am Abend des 13. Oktober 1996 gefunden: missbraucht und erwürgt. Und nicht nur in Belgien gehen Eltern auf die Straße, auch in Bayern haben sie sich zum Schutz der Opfer zusammengetan. Die Empörung über die Sexualgewalt gegen Mädchen (und manche Jungen) ist endlich groß.

Nur: Was wäre gewesen, wenn Sabine 16 gewesen wäre? Also kein Kind mehr, sondern eine junge Frau? Dann wäre sie keine Nachricht in der *Tagesschau* gewesen, sondern ein Zehnzeiler in *Vermischtes*. Ein Frauenmord eben. Einer von ein paar Hundert im Jahr. Nichts, was erschüttert. Eher etwas, was peinlich ist.

Kein empörender Polizistenmord oder Fremdenmord, sondern nur ein etwas anstößiger Frauenmord. So eine Leiche mit zerrissener Unterhose. Nichts Politisches. Eher was Privates.

Männerjustiz – die Schauprozesse

Schauprozesse gab es immer schon, der Begriff jedoch kommt aus den einst kommunistischen Ländern. In deren Schauprozessen ging es weder um Gerechtigkeit noch um Recht, es ging um die Demonstration politischer Korrektheit – bzw. dessen, was von den Tonangebenden jeweils gerade dafür gehalten wurde. Und das ist in den Schauprozessen, von denen hier die Rede sein soll, nicht anders. Auch in ihnen geht es weder um Recht noch um Gerechtigkeit – was ja keineswegs immer dasselbe ist – sondern um Ergötzung des Volkes und die Belehrung des Weibervolkes.

Die Buchstaben des Gesetzes sind keineswegs in Granit gemeißelt. Sie sind keine steinernen Gottestafeln, sondern Gummiparagrafen. Ihr Ermessens- und Interpretationsspielraum ist groß. So eine Leiche, und besonders eine weibliche Leiche, ist nicht zwingend das Opfer eines „Mörders", wie wir gesehen haben. Die Tat kann von der Justiz nicht nur als „Körperverletzungsdelikt" eingestuft, das Verfahren kann sogar noch vor Eröffnung „mangels öffentlichem Interesse" eingestellt werden. Die Umstände sind eine reine Interpretationsfrage. Für denselben Vorgang könnte der eine Staatsanwalt auf „fahrlässige Tötung" (bis hin zum Freispruch) und der andere auf „Mord" (zwingend lebenslänglich) plädieren. Wie der Richter dann urteilt, das ist allerdings nicht nur eine individuelle, sondern auch eine gesellschaftliche Frage. Es ist, wie JuristInnen nachgewiesen haben, eine Frage des Zeitgeistes, selbst die Verfassung, diese Hüterin aller Gesetze, wurde in unterschiedlichen Zeiten unterschiedlich ausgelegt.

Hier soll aber nicht die Rede von Verfahren sein, die eingestellt wurden, sondern von besonders spektakulären Prozessen, die stattfanden – und wie sie stattfanden. Denn darauf kommt es an. In welchem Klima, wie und mit welchen Begründungen Urteile gesprochen wurden. Schauprozesse eben. Und die Rolle von Medien und Öffentlichkeit dabei.

Meine These ist: Solche Prozesse schreiben nicht nur Rechtsgeschichte, sie schreiben auch Sitten- und Geschlechtergeschichte. Ich möchte das an sechs Beispielen demonstrieren, die alle Teil (west)deutscher Mentalitätsgeschichte der Nachkriegszeit und, ab 1974, unübersehbar Reaktionen auf die Emanzipationsbewegung sind: 1. An dem Prozess gegen „das Flittchen", dem Verfahren gegen Vera Brühne 1962. 2. An dem Prozess gegen die „Lesben", dem Verfahren gegen Marion Ihns und Judy Andersen 1974. 3. An dem Prozess um die Vergewaltigung, dem Verfahren Burkhard Driest 1980. 4. An dem Prozess um den Gattinnenmord, dem Verfahren gegen Bubi Scholz 1985. 5. An dem Prozess um die Mütteremanzipation, dem Verfahren gegen Monika Weimar ab 1987. 6. An dem Prozess gegen die Abtreibung, dem Verfahren in Memmingen 1987/88.

Der Fall Vera Brühne. Ostern 1960 werden in einer Villa in Starnberg zwei Leichen gefunden: der Arzt Dietrich Schwarz und seine Haushälterin Elisabeth Huhn. Einen Monat später wird die Geliebte des Toten verhaftet, die in seinem Testament mit einer Villa in Spanien bedacht wurde: Vera Brühne. Sie wird beschuldigt, die Morde zusammen mit dem ihr „sexuell hörigen" Johann Ferbach begangen zu haben. Der Prozess findet 1962 statt.

Der *Kalte Krieg* ist auf dem Höhepunkt, und auch im Ehekrieg wird es kühler. *Bild* meldet, 60 % aller Frauen seien „unzufrieden" mit ihrer Ehe, und 81 % hätten „die Hausarbeit satt". Die gebrochenen Helden hatten nach dem Krieg erst einmal die Frauen, die in ihrer Abwesenheit „ihren Mann" gestanden hatten, aus dem Beruf vertrieben und sich dann an Wiederaufbau und Wirtschaftswunder gemacht. Ihre Kinder knallen ihnen Elvis, Twist und die Beatles um die Ohren, und die Töchter schlucken heimlich die Anti-Baby-Pille. Und Vater und Mutter? Die sind frustriert, sehr frustriert. Der Verkauf von Gartenzwergen und die Zahl der Ehescheidungen boomen. Es ist die Blütezeit von Spießertum und Doppelmoral.

Und dann kommt Vera Brühne. Zwischen Polizeiwagen und Gericht bahnt sich eine irritierend attraktive, stolze, beherrschte Frau den Weg durch die johlende Menge. Angeklagt nicht nur des

Doppelmordes, sondern auch des Doppellebens. Die Münchener Pensionswirtin soll eine „Lebedame“ sein und mit den frustrierten Wirtschaftswundermännern das Geld verprasst haben, das die Ehefrauen gar nicht erst zu Gesicht bekamen. - Es ist leicht, „so einer“ den Schwarzen Peter zuzuschieben.

Vera Brühne weist Anklage und Unterstellungen zurück. Die Indizienlage ist von Anfang an fragwürdig, extrem fragwürdig. Und schon damals wird das, was inzwischen als gesichert gilt, gemunkelt: Die Frau ist unschuldig, dahinter stehen ganz andere - Geheimdienste, Waffenhändler, und auch Franz-Josef Strauß hat die Finger drin. Den Ausschlag zu Brühnes Verurteilung gibt die Aussage ihrer eigenen Tochter, die eines Tages überraschend behauptet, die Mutter habe ihr den Mord gestanden.

Da nutzt es auch nichts, dass die „Zeugin der Anklage“, eine labile junge Frau, kurz darauf und noch während des Prozesses widerruft und erklärt, ein Reporter habe sie zu der Falschaussage gedrängt. Und auch nicht, dass die Tatzeit in Wahrheit eine ganz andere ist als zunächst behauptet, und Brühne für die echte Tatzeit ein Alibi hat. Nach 22 Prozesstagen, in denen Deutschland kein anderes Thema kennt als „die Hexe“, wird Vera Brühne zusammen mit ihrem „Komplizen“ zu lebenslänglich verurteilt. Er stirbt in der Zelle, sie wird nach 14 Jahren überraschend begnadigt - ganz kurz bevor das Wiederaufnahmeverfahren eröffnet werden kann, das ein Spezialist für Fehlurteile seit Jahren betrieben hatte. Zu dem Zeitpunkt ist Vera Brühne 68 Jahre alt.

23 Jahre später, im Jahr 2000, sendet der *WDR* eine Dokumentation, die Brühnes Unschuld und die Rolle der Geheimdienste, Waffenhändler und von Franz-Josef Strauß grell und unmissverständlich beleuchtet. Vera Brühne hat 16 Jahre lang unschuldig im Gefängnis gesessen.

Die Lektion für alle aus dem Schauprozess Vera Brühne lautete damals: So was kommt von so was. Eine Frau, die so freizügig lebt, die ist gefährlich. Hütet euch, ihr Frauen und Männer. Wer sich mit der einlässt, gerät in „sexuelle Hörigkeit“ oder wird gar umgebracht. Von der Hexe. Da ist es doch immer noch besser, ein treuer Ehemann bzw. eine frustrierte Hausfrau zu sein.

Der Prozess gegen Marion Ihns und Judy Andersen. Die beiden Frauen sind geständig. Sie hatten den Ehemann von Marion Ihns durch einen Auftragsmörder umbringen lassen. Andersen, eine Dänin und von Beruf Kranführerin, und Ihns, Hausfrau und „mithelfende Familienangehörige“ im Gemüsegeschäft ihres Mannes, hatten eine Liebesbeziehung.

1974. Die Frauenbewegung ist in aller Munde. Sie geht auf die Straße gegen den § 218; zu ihren Veranstaltungen kommen Tausende; die erste Zeitung für lesbische Frauen erscheint; und das Gemunkel über „die neue Zärtlichkeit“, die Liebe zwischen Frauen, geht los. Lesbische Frauen bekennen sich - und heterosexuelle Frauen finden das interessant.

In diesem Klima findet in Itzehoe der Prozess gegen Marion Ihns und Judy Andersen statt. Das einstige Paar sitzt auf der Anklagebank, getrennt durch die Anwälte, und würdigt sich keines Blickes mehr. Judy, eine zarte Person mit großen hellen Augen, knabenhaftem Haarschnitt, Hosen; Marion, weiblich rundlich, dunkle Locken, Kleid. Das Urteil ist noch nicht gesprochen, die Liebe zwischen den beiden aber ist schon abgeurteilt.

Es ist nicht nur die Tat, die auf ihnen lastet, es ist auch der Umgang mit ihrer Liebe. Für alle, für Richter, Journalisten und Öffentlichkeit, ist klar: Judy, das Mannweib, hat Marion, das Weibchen, verführt. Der unvermeidliche *Spiegel*-Reporter Gerhard Mauz geht so weit, über Andersen zu schreiben, sie sei schon von der „körperlichen Konstitution her“ zum Lesbischsein bestimmt, mit ihrem „männlich“ kurzen Haar und dem „zwergenhaften Mopsgesicht“. Und Marion, das Vollweib? Die heischt um Vergebung, häkelt in der Zelle und betet den Rosenkranz.

Die Presse überschlägt sich. Allen voran *Bild*, die entdeckt hat: „Wenn Frauen nur Frauen lieben, kommt es oft zu einem Verbrechen“ und titelt: „Liebe und Hass der lesbischen Frauen“ oder „Vater des Toten verflucht lesbische Frauen.“ Doch auch der so genannten seriösen Presse fällt nicht viel anderes ein. Obwohl es eigentlich bei Mordprozessen - spätestens seit 1967, seit Jürgen Bartsch, der vier Jungen folterte und ermordete - in der anspruchsvolleren Gerichtsberichterstattung längst üblich ist, nicht länger Hängt-den-Dieb! zu brüllen, sondern psychologisch einfühlsam auch nach den Motiven und Prägungen des Täters zu fragen. Aber eben des Täters. Nicht der Täterin.

Dabei hätte es gerade bei Ihns/Andersen so einiges zu erzählen gegeben. Judy Andersen war im Alter von vier Jahren zum ersten Mal vergewaltigt worden. Marion Ihns, Tochter einer allein stehenden Näherin, die für ihre vier Kinder nebenher „anschaffen" ging, war mit neun Jahren zum ersten Mal missbraucht worden. Dem folgte eine klassisch-weibliche Leidensgeschichte: von Männern benutzt, erniedrigt, geschwängert; vom saufenden Ehemann geschlagen und vergewaltigt. *Bild* mitleidig über Herrn Ihns: „Auch seine häufigen Trinkereien werden plötzlich verständlich. Er musste sich einen Rausch antrinken, um sich mit Gewalt holen zu können, was ihm ‚von Rechts wegen' zustand." – Tja, so tönte das damals noch.

Die Beziehung zwischen ihnen war für beide Frauen die erste wirkliche Liebesbeziehung ihres Lebens gewesen. Vor Gericht werden nicht nur die Details der Tat, sondern auch die Details dieser Liebe ausgebreitet. Liebesbriefe, die ohne jeden Tatzusammenhang sind, werden vor der sensationslüsternen Öffentlichkeit verlesen. Sätze wie dieser: „Jedes Mal wenn du anrufst, kehrt Leben in mich zurück", werden vom Beisitzer in dem Stil vorgetragen: „Glaubeanmichpunkt, Geliebteausrufungszeichen, auchwieichandichglaubepunktdeinemaus." Das Drama verkommt zur Klamotte.

Am 9.2.1974 werden beide, Marion Ihns und Judy Andersen, wegen Mordes zu lebenslänglich verurteilt.

Zur gleichen Zeit berichtet der Berliner *Tagesspiegel* über einen Prozess gegen einen 26-jährigen Mann, der seine Frau erwürgt hatte: „Im Prozess wiederholte er, dass er von der Frau, bei der später ein Blutalkohol von rund 2,4 Promille ermittelt worden war, durch neue Sticheleien in seiner Mannesehre aufs schwerste gekränkt und gereizt worden sei. Die lange aufgestauten Affekte hätten sich schließlich, so hieß es in dem psychiatrischen Gutachten, in einem Affektsturm entlastet. Auch der Staatsanwalt äußerte die Überzeugung, bei dem zutiefst gekränkten Mann seien ‚alle Sicherungen durchgebrannt'. Er ließ die Totschlagsanklage fallen und beantragte zwei Jahre Freiheitsstrafe mit Bewährung wegen Körperverletzung mit Todesfolge."

Der Berliner Gattenmörder ging nach Hause, die Verantwortlichen für den Auftragsmord gingen lebenslänglich ins Gefängnis. Sie konnte keiner „kränken“, sie hatten gar keine Ehre.

Einen Unterschied allerdings gab es in diesem Schauprozess zu dem gegen Vera Brühne: Es gab Widerspruch! Frauen sprengten die Verhandlung mit dem Transparent: „Die Mordanklage ist Vorwand – am Pranger steht die lesbische Liebe.“ Und 144 Journalistinnen plus 44 Journalisten protestierten beim *Deutschen Presserat* gegen die „Verurteilung lesbischer Liebe, Zementierung von Vorurteilen und Herabwürdigung aller Frauen“. Der *Presserat* rügte.

Der Fall Burkhard Driest/Monika Lundi. Bei gemeinsamen Dreharbeiten in Los Angeles übernachteten Burkhard Driest und seine Kollegin Monika Lundi zusammen mit Kollegen im selben Haus. Der Ex-Knacki und Bekennungsliterat mit dem Brutalo-Charme (*Die Zeit* sechs Jahre zuvor: „Ein attraktiver Brutalinski, dem nachts im Park nur begegnen möchte, wer ernsthaft interessiert ist, vergewaltigt zu werden.“) und die „süße Blondine“ aus den Trallala-Filmen. Driest fiel nach Aussagen von Lundi morgens um fünf über die Schlafende her: „Du Fotze! Ich fick dich! Du bist die Erste, die nicht mit mir will.“ Und später, nach der Tat am Telefon: „Du bist 'ne Frau, die das braucht. Das weißt du nur selber noch nicht.“

Das Krankenhaus, in das Lundi sich wenige Stunden später schleppt, erstattet Anzeige. Die von den Ärzten gemachten Fotos zeigen: gerissene Lippen, ein geschwollenes Gesicht, einen mit Prellungen übersäten Körper, Schnitte im Bauch, starke Blutungen und faustgroße Kahlstellen am Kopf von ausgerissenen Haaren. Der Prozess findet im Februar 1980 in Amerika statt. Driest verteidigt sich mit der Unglaubwürdigmachung des Opfers (hat Sex-Filme gedreht etc.) – und wird freigesprochen.

Die deutsche Presse begleitet den amerikanischen Prozess mit großem Hallo. Driest verkörpert den spätestens seit dem RAF-Anführer Andreas Baader in Mode gekommenen Zuhälterlook, Lundi ist die klassische „Blondine“.

Der Prozess findet zu einer Zeit statt, in der Feministinnen das Problem Vergewaltigung mit Wucht in die Öffentlichkeit gezwungen hatten. Susan Brownmillers *Gegen unseren Willen* war 1977 erschienen, die ersten Frauenhäuser waren überfüllt, die ersten Notrufe funktionierten, zu den Walpurgisnacht-Demonstrationen „gegen Männergewalt“ kamen Tausende. Da kam „die Affäre Lundi“ gerade recht.

Hier handele es sich wohl um „ein 100 000-Dollar-Missverständnis“ hämt der *Stern* (Lundi hatte nie Geld gefordert und auch nie welches bekommen). Die gesamte Berichterstattung hat den Tenor: Die ist ja hysterisch, die hat den gereizt, die will doch nur was von dem, Geld oder Rache - die Rache einer Abgewiesenen? Und auch für *Quick* ist klar, dass das Opfer schuld ist: „Sie reizte die Männer mit ihrem süßen Körper und engen Jeans. Jedoch jetzt gingen die Jeans in Fetzen.“ Eine Frau hat eben nicht das Recht, Nein zu sagen. So eine schon gar nicht.

Nur einer, von dem die Frauen das sonst gar nicht gewohnt sind, befleißigt sich dieses eine Mal eines gewissen journalistischen Anstandes: Gerhard Mauz. Er schreibt im *Spiegel*: „Die Berichterstattung über den Prozess gegen Burkhard Driest hat eine ‚Gewalt gegen Frauen‘, eine brutale und schmierige Einstellung zu dem Thema Vergewaltigung offenbart - nach der man sich dem Satz ‚Gewalt gegen Frauen ist eine Selbstverständlichkeit‘ nicht mehr entziehen kann.“

Übrigens: Burkhard Driest pflegt noch heute seinen, inzwischen etwas in die Jahre gekommenen, Zuhälter-Charme und veröffentlichte jüngst seine Memoiren. Und Lundi? Der hat die Sache schwer geschadet. Sie wird seit dem Prozess in der Branche mehr oder weniger geschnitten.

Der Fall Bubi Scholz. Von allen mir bekannten Schauprozessen ist der, so Steigerungen überhaupt möglich sind, der ekligste. Am 22. Juli 1984 erschießt der Boxer und Hobby-Scharfschütze Gustav (Bubi) Scholz nach 29 Ehejahren seine Frau Helga. Es passiert nachts, während eines Ehestreits, in dessen Verlauf Helga Scholz in die winzige Gästetoilette flüchtet und von innen abschließt. Nutzt nichts: Der Scharfschütze zielt mit seiner Flinte durch die Tür und trifft. Es handelte sich um eine Glastüre, hinter der sich Helgas Schattenrisse abzeichneten.

Durch die Medien geht ein Aufschrei des Mitleids. Nicht mit der

Toten, sondern mit dem Täter. *Quick*: „So brach das Herz eines Boxers." Die *Saarbrücker Zeitung*: „Vor Gericht macht Bubi eher den Eindruck eines Opfers denn eines Täters." Und Mauz im *Spiegel*: „Gustav Scholz ist sehr allein, (...) seine Frau ist tot."

Der Prozess findet 1985 statt. Fünf Jahre zuvor hatte *EMMA* die Zeichen der Zeit erkannt, einige Monate lang die Presse auf „Gattinnenmord" ausgewertet und war fündig geworden. Unter dem Titel „Bis dass der Tod euch scheidet" schrieb *EMMA* damals: „Es hatte sich fast jeden Tag eine entsprechende Meldung gefunden. Anlass für die versuchte oder vollzogene Tötung der Ehefrau, Verlobten oder Freundin war ausnahmslos die von ihm oder von ihr geplante oder durchgeführte Trennung gewesen. Sie wurden daraufhin mit Benzin übergossen und angezündet, mit dem Beil erschlagen, mit dem Messer erstochen, erwürgt, erdrosselt, erschossen." – Geplante Trennung? Darauf kommen wir noch.

Nach der Vergewaltigung in der Ehe war nun der GattInnenmord dran. Neun Täter auf maximal eine Täterin. Männermotiv: Emanzipation. 1983 meldet die Gerichtsmedizinerin Prof. Elisabeth Trube-Becker, auf deren Tisch die Leichen landeten, steigende Zahlen. Das Thema begann, virulent zu werden.

Helga Scholz hatte den Ex-Europameister im Mittelschwergewicht noch als Schülerin kennen gelernt. Im März 1969 schrieb die Frauenzeitschrift *Constanze* über die Ehe: „Sie ist nicht die Frau, die drängt, und er nicht der Mann, der sich drängen lässt", und zitierte dazu Helga Scholz mit den Worten: „Ich bin seine Angestellte. Er bestimmt ohnehin unser ganzes Leben."

Acht Jahre später, 1977, erklärt Bubi Scholz in einem *Playboy*-Interview: „Ich war sehr kalt im Kampf. Das klingt so, als hätte ich gar keine Aggressionen gehabt. Dabei bin ich sogar etwas jähzornig, aber sehr kontrolliert, wenn es um etwas geht. (...) So ist es im Geschäftsleben oder überhaupt im Leben auch: Man muss warten können, man darf nur den richtigen Zeitpunkt nicht verpassen." – Den hat er dann auch nicht verpasst.

Inzwischen hatte sich nämlich die Gewichtung in der Ehe Scholz verschoben. Der Ex-Europameister betrieb eine schlecht gehende Werbeagentur und seine Frau zwei gut gehende Parfümerien, mit denen sie die Familie ernährte. Das muss die Frau, trotz allem, selbstbewusster gemacht – und den Mann genervt haben. *Bild*: „So quälte Helga Bubi." Und für *Spiegel*-Mauz war die Ehefrau „kalt" und „schmallippig", mit einer „spitzen Zunge". Die Tat war kein Mord, sondern eine Art „Selbstmordversuch, so abhängig wie Gustav Scholz von seiner Frau war". Der Arme. Die Frau musste für ihn das Geld verdienen: „Sie hatte Erfolg und er nicht", schreibt die Presse. „Sie war Oberschülerin und er der Junge vom Kiez." „Sie rief ihn Bubilein" und „fuhr ihm ständig über den Mund". „Sie wollte vom Sex mit ihm nichts mehr wissen." Geschah ihr also nur recht.

Es wird Bubi „Zeit kosten, die Trunksucht zu überwinden und Trauerarbeit zu leisten. So könnte es Herbst werden, Winter gar, ehe Berlin sein Idol wiederhat", seufzt der *Spiegel*, für den „Bubi nicht hinter Gitter gehört – nicht für lange Zeit". Reporter Mauz läuft zur Höchstform in Sachen Verständnis unter Männern auf, er kennt den Täter besser als der sich selbst: „Gustav Scholz ist in seiner Aussage gerade dort unaufrichtig, wo er – auf den ersten Blick – fast unerträglich aufrichtig wirkt." Ach so, das versteht bestimmt auch der Richter. Denn: „Gestände er sich ein, was seine Ehe tatsächlich war – er gäbe nicht nur das Fiasko seiner Ehe, sondern das Scheitern seines Lebens zu. (...) Seine Ehe war für ihn wirklich ein Bestand, den er nicht verlieren durfte, den er bewahren musste." Deswegen hat er seine Ehefrau ja wohl auch erschossen und ... aber das später.

Die Richter sehen das alles ganz ähnlich. Das Urteil: Nicht lebenslänglich für den gezielten Schuss durch die Glastüre, sondern zwei Jahre und sieben Monate für „fahrlässige Tötung". Und wenige Monate später schon Freigang, zu dem er in seinem Mercedes Coupé abgeholt wird, von „einem Menschen, der mein verkorkstes Leben mit mir teilt, der mir hilft". Der Mensch heißt Claudia, ist 20 Jahre jünger, „groß, schlank und temperamentvoll", wie *Bild der Frau* weiß, und seit fünf Jahren sein Verhältnis (und inzwischen seine neue Ehefrau). Das Verhältnis mit der Neuen begann also drei Jahre vor dem gewaltsamen Tod von Helga Scholz. – Wie war das noch, was war nochmal so lebensgefährlich? Eine geplante Trennung?

Ach ja, und dann gibt es da noch eine kleine Pointe: Bubi Scholz ist nicht nur der Erbe seiner von ihm erschossenen Frau, er kassierte auch die 625 000 DM Lebensversicherung von Helga Scholz. Wäre er wegen „Mordes" oder wenigstens „vorsätzlicher Tötung" verurteilt worden, wäre da nichts draus geworden. Aber, Justitia sei Dank, es war ja nur „fahrlässige Tötung".

Der Fall Weimar. Er war, er ist ein Jahrhundertprozess. Am 7. August 1986 werden im Gebüsch an einem Parkplatz unweit des Elternhauses die Leichen der beiden kleinen Mädchen Melanie und Karola Weimar entdeckt. Zunächst sucht „eine ganze Nation nach der Bestie", dem „Triebtäter", dann geraten die Eltern in Verdacht. Erst die Mutter, dann der Vater. Eines ist schnell klar: Einer von beiden muss es gewesen sein. Die Prozesse dauern bis heute an, dreimal ist „Mutter Weimar" verurteilt bzw. freigesprochen worden: einmal „schuldig", einmal „unschuldig", zuletzt wieder schuldig.

Doch für einen Großteil der Medien und die PhilippsthalerInnen, ihre früheren Nachbarn, war ihre Schuld von Anfang an ausgemachte Sache: „die ahl' Hex", das „Amiflittchen", die „Monster-Mutter" war's. Obwohl sie eigentlich kein Motiv hatte - der Vater aber dafür reichlich. Er hatte auch schon ein paarmal quasi gestanden: „Wenn, dann war es ein Blackout. (...) Wenn ich tatsächlich etwas damit zu tun gehabt haben sollte, dann muss es ein Ausfall gewesen sein. Dann war ich nicht im Vollbesitz meiner geistigen Kräfte. (...) Wenn ich die Kinder totgemacht habe, dann kann ich mich nicht daran erinnern. (...) Ich bin mir fast sicher, dass ich die toten Mädchen nicht abtransportiert habe" (im Polizeiverhör am 30.8.1986). „Ich war das. Ich hab die Kinder totgemacht" (zu einer Geliebten im August 1988). Doch ist Vater Weimar nur 1986 einmal verhaftet und dann nie mehr auch nur vernommen worden.

1986. Das war die Zeit, in der die Emanzipation selbst im Zonenrandgebiet von Philippsthal angekommen war. Frauen nahmen nicht mehr alles um jeden Preis hin - und Männer flippten darüber aus. Monika Weimar wird zum Paradefall der modernen Rabenmutter, Reinhard Weimar zum Paradefall des emanzipationsgeschädigten „armen Mannes". Auch Monika Weimar war „schmallippig", „energisch", „kalt" und „ihm überlegen" - er war „ein armes Schwein" und „eigentlich von ihr abhängig" (Gisela Friedrichsen, damals noch *FAZ*, heute *Spiegel*).

Der 25-jährige Schlosser Reinhard Weimar ist der erste Mann im Leben der 19-jährigen Krankenschwester Monika Böttcher, der sich für sie interessiert. Beide arbeiten Schicht, er in der Zeche unter Tage; beide sind kaum je aus dem hessischen Philippsthal rausgekommen. Sie heiraten, bekommen zwei Mädchen, führen eine rasch lieblose Ehe.

„Die Streitereien in der Ehe nahmen zu, denn ich konnte meinen Mund nicht halten, weil ich mir langsam auch ausgenutzt vorkam. Ich wusch und bügelte seine Wäsche, kochte für ihn und stellte ihm alles bereit. Außerdem versorgte ich unsere Kinder und den Haushalt. Er nahm alles als selbstverständlich, sah fern oder ging weg. Das war nicht das, was ich mir unter einer Ehe vorgestellt hatte." Im April 1986 geht die inzwischen wieder berufstätige Monika Weimar mit ihrer jüngeren Schwester zum ersten Mal in eine Disco. Im Mai lernt sie einen jungen GI kennen, Kevin Pratt, und fängt mit ihm ein Verhältnis an. Der wortkarge, schwerfällige Reinhard Weimar muss mit ansehen, wie seine Frau immer häufiger abends aus dem Haus geht und erst spät in der Nacht zurückkommt.

Dann geht alles sehr rasch. Kevin Pratt und Monika Weimar verlieben sich, auch die Töchter mögen den lustigen neuen Freund, sie denkt an Trennung. „Ich halte es nicht mehr aus", gesteht sie ihrem Mann. Und: „Ich liebe einen anderen." Er antwortet: „Die Wohnung behalte ich aber. Und ich kriege Karola." Er nimmt Kontakt auf zu einer Fuldaer Ehevermittlung.

Am Abend des 3. August 1986 macht Monika sich, wie schon so oft, vor seinen Augen chic, sie zieht ihr gelbes T-Shirt und ihre gelben Jeans an und fährt mit dem Familienauto zum Date mit Kevin ins *Musikparadies*. Sie verbringen einen ausgelassenen Abend. Anschließend schlafen die beiden im Auto miteinander. – Das sind vielleicht die Stunden, in denen die Kinder sterben.

Gegen halb vier nachts kommt Monika Weimar nach Hause – und was sie dann schildert, ist zwar zutiefst irritierend, aber psychologisch nicht nur „vorstellbar" (wie Gutachterin Müller-Luckmann dem Gericht eindringlich darlegte), sondern sogar äußerst plausibel. Zumindest für Frauen.

„Als ich eintrat, sah ich Reinhard auf dem Bett von Karola sitzen. Am Fußende. Er saß vornübergebeugt und heulte vor sich hin." Die Kinder rühren sich nicht mehr. Die Mutter steht stumm da. „Ich habe ihn nicht angeschrien und auch nicht um Hilfe gerufen. Ich wollte nur eins: dass es alles nicht wahr ist!"

Monika Weimar schildert, wie ihr Mann noch in der Nacht die Leichen wegfährt. Als er zurückkommt, fragt sie: „Warum hast du das getan?" Er antwortet: „Jetzt kriegt keiner von uns die Kinder!"

Irgendwann im Morgengrauen legt sie sich ins Bett, neben ihren reglosen Mann. Dabei wird ihr wohl nur eines durch den Kopf gehen: was *sie* getan hat in den Stunden des Todes ihrer Töchter.

Doch selbst wenn man dieser ihrer Version nicht folgen will, handelt es sich beim Weimar-Prozess für viele JuristInnen und JournalistInnen um einen der fragwürdigsten Indizienprozesse der Nachkriegszeit. Die aufgeheizte Pro-und-Contra-Öffentlichkeit, die Voreingenommenheit von Belastungszeuginnen und Richtern, die Verwischung der Spuren ... Dass die nach elf Jahren Gefängnis am 24. April 1997 freigelassene Monika Weimar, die inzwischen wieder ihren Mädchennamen Böttcher angenommen hat, wirklich am 3. Dezember 1999 erneut zu lebenslänglich verurteilt wurde, ist darum nicht nur ein menschlicher, sondern auch ein juristischer Skandal. Denn noch gilt im deutschen Recht: Im Zweifel für den oder auch die Angeklagte.

Vor allem zwei JournalistInnen haben in all den Jahren nichts ausgelassen und vermutlich sogar entscheidend dazu beigetragen, dass „Vater Weimar" unbehelligt blieb und „Mutter Weimar" erneut im Gefängnis sitzt. Es ist das Duo Gerhard Mauz und Gisela Friedrichsen. Beide waren von Anbeginn an davon überzeugt: Die Mutter ist die Mörderin! Friedrichsen, damals noch *FAZ*-Autorin, veröffentlichte sogar ein ganzes Buch über die schuldige Mutter Weimar, übrigens ohne je auch nur ein einziges Wort mit ihr geredet zu haben.

Nach dem Freispruch hieß es zynisch im *Spiegel*: „Es war kein Justizirrtum zu korrigieren. Es reichte fast elf Jahre nach der Tat nur nicht für eine Verurteilung." Und am Abend des Freispruchs erklärte

Mauz in *Tagesthemen*: „Der Vater ist unschuldig" - was heißt: Die Mutter ist schuldig. Denn es war einer von beiden. – Das war nun selbst dem eigenen Blatt zu viel. Den nächsten *Spiegel*-Bericht über den Fall Weimar schrieben andere. Und die befanden: „Am Ende könnte sich der Schuldspruch von Fulda als einer der größten Justizirrtümer der deutschen Rechtsgeschichte erweisen."

Dabei hatte das *Spiegel*-Duo wirklich gar nichts unversucht gelassen, jeden Verdacht vom Vater fernzuhalten und die Mutter wieder hinter Gitter zu bringen. Mauz ging sogar so weit, dem Frankfurter Anwalt Schneider für die Wahrnehmung der Interessen von Reinhard Weimar 20 000 DM zu zahlen. Deswegen kritisiert, argumentierte er, er habe den armen Vater lediglich unterstützen wollen, denn „er ist mittellos und gesundheitlich außerstande, seine Interessen selbst wahrzunehmen".

Da ist es nicht ohne Komik, dass die andere Hälfte des Duos, Gisela Friedrichsen, zu guter Letzt auch noch die Dreistigkeit hatte zu schreiben: „Engagierten Frauen passte der Vater der getöteten Kinder als potenzieller Mörder besser ins Konzept." – Als ginge es darum, jede Frau um jeden Preis unschuldig zu reden. Als hätte den „engagierten Frauen" nicht auch eine Mutter, die im Konflikt ihre Kinder tötet, durchaus eingeleuchtet. Sie wäre nicht die Erste gewesen.

Nur: Im Fall Weimar spricht zu viel für den Vater und zu wenig für die Mutter. Doch selbst wenn sie es gewesen wäre, hätten die Indizien nicht gereicht. Weder für die juristische Verurteilung, noch für die journalistische Vorverurteilung.

Der Skandal in Memmingen. Am 8. September 1988 beginnt im Freistaat Bayern ein Prozess gegen 277 Frauen, gegen etliche ihrer Männer wg. „Beihilfe" und den Arzt Horst Theissen. Das Verbrechen: Abtreibung. Der Gynäkologe hatte in Bayern, wo nur die stationäre Abtreibung erlaubt ist (und Krankenhäuser meist fest in kirchlicher oder staatlicher Hand sind), ambulante Abtreibungen für Hilfe suchende Frauen durchgeführt, und das manchmal auch ohne die gesetzlich vorgeschriebene Indikation, sondern nach eigener Beratung. Dieser Prozess im kleinen Memmingen artet nach einhelliger Meinung der Nicht-CSU-Presse und der Öffentlichkeit zu einer wahren „Hexenjagd" aus. 134 Frauen, vor Gericht behandelt „wie

Schlachtvieh“, und ihre „Beihelfer“ werden zu 900 bis 3000 DM Strafe verurteilt. Am 25. Februar 1989 zogen 7000 Frauen und einige Männer durch Memmingen im Allgäu und protestierten gegen den „Hexenprozess“.

Die Existenz von Dr. Theissen ist erst einmal ruiniert. Er wird zu zweieinhalb Jahren Gefängnis und einem dreijährigem Berufsverbot verurteilt. Zwei Jahre später wird erneut verhandelt, die Strafe: eineinhalb Jahre auf Bewährung. Für die Prozesskosten muss er sein Haus verkaufen (die „Solispenden“ reichen „gerade mal fürs Porto“), er ist finanziell ruiniert. Heute arbeitet der 64-jährige Dr. Theissen als Arzt und als Naturheilkundler.

Ein Prozess wie der in Memmingen wäre 10, 15 Jahre vorher undenkbar gewesen. Doch 14 Jahre nach der abgeschmetterten Reform hatten die Dunkelmänner wieder ihre Truppen gesammelt. Sie gingen in die Offensive und nahmen drei Ziele ins Visier: 1. Das (schlechte) Gewissen der Frauen. 2. Die Einschüchterung der ÄrztInnen. 3. Das Zurückdrängen der kläglichen Reform, die die Frauen nach der ursprünglichen Verabschiedung der Fristenlösung 1974 erreicht hatten. Diese „Reform“ macht Abtreibung in Deutschland bis heute nicht zu einem Recht von Frauen, sondern zu einer (eventuell) gewährten Gnade.

Auch Memmingen hat eine Pointe. Der zu Anfang des Prozesses amtierende und sehr scharfe Vorsitzende Richter Ott wurde für befangen erklärt – er hatte selbst eine frühere Geliebte zur Abtreibung gedrängt.

Und die 90er Jahre? In den Schauprozessen dieser Zeit ging es meist um *das* aktuellste geschlechterpolitische Thema: um den Kindesmissbrauch (wie im Fall Woody Allen). Missbrauch durch Eltern, Pädagogen und andere Schutzbefohlene. Doch da es sich nicht um Frauen handelt, sondern um Kinder, war eine gewisse Sensibilisierung rascher zu erreichen, gibt es nicht diese Einheitsfront der Ignoranz und wurden inzwischen Gesetze zugunsten der kindlichen Opferzeugen verbessert. An Dreistigkeit jedoch mangelt es den einschlägigen Kräften auch in diesen Fällen nicht: Erneut versuchte man, die Opfer (und ihre BeschützerInnen) zu den eigentlich Schuldigen zu machen.

Fundamentalismus – ein Faschismus im Namen Gottes

Als ich am 18. März 1979 Hals über Kopf nach Teheran fliege, bin ich eine von 18 Journalistinnen und Schriftstellerinnen, überwiegend Französinnen, die den Hilferufen iranischer Frauen folgen. Wir nennen uns *Komitee zur Verteidigung der Rechte der Frauen*, und die Korrespondenten staunen, als wir nur vier Wochen nach dem Umsturz an diesem Morgen des 19. März tatsächlich von den neuen Machthabern ins Land gelassen werden.

Eskortiert von „revolutionären Garden" fahren wir zum Hotel. Auf den Straßen bärtige junge Männer mit der Kalaschnikow in der Hand und einer Nelke im Knopfloch. Sie wirken fröhlich und lächeln zurück. Dazwischen vereinzelte Frauen mit gesenktem Blick im Tschador, dem schwarzen Ganzkörperschleier.

In diesen drei Tagen, die mir im Rückblick vorkommen wie drei Wochen, reden wir mit zahllosen Frauen und Männern: mit religiösen Führern ebenso wie mit dem später ins Exil geflüchteten Ministerpräsidenten Basargan; mit alarmierten Feministinnen und zufriedenen Ehefrauen ebenso wie mit stolzen Revolutionärinnen, die noch vor kurzem mit dem Gewehr unter dem Tschador gegen den verhassten Schah demonstriert hatten. Allen ist eines gemeinsam: Sie glauben an Khomeini und hoffen auf die Zukunft. – Die meisten unter ihnen werden die nächsten ein, zwei Jahre nicht überleben, getötet von der eigenen Revolution. Doch das ahnt damals noch keine und keiner.

Sicher, die Teheraner Feministinnen sind beunruhigt über den vom Ayatollah verkündeten Schleierzwang, über die Aufhebung von Koedukation und Scheidungsrecht sowie die beginnende Vertreibung der Frauen aus dem Beruf. Wütend sagt Kateh: „Wir haben nicht gegen die alte Diktatur gekämpft, um uns einer neuen Diktatur zu beugen!" Aber sie sagt auch: „Wir alle verehren Khomeini sehr."

Sicher, die stolzen Kämpferinnen ahnen, dass sie ihre Forderungen jetzt anmelden müssen. Die Ärztinnen, Lehrerinnen und Philosophinnen, die fast alle im Ausland studiert haben - und sich auffallend oft auf Jean-Paul Sartre berufen -, wollen den neuen Iran mitprägen. Schließlich haben sie für ihr Land ihr Leben riskiert. Und auch sie verehren Khomeini, mehr noch: Sie sind für die Einführung eines Gottesstaates, inklusive Schleier und Scharia. „Ja, selbstverständlich finden wir auch die Steinigung bei Ehebruch oder Homosexualität richtig", bestätigt die Runde verschleierter und darum erst nach einer gewissen Zeit auseinander haltbarer Frauen freundlich lächelnd. „Allah will das so."

Als ich nach drei Tagen zurück nach Köln fliege, ahne ich, was kommt - auch wenn das Grauen der darauf folgenden Jahre die menschliche Fantasie übersteigen wird. Und ich spüre, dass sich da etwas zusammenbraut, das irgendwie auch mit uns Europäerinnen zu tun hat. Zu Hause schreibe ich auf, was ich gesehen und verstanden habe, und beende meinen Bericht mit den Worten: „Farideh und ihre Schwestern waren gut genug, um für die Freiheit zu sterben. Sie werden nicht gut genug sein, in Freiheit zu leben."

Es sollte - neben dem *Kleinen Unterschied* und meiner Position zu „Frauen und Bundeswehr" - einer der drei umstrittensten Texte meines Lebens werden. Vor allem weite Teile der Linken, die die „iranische Volksrevolution" blind begrüßten und bis vor kurzem jeden weiteren „islamischen Volksaufstand" nicht minder bejubelten, kippten Kübel von Häme aus: Ich sei eben eine „Schah-Freundin" und schlicht tief reaktionär.

Che Guevara war tot, Khomeini lebte. Die Szene dürstete nach neuen Göttern. Und hatten in der Nachkriegszeit nicht alle „Aufstände des Volkes" in den (Ex)Kolonien im Namen des Nationalismus, Sozialismus und einer „kulturellen Identität" bzw. Religiosität argumentiert?

Dass die neuen Herren von der ersten Stunde an der Hälfte des Volkes, den Frauen, die elementarsten Menschenrechte raubten, schien eine Quantité négligeable, in Teheran wie in Berlin. Die bärtigen und waffenstarrenden Männer im Orient kamen den Milchgesichtern im Okzident gerade recht. Schließlich waren alle Männer

Ende der 70er Jahre reichlich strapaziert von der Emanzipation der Frauen. Da war die neue archaische Männlichkeit und die Möglichkeit zum Verweis, dass es woanders noch ganz anders zugeht mit den Frauen, auch im modernen Westen herzlich willkommen.

Seit meinen Tagen in Teheran sind 21 Jahre vergangen, der politische Islam hat einen beispiellosen Siegeszug durch die ganze Welt hinter sich – und ist noch lange nicht am Ende. Heute ist der Iran die Schaltzentrale der islamistischen Internationale und Saudi-Arabien mit seinen Petro-Dollars der Finanzier. Der Terror der Gotteskrieger beherrscht inzwischen nicht nur die eroberten Länder wie Afghanistan oder Sudan, sondern zieht auch eine blutige Spur durch die unterwanderten Länder wie Algerien oder Tschetschenien. Und er reicht bis ins Herz der westlichen Demokratien.

Ausgerechnet Deutschland gilt, zur Verzweiflung aller aufgeklärten und demokratischen MohammedanerInnen, heute als die „Drehscheibe des islamischen Terrorismus". In Köln oder Berlin bekommt eine vor der Steinigung flüchtende Iranerin oder eine der Entführung entkommene Algerierin kein Asyl, denn sie ist ja keine „politisch Verfolgte", sondern nur privates Opfer „anderer Sitten". Die vielfachen Mörder und „Gotteskrieger" aus Algerien aber, darunter auch ihr Anführer Rehab Kebir, haben Asyl in Deutschland. Denn sie sind „politisch Verfolgte", da ihnen für ihre Verbrechen in ihrem Heimatland die staatliche Todesstrafe droht.

Der Ex-Präsident des Verfassungsschutzes, Peter Frisch (SPD), nannte 1997 in einem Gespräch mit *EMMA* die genaue Zahl der heute in Deutschland lebenden organisierten Anhänger eines islamistischen Gottesstaates: 31 800, Tendenz steigend. Hinzu kommen die (noch) nicht organisierten Sympathisanten. 31 800 organisierte zukünftige Gotteskrieger, das macht mit familiärem Umfeld etwa 200 000 Aktivisten und Sympathisanten. Jede und jeder sechste MuslimIn in Deutschland ist heute also AnhängerIn eines Gottesstaates – und damit für die Abschaffung der Demokratie. Tendenz steigend.

Der Jugendforscher Wilhelm Heitmeyer fand heraus, dass sich unter den männlichen türkischen Jugendlichen jeder dritte bestens vertreten fühlt durch *Milli Görus*, einer vom Verfassungsschutz als

„terroristisch" verbotenen Organisation. Jeder Fünfte hofft sogar, dass die Scharia eines Tages auch in Deutschland Gesetz wird. Die Propaganda der religiösen Fanatiker, für die die Frau unter dem Schleier zu verschwinden hat und der Mann zum Gotteskrieger aufgewertet wird - der beim „Heldentod" in den siebten Himmel kommt -, fällt offensichtlich auch in Deutschland auf fruchtbaren Boden bei den entwurzelten, entwerteten und entsprechend verunsicherten jungen Männern. Muslimische Männer befinden sich heute in Europa wie in ihren heimatlichen Ex-Kolonien in der klassisch gefährlichen Phase verunsicherter Männlichkeit, die zu Herrschaft und Gewalt greift.

Dazu passt, dass in Deutschland die Anzahl der Türken unter den Frauenhändlern und Zuhältern steigt. Denn das sind nur zwei Seiten einer Medaille: die Frau als Ware, im Privatbesitz unter dem Schleier, oder im freien Handel nackt. Auch ist bekannt, dass eine der Hauptfinanzierungsquellen der Fundamentalisten der Drogen- und Frauenhandel ist.

Bereits um 1250 vor Christus führte das Patriarchat den Schleierzwang und genau diese Spaltung der Frauen ein. Damals hieß es in den uns bis heute erhaltenen mittelassyrischen Gesetzestexten: „Sowohl Gattinnen eines Bürgers als auch Witwen oder assyrische Frauen, die auf die Straße hinausgehen, dürfen ihre Köpfe nicht entblößen. Aber diejenige, die ein Gatte nicht genommen hat, wird auf der Straße einen Kopf entblößt halten. Eine Dirne wird nicht verhüllt sein." So wurde die Trennung der Geschlechter festgeschrieben - und die Spaltung der Frauen in ehrbare und nicht ehrbare.

Auf Verstoß gegen das Verschleierungsverbot stand in Assyrien die Entblößung vor aller Augen und 50 Peitschenhiebe. Genauso wird es auch heute im Iran oder in Afghanistan gehalten und auch in Tschetschenien, dieser russischen Teilrepublik, in der die islamischen Rebellen 1992 die Scharia einführten. Und die „Schuldigen" können noch froh sein, wenn sie so glimpflich davonkommen. Meist riskieren sie ihr Leben. Ist die wegen Verstoßes gegen die Scharia Festgenommene noch „Jungfrau", wird sie vorher vergewaltigt - weil man eine Jungfrau nach den Gottesgesetzen nicht töten darf.

Und während im Kosovo „im Namen der Menschenrechte" einmarschiert wird, sind zum Beispiel die Frauen in Afghanistan, nach den ersten Sensationsmeldungen, kaum noch ein Thema. Die Menschenrechte der weiblichen Hälfte der afghanischen Bevölkerung zählen offensichtlich nicht (und das der ebenfalls auf das krude Taliban-Niveau geknebelten Männer ebenfalls nicht). Was nicht nur daran liegt, dass die Menschenrechte der Frauen nirgendwo auf der Welt ernsthaft zählen, sondern auch daran, dass der Westen, und allen voran die USA, in der Region ganz andere Interessen hat: Da geht es um das Anzapfen und Transportieren der größten Öl- und Gasvorkommen der Welt rund um das Kaspische Meer. Aus diesem Grund haben die USA nach dem Abzug der sowjetischen Besetzung die Machtergreifung der barbarischen Talibane übrigens nicht nur nicht verhindert, sondern sogar geduldet und gefördert. – Wir sehen, alles relativ mit den Menschenrechten, und mit denen der Frauen sowieso.

Und dabei scheint es auch im Westen ein unheimliches Komplott zu geben. Beispiel Tschetschenien. Was heute in der sowjetischen Teilrepublik passiert, ist traurig. Doch kaum jemand erwähnt, dass die Verhältnisse bereits vor dem Wiedereinmarsch der Russen äußerst alarmierend waren und es viele gute Gründe gegeben hatte, die selbst ernannten neuen Herren mit den grünen Stirnbändern sofort in ihre Schranken zu weisen. Bereits 1992 hatten die aus iranischen Trainingslagern einfiltrierten Islamisten in Tschetschenien die Scharia zum Gesetz gemacht, inklusive Schleierzwang, Prügelstrafe und Steinigung bei „Ehebruch". Und längst sind auch der Kaukasus und Dagestan, ist die ganze Südflanke Russlands in höchster Gefahr, den mit Waffen und Petro-Dollars bestens ausgestatteten Gotteskriegern in die Hände zu fallen. Es ist durchaus denkbar, dass die Region in den kommenden Jahren ein ähnlicher Krisenherd werden wird, wie es heute der Balkan ist. Das Grauen ist eben – ganz wie in Afghanistan – immer noch steigerbar.

Es ist nicht das erste Mal. Schon einmal im 20. Jahrhundert hat es eine so brisante Verbindung ökonomischer, machtpolitischer und geschlechter-politischer Motive gegeben. Schon einmal haben alle versucht, ihr Süppchen auf diesem Feuer zu kochen. Was daraus geworden ist, wissen wir: der Zweite Weltkrieg und die Ermordung von Millionen „unwerten Lebens“, darunter sechs Millionen Juden und zehn Millionen Russen.

Das in der Nazizeit bis zur Karrikatur verzerrte Männer- und Frauenbild wirkt bis in die Kinder und Kindeskinder nach.

Vermutlich ist auch dieses Erbe einer der Gründe, warum es ausgerechnet in Deutschland eine so erschreckende „Toleranz“ gibt gegenüber der Renaissance dieser Männerbündelei in höchster Potenz. Eine demokratische Toleranz, die die Islamisten zur Abschaffung der Demokratie nutzen wollen. Die Neigung der deutschen Intelligenzia zur schwärmerischen Fremdenliebe tut ihr Übriges. Dabei ist es schon lange unübersehbar: Der politische Islamismus ist eine Variante des modernen Faschismus. Aber diesmal wirklich im Weltmaßstab. Und mit starken Verbündeten.

Schon 1985, auf der *3. Weltfrauenkonferenz* in Nairobi, probten die islamischen und christlichen Fundamentalisten den Schulterschluss gegen die globale Emanzipation der Frauen. In Peking gingen sie 1995 in die Offensive. Und auf der Nachfolgekonferenz im Jahr 2000 in New York trat die Vatikan-Iran-Connection offen als der entschiedenste Gegner der Frauen auf: gegen Verhütung, Abtreibung und freie Sexualität – für Verschleierung und Klitorisverstümmelung.

Längst hat der Schleier seine angebliche Unschuld, die er in Wirklichkeit noch nie hatte, vollends verloren. Spätestens an dem Tag, an dem er der ersten Iranerin mit Nägeln auf den Kopf genagelt wurde, war der Schleier kein politisches Symbol des Widerstandes mehr (wie in Schah-Zeiten), sondern ein Symbol der Unterdrückung. Ein Symbol, das kaum weniger Schrecken verbreitet als das Hakenkreuz.

Frauen, die den Schleier heute selbst in den westlichen Demokratien „freiwillig“ tragen, müssen sich klarmachen, auf welche Seite sie sich damit schlagen. Die eifrigsten Verschleierten in den nichtislamischen Ländern sind übrigens die Konvertitinnen – in einem echten Gottesstaat würden gerade sie vermutlich nicht sehr lange leben. Die meisten KonvertitInnen in Deutschland kommen aus dem Milieu der Alt-68er und Grünen, wie der stramm fundamentalistische *Zentralrat der Muslime* stolz vermeldete. Auf der Suche nach neuen Göttern ...

In einem vom Fundamentalismus existenziell bedrohten Land wie der Türkei ist der Schleier in den Schulen und an den Universitäten ganz selbstverständlich verboten (wie bei uns das Hakenkreuz); ebenso sind es die Koranschulen, in denen nichts als Hass gepredigt wird. Nicht anders hält es die laizistische französische Republik. Nur in Deutschland hält man sich für besonders „tolerant", wenn man den Schleier als „Privatsache" duldet.

Doch der Schleier, der kein religiöses, sondern ein politisches Zeichen ist, hat aus all diesen Gründen nichts in demokratischen Schulen zu suchen, schon gar nicht auf den Köpfen von Lehrerinnen, die ja Vorbilder sein sollten. Selbst in der liberalen Presse - in der fundamentalisten-freundlichen *taz* sowieso - erschienen Rührstücke über den Fall der Lehrerin Fereshta Ludin, eine mit einem zum Islam konvertierten Deutschen verheiratete Afghanin (aus dem Land, wo die Talibane alle Frauen unter dem Schleier begraben haben wie unter einem Leichentuch), die mit ihrer Klage auf das Recht, den Schleier im Unterricht an deutschen Schulen zu tragen, noch bis zum Verfassungsgericht gehen will. Für sie ist der Schleier nach eigenen Worten „ein Schutz vor weltlicher Dekadenz" und sind Musliminnen „rein", Nicht-Musliminnen aber „unrein". Frau Ludin ist mit ihrer Klage selbstverständlich nicht allein und erfreut sich bester Unterstützung gewisser Kreise.

Für mich persönlich ist das Thema islamischer Fundamentalismus seit der Reise nach Teheran hautnah geblieben. 1990 habe ich in Nordafrika islamische Kolleginnen unterrichtet, und eine algerische Journalistin, die im letzten Augenblick ihren Häschern entkommen konnte, ist eine meiner engsten Freundinnen geworden. Längst sind ihre drei Nichten aus Algier meine „Patenkinder": die beiden ältesten studieren dort - allen Gefahren zum Trotz - unverschleiert Recht und Wirtschaftswissenschaft, die noch nicht schulpflichtige Nachzüglerin kann wegen der marodierenden, mordenden Banden das Haus quasi nie verlassen.

Die Briefe der jungen Frauen klingen bedrückt. 1999 war die Universität das ganze Jahr über geschlossen, weil die Professoren unter dem Terror nicht mehr zu unterrichten wagten. Und die Welt ist ihnen schon lange verschlossen: Sie pendeln im Auto zwischen den Vorlesungsräumen der Universität und dem Elternhaus, alles andere wäre für die jungen Frauen lebensgefährlich.

Als das geliebte Nesthäkchen zum letzten Mal bei mir zu Besuch war, fing die eigentlich muntere Fünfjährige bei jedem Knall an zu weinen (weil sie ihn für Schüsse hält) und zu schluchzen bei dem Gedanken, dass sie zurückmuss. Denn das bedeutet auch für das Kind ein Leben im Haus und in permanenter Angst. Der Vater patrouilliert nachts im Stundentakt durchs Haus, damit seine Töchter nicht als „Revolutionsbräute" entführt werden. Übrigens: Die Familie ist streng gläubig, und die Großmutter fährt jedes Jahr nach Mekka - wo sie auch immer für mich betet.

Viele Algerierinnen hatten keine andere Wahl, als ins Exil zu flüchten. Die Mathematiklehrerin Khalida Messaoudi ist geblieben und gilt heute international als „das Symbol des algerischen Widerstandes". Die am 12. Juni 1993 von der *Islamischen Heilsfront* via Fatwa zum Tode verurteilte Kabylin lebte fünf Jahre im Untergrund und wechselte jede Nacht das Bett. 1998 hat sie es gewagt, für die einzige demokratische Partei ins Parlament zu gehen. Im Oktober 1999 war sie auf einem von mir initiierten Beauvoir-Kongress in Köln. Ihre Rede war so erschütternd und aufrüttelnd, dass ich zum Abschluss Khalidas Stimme hier Raum geben möchte.

MENSCHENRECHTE SIND UNTEILBAR

Wir Algerierinnen, Marokkanerinnen, Iranerinnen und Sudanesierinnen haben uns zusammengetan, um etwas zu fordern, was im Westen selbstverständlich ist: die Universalität der Menschenrechte, die unabhängig von Geschlecht, Hautfarbe oder Religion für alle gelten. In meinem Land jedoch verbinden die Feinde der Frauen mit dem Begriff Universalität immer auch das Attribut „international", was für sie gleich „westlich" ist. Aber auch die Abgeordneten der Vereinten Nationen scheinen in ihrem tiefsten Innern zu glauben, die Unterdrückung der algerischen Frauen läge in der Kultur unseres

Landes begründet – und unter dem Vorwand des „Respekts vor anderen Kulturen" müsse man eben auch die Unterdrückung der Frauen respektieren und akzeptieren.

Wir Algerierinnen nennen das „die Kulturfalle". In diese Falle sind die westlichen Länder voll getappt. Sie glauben, unsere Unterdrückung sei eine kulturelle Frage – und wollen nicht verstehen, dass sie eine rein politische Frage ist. Aus unserer Geschichte und Kultur lässt sich die Unterdrückung der Frauen ebenso wenig ableiten wie aus der der westlichen Länder – auch wenn das so mancher algerische Mann gerne hätte.

Jedes Mal, wenn eine algerische Frau aufsteht, um ihre Rechte zu verteidigen, steht ein Mann hinter ihr, der fragt: Was willst du eigentlich, willst du etwa wie die Europäerinnen werden? Unsere Antwort lautet: Wir wollen wie Kahina werden! Kahina war eine algerische Herrscherin im siebten Jahrhundert. Sie hat ihr Land nicht in Angst und Schrecken geführt, wie es die Männer heute tun.

Wir wünschten, die Völker des Abendlandes lernten wenigstens unsere Geschichte, bevor sie über uns richten. Wir leiden unter der rassistischen Sichtweise, Universalität sei geographischen Grenzen unterworfen und habe nicht überall Gültigkeit. So habe ich im französischen Fernsehen Prozesse gegen Beschneiderinnen gesehen, die ihren afrikanischen Töchtern und Enkelinnen die Klitoris verstümmeln. Da standen doch tatsächlich weiße Männer, Anwälte und Journalisten, die erklärten, das sei nun einmal ihre Kultur. Doch seit wann sind Verletzungen der Menschenrechte und Verbrechen gegen die Menschlichkeit relativ und eine Frage der Kultur? Natürlich kann es keine Lösung für die Opfer des islamischen Fundamentalismus sein, den Westen zu bitten, die Sache für uns zu regeln. Aber wir brauchen bei unserem Kampf gegen die Unterdrückung der Frauen in den islamischen Ländern die Hilfe und Unterstützung der europäischen Länder.

In Algerien hat es in den letzten Jahren hunderttausende von Toten gegeben, darunter viele Frauen, Journalisten, einfache Leute; und tausende von vergewaltigten und gefolterten Frauen. In den letzten acht Jahren wurden 2 084 Frauen von islamistischen Gruppen verschleppt, ohne dass irgendein internationales Gremium dagegen protestiert hat. Schlimmer noch: Eine algerische Frau hat auch in Deutschland kein Recht auf politisches Asyl, wenn sie von der GIA, den bewaffneten „Gotteskriegern", verfolgt wird, denn sie wird ja nicht vom Staat bedroht. Dafür erhalten ihre Verfolger Asyl, denn ihnen droht nach all den Verbrechen in ihrer Heimat ja die Todesstrafe.

Damit nicht genug. Selbst Frauen, die in einem so genannten „Gottesstaat" verfolgt werden, verweigert man das politische Asyl; ebenfalls unter dem Vorwand, diese Verfolgung sei kulturell und nicht politisch bedingt. Eines Tages musste ich in Le Monde lesen, Taslima Nasrin verdiene ihr Schicksal, denn sie habe es ja geradezu darauf angelegt, indem sie sich in einem Entwicklungsland gegen die Religion gewandt habe.

Das alles kann die Welt nicht länger ignorieren. Die Grenzen der internationalen Menschenrechtserklärung müssen angesichts der neuen Totalitarismen und der terroristischen Bewegungen im Iran, in Algerien, im Sudan und Afghanistan dringend erweitert werden. Wir Algerierinnen fordern, dass die Verbrechen an den 2 084 Frauen, die in einem kriegerischen Akt in den letzten Jahren verschleppt und vergewaltigt wurden, als Menschenrechtsverletzungen angesehen werden. Wir fordern, dass auf internationaler Ebene Maßnahmen gegen solche Verbrechen ergriffen werden.

Ich bin Algerierin, ich lebe in Algier und bin heute Abgeordnete der Nationalversammlung. Ich bin stolz darauf, von meinen Landsleuten mit dem Wissen gewählt worden zu sein, dass ich Demokratin und nicht religiös bin. Darauf hatte ich meine Kampagne aufgebaut.

Doch ich kann zwar gewählt werden, aber ich habe noch nicht einmal die elementarsten Menschenrechte. Denn nach dem herrschenden Gesetz – das nicht von den Fundamentalisten gemacht wurde, sondern von der algerischen Republik – bin ich als Frau eine Unmündige. 1984 verabschiedete das algerische Parlament das neue Familienrecht, den „code de la famille", den algerische Feministinnen nur „code de l'infamie" nennen. Danach kann ich als algerische Abgeordnete im Parlament zwar die Gesetze mit machen, im Privatleben aber bin ich eine Minderjährige.

Die Polygamie ist gesetzlich erlaubt, und ein Ehemann kann seine Frau noch immer quasi verstoßen. Wollte ich heiraten, dürfte ich das nicht selbst entscheiden, sondern mein 74-jähriger Vater müsste es für mich tun. Gäbe es ihn nicht mehr, entschiede ein Bruder oder Onkel, ja sogar ein Sohn für mich; auch, ob ich ins Ausland reisen darf oder nicht.

Wir haben in Algerien dank unserer Geschichte und des gemeinsamen Kampfes von Männern und Frauen gegen die französische Kolonialmacht eine relativ starke Frauenbewegung. Doch auch sie konnte die Entrechtung der Frauen 20 Jahre nach der Befreiung unseres Landes nicht verhindern.

Jetzt, da die Männer sehen, dass sie selbst bedroht sind von den Ungeheuern, die sie riefen – dem Nationalismus, Männlichkeitswahn und religiösen Fanatismus –, gibt es ein Erschrecken. So veranstaltete der Hohe moslemische Rat (HCI), der die Regierung berät, jüngst in Algier ein dreitägiges Seminar zu dem Thema Frauenrechte. Der Vorsitzende erklärte öffentlich, er sei für die sofortige Abschaffung der Polygamie und des ganzen unwürdigen Familienrechts. Das ist ein – relativer – Fortschritt, der unzweifelhaft dem Druck der Frauen zu verdanken ist.

Wir waren Anfang der 90er Jahre in einer sehr schwierigen Lage: Das Land drohte von einem autoritären Regime mit Militär im Rücken in einen theokratischen Totalitarismus zu verfallen, und wir mussten gegen diese Bedrohung kämpfen. Wir kämpften vergeblich. Die demokratischen Staaten im Westen haben uns zu ihrer großen Schande einsam sterben lassen. Damit Sie mich nicht falsch verstehen: Ich erwarte nicht, dass jemand mit uns stirbt. Wir hätten nur, wenn schon die Einsamkeit unser Schicksal ist, ganz gerne, dass man uns nicht auch noch in den Rücken fällt.

1993 verhängte die GIA (der militärische Arm des fundamentalistischen FIS, Anm. d. Aut.) ihr Todesurteil über mich. Das war und ist schlimm. Es ist allerdings einfacher, zum Tode verurteilt zu sein und zu wissen, warum, als zu den tausenden Frauen und Menschen aus dem algerischen Volk zu gehören, die hingerichtet wurden, ohne zu wissen, warum. Es gibt nichts Schrecklicheres als die Morde an diesen Mädchen und Frauen, die niemals politisch aktiv waren, niemals öffentlich aufgetreten sind und die einsam und hilflos starben. Ich weiß, warum sie getötet wurden: im Zuge einer Strategie des willkürlichen Terrors, des totalen Krieges gegen ein Volk, um es der übelsten aller Diktaturen, dem Gottesstaat, zu unterwerfen.

Bis 1998 habe ich fünf Jahre lang jede Nacht meinen Aufenthaltsort gewechselt. Mittlerweile ist es besser geworden, ich ziehe nur noch alle zwei bis drei Monate um.

„Was wollt ihr Frauen eigentlich?", werden wir im In- und Ausland gefragt. „Die Fundamentalisten sind doch gewählt worden." Seit acht Jahren werde ich nicht müde zu erklären, dass auch Hitler damals gewählt wurde und nicht durch einen Staatsstreich an die Macht kam. Der Abbruch der Wahlen nach dem ersten Durchgang 1991 war in der Tat absolut undemokratisch.

Die religiösen Fanatiker der FIS aber haben in Algerien keinesfalls eine überwältigende Wählermehrheit hinter sich wie Hitler damals in Deutschland. Ich als Frau werde es niemals hinnehmen, dass die Frauen auf irgendjemandes Altar verkauft werden, im Namen welcher Theorie oder Strategie auch immer. Es gibt keine Demokratie ohne die Frauen.

Bei den französischen Kommunalwahlen im letzten Jahr weigerten sich sowohl die rechten als auch die linken Politiker, mit der rechtsextremen Front National zusammenzuarbeiten, weil sie rassistisch und antisemitisch ist. Dieser Rassismus und Antisemitismus ist auch unter den islamischen Fundamentalisten weit verbreitet. Vom Sexismus ganz zu schweigen. Sie machen sogar eine Doktrin daraus. Ich wünschte darum, die algerischen Demokraten hätten dieselbe Haltung wie die französischen: Für alle Demokraten sollte es selbstverständlich sein, sich mit einer solchen Partei nicht zu verbünden.

Meine allererste Rede im Ausland gegen den Terror der islamischen Fundamentalisten habe ich 1992 hier in Deutschland gehalten, auf Einladung von Alice Schwarzer. Damals wusste ich noch gar nicht, wie man eine Rede hält, und nun vertrete ich seit acht Jahren die algerischen Frauen im Ausland. Ich werde darum mein ganzes Leben lang den europäischen Feministinnen dankbar dafür sein, dass sie sich nicht täuschen ließen und gleich verstanden haben, worum es in Algerien wirklich geht.

Wir haben es mit einer einflussreichen fundamentalistischen Internationalen zu tun, die eine klare Strategie hat. Um die Frauenrechte zu sichern, brauchen auch wir eine demokratische Internationale der Frauen – sonst haben wir keine Chance gegen das Ungeheuer. Nicht nur die algerischen, auch die sudanesischen, iranischen und afghanischen Frauen wissen, wovon ich rede: Sie kennen das Grauen der Gottesstaaten nur zu gut. Doch allein, ohne eure Unterstützung, ohne die der Frauen- und Menschenrechtler der westlichen Länder, verlieren wir diesen Kampf um Leben und Tod.

In diese von Khalida Messaoudi beschworene „Kulturfalle" tappen auch die Christen, und zwar doppelt: Zum einen, indem wir die Unterdrückung und Verfolgung der Frauen in islamischen Ländern als eine Frage der unterschiedlichen „Sitten" abtun. Zum anderen, indem wir auch innerhalb unserer Kultur zulassen, dass Frauen im Namen des „Unterschiedes" eingeengt und benachteiligt werden.

Ich muss das alles alleine durchziehen. Muss halb Mann, halb Frau sein. Zu mir soll niemand sagen: wenn du mich nicht hättest . . .

Die Offensive der Frauen

Die Hälfte der Welt!

Wir saßen zu sechs Menschen auf dem Podium, drei Frauen und drei Männer: ein Ex-Bundespräsident, ein Ex-Verfassungsrichter und der Gastgeber, eine grüne Politikerin, eine Schriftstellerin und ich. Geladen hatte die *Böll-Stiftung* der Grünen in ihre modernen Räume in Berlin-Mitte. Das Publikum war entsprechend, fortschrittlich und gebildet. Das Thema: *Macht, Recht, Moral.* Der Zeitpunkt: der 13. März 2000, also der Moment, in dem die CDU unter der Last der Korruption zusammenbrach und nicht zufällig eine Frau – und eine Ostdeutsche noch dazu –, Angela Merkel, von der Basis zur Parteivorsitzenden hochgespült wurde.

Die Diskussion begann. Der Diskussionsleiter trug seine Fragen vor: 1. Was ist passiert? Stichwort: Zukunft der CDU. 2. Haben wir es mit einer Krise der Parteiendemokratie zu tun? Stichwort Haiderisierung der politischen Kultur. 3. Erste Schlussfolgerungen und mögliche Konsequenzen. Stichworte: Ämtertrennungen, Spendenverbot, Volksbegehren? – Die Gastgeber hatten sehr insistiert, dass ich, trotz Zeitnot, teilnehme. Was mir einleuchtete bei dem Thema. Das schrie ja nach feministischer Betrachtung. Nicht zuletzt, weil Gott und die Welt in diesen Wochen darüber redeten, dass die ganze Malaise das Resultat dieser selbstgefälligen Männerwirtschaft sei, und eben diese abgewirtschaftet habe. Da müssten jetzt andere her. Auch Frauen. Die Merkel zum Beispiel.

Das kultivierte Gespräche ging über zwei Stunden. Es war von vielem die Rede, nur von einem nicht: vom Geschlechteraspekt. Und obwohl wir Frauen alle drei podiumsgewohnt und redegewandt waren, warfen sich sehr rasch – unsere Zwischenbemerkungen ignorierend – nur noch die beiden Herren rechts und links außen, der Ex-Bundespräsident und der Ex-Verfassungsrichter, den

Ball zu („Wie Sie gerade so richtig bemerkten, Herr ...“). Und das so ausschließlich und ausschließend, dass sogar das gewogene Publikum anfing, unterdrückt zu lachen. Nur die Herren merkten nichts.

Irgendwann machte ich darauf aufmerksam und auch darauf, dass unser Thema doch ganz zentral mit eben diesen klassisch männlichen Formen von Machtausübung zu tun habe. Irritierte Blicke der Herren, Schweigen der Damen. Und als ich dann bei dem Stichwort Haiderisierung auch noch darauf hinwies, dass diese ganzen rechten Parteien ja bekanntermaßen ein reines Männerproblem seien und wir ohne die Wahlstimmen der forschen Jungmänner überhaupt keine rechte Partei in den deutschen Parlamenten hätten, weil Männer die Rechten doppelt bis dreifach so häufig wählen wie Frauen – ja, da war das Köpfeschütteln und Gelächter groß. Auch im Publikum. Was mich nun doch überraschte. Ich hatte gedacht, das Phänomen der neuen Rechten beschäftigt sie wirklich. Doch schien in dieser so politischen Runde kein Mensch in den letzten 10, 15 Jahren auch nur eine Wahlstatistik bzw. Wahlanalyse gelesen zu haben. Meine Fakten kamen ihnen absurd vor.

Kurzum, ich fing an, peinlich zu werden, sehr peinlich. Und beim anschließenden kalten Buffet sahen alle wichtigen Damen und Herren an mir vorbei.

Die Veranstaltung hat mir noch lange nachgehangen, denn sie hat mir noch klarer gemacht, wie das jetzt so funktioniert. Wir Frauen dürfen inzwischen zwar dabei sein; manchmal müssen wir sogar dabei sein, weil das sonst nicht fortschrittlich genug aussieht; ja, in besonderen Fällen ist es sogar geraten, eine eindeutig als feministisch ausgewiesene Frau in die Runde zu nehmen. Nur: Wir Frauen dürfen dann eines auf keinen Fall – von Frauen reden. Wir sollen die andere Hälfte der Welt zwar darstellen, aber wir sollen sie nicht sein.

Das ist wie bei den Journalistinnen im Fernsehen, wo eine Untersuchung des Journalistinnenbundes ergeben hat: Seitdem mehr Frauen in den Nachrichtenredaktionen sitzen, ist nicht etwa mehr von Frauen die Rede, sondern – weniger. Genauso läuft es in der Politik: Je mehr Frauen drin sind, umso weniger ist von Frauen die Rede – und schon gar nicht von Männern. Die Mehrheit der Frauen hält sich an das Schweigegebot. Stolz, bei den Jungs mitmischen zu dürfen, versuchen sie, vergessen zu machen, dass sie „nur" eine Frau sind. Der Preis für die Partizipation ist also nur allzu oft die Selbstverleugnung der Frauen.

Was aus drei Gründen eine ernste Sache ist: Erstens wegen der anderen Frauen, zweitens wegen der arrivierten Frauen selbst und drittens wegen der Sache. Denn auch die leidet extrem darunter, wenn nicht endlich ein frischer, neuer Blick auf die Probleme geworfen wird. Es wird einfach Zeit, dass Menschen ihre Stimme erheben, die nicht nur sehen, dass der Kaiser keine Kleider anhat, sondern die das auch sagen. Das können auch Männer sein. Aber gerade Frauen sind in dieser historischen Phase in besonderer Weise dazu prädestiniert, da sie über Jahrtausende nicht Teil des Systems waren und bestenfalls indirekt davon profitiert haben.

Doch auch für die Frauen selbst, die den Sprung in die Männerwelt geschafft haben, ist diese Art von Selbstverleugnung fatal. Denn sie raubt ihnen die eigenen Wurzeln - und das macht sie unauthentisch und damit schwach. Eine Frau, die nichts ist als ein Möchte-gern-Mann, ist allemal weniger interessant als ein wirklicher Mann, auf allen Ebenen. Eine Frau aber, die ihre Erfahrung und ihren Blick auf die Welt als Frau einbringt und noch dazu so einiges von den Männern gelernt hat, die ist allemal interessanter als die meisten Männer.

Mein Abend in Berlin-Mitte hat mir diese lange gereifte Erkenntnis nochmal schlagartig erhellt. Verschärfend kam hinzu, dass die Leugnung des Geschlechteraspektes gerade in dieser Situation so besonders lächerlich war. Denn es liegt ja auf der Hand, dass das Parteiensystem nicht zuletzt daran krankt, dass zu wenige Männer zu lange zu viel Macht hatten. Das Ganze müsste dringend demokratisiert werden, und zwar gründlich. Und dazu gehört eben auch die andere Hälfte der Menschheit, gehören die Frauen mit ihren anderen Erfahrungen und dem entsprechend anderen Blick.

Die Mehrheit der Wähler und Wählerinnen, um deren Stimmen diese Parteien nicht zuletzt mit ihren Vorzeigefrauen buhlen, hat das längst begriffen. So enthüllte zum Beispiel die *Allensbach*-Umfrage: Im Jahr 2000 begrüßen nur noch 55 % aller Frauen und

Männer das Engagement von Männern in der Politik – aber 70 % aller Befragten begrüßen es, wenn Frauen sich in der Politik engagieren. Dieser Trend – weg vom Politiker und hin zur Politikerin – begann in den 80er Jahren und scheint bis zur regelrechten Umkehrung und Bevorzugung von Politikerinnen eskaliert zu sein. Die Männerpolitik hat einfach abgewirtschaftet – und die Frauen sollen mal wieder die Welt retten und den Karren aus dem Dreck ziehen.

Umso absurder sind die demonstrativen Macho-Inszenierungen der neuen Berliner Republik. Diese Zeiten sind einfach vorbei. Die Zeit ist überreif für eine menschenorientierte Politik. Und reif für eine Kanzlerkandidatin. Deren Kandidatur würde sich auszahlen – für jede Partei. Nur: Würde die dann auch ihr Frausein und die Frauen so schizophren verleugnen, wie dies bisher häufig der Fall ist?

Diese breite Zustimmung zu Frauen in der Politik und zur Frauenpolitik steht im krassen Gegensatz zu dem allgemein sinkenden Interesse der Frauen an der Parteienpolitik. Nur noch jede Dritte interessiert sich dafür, unter den Jungen gar nur noch jede Vierte. Kein Wunder, nachdem die Frauen das Wahlrecht 1918 so hart errungen hatten, mussten sie nach dem Einbruch in der Nazizeit auch im Nachkriegsdeutschland zunächst feststellen: Sie kommen einfach nicht vor. Doch jetzt, nachdem die Quote den Parteien endlich mehr weibliche Abgeordnete und Ministerinnen abgenötigt hat? Jetzt kommen die Frauen zwar als Personen vor, aber die Fraueninhalte nicht mehr.

Ist der Preis fürs Mitmachen der Frauen etwa ihr Verschweigen, ja Verleugnen der Frauenfragen, und das nicht nur in der Politik? Und muss die Minderheit engagierter Politikerinnen es wirklich weiterhin hinnehmen, dass nichts so verachtet wird im Politgeschäft wie die Beschäftigung mit ihrer ureigensten Sache, mit der Frauenpolitik?

Die Bevölkerung sieht das offensichtlich ganz anders als die politische Klasse. Und je jünger die Befragten sind, umso kritischer sind sie in Bezug auf Stil und Inhalte der traditionellen Männerpolitik. Zwei von drei Frauen finden laut *Allensbach*-Umfrage, dass „die Politik nicht ausreichend die Interessen der Frauen vertritt“. Unter den unter 30-Jährigen sind sogar drei von vier Frauen dieser Meinung – und vier von zehn jungen Männern stimmen ihnen zu.

Die in den oberen Polit-Etagen ignorierte Frauenpolitik beschäftigt diejenigen, für die die Politik angeblich gemacht wird, also sehr. Frauen haben gemeinsame Interessen und Ziele - das sagen 75 % aller Frauen (und 66 % aller Männer)! Es wäre notwendig, dass Frauen sich organisieren - das sagen 73 % aller Frauen (45 % Männer)! Wir bräuchten zur Durchsetzung der Interessen von Frauen wieder eine Frauenbewegung - das fordern 52 % aller jungen Frauen und immerhin auch 19 % aller jungen Männer! Bei all diesen in der *Allensbach*-Umfrage 2000 artikulierten Forderungen liegen die jungen Frauen immer mit ein paar Prozent mehr an der Spitze. Auch die in der neuen Berliner Republik verschärft geschürte Verachtung der Rolle des Feminismus beim Fortschritt der Frauen scheint also eher von gestern zu sein. Es gibt also eine eigenartige Kluft zwischen dem Stellenwert der Emanzipation bei den Menschen und bei ihren politischen StellvertreterInnen. Verschärfend hinzu kommt die Rolle der Medien.

Dabei liegen die Interessen der Frauen so klar auf der Hand, gerade auch die der jungen. Bei der *Allensbach*-Umfrage kristallisierte sich heraus: Auf Platz 1 der Wunschliste stehen gleiche Berufschancen (93 %). Auf Platz 2 der Kampf gegen die (Sexual)Gewalt (80 %). Auf Platz 3 echt partnerschaftlich geteilte Hausarbeit (76 %).

„Danke! Am liebsten möchte man vor der Frauenbewegung noch nachträglich auf die Knie fallen“, reute es jüngst eine Autorin der *Freundin*. Denn „endlich hat der Mann begriffen, dass die Frau gleichberechtigt und stark ist“. Hat er? Wenn wir der Umfrage der Frauenzeitschrift bei 1 026 Männern von 25–40 glauben dürfen, sind drei von vier jungen Männern heutzutage regelrecht begeistert von der Emanzipation. Sie wünschen sich von ihrer Traumfrau, dass die „ihre Persönlichkeit bewahrt“, „eigene Interessen und Freundschaften pflegt“ und auch „über ihre Wünsche spricht“. Ja, man stellt ihr sogar in Aussicht, „alle Aufgaben gleichberechtigt mit ihr zu teilen“, bis hin zur leidigen Kinderarbeit. Denn: „Kinder brauchen schließlich auch einen Vater.“ Hört, hört. Dass das dann in der Realität doch nochmal anders aussieht als im Traum, darauf kommen wir im nächsten Kapitel zu sprechen. Aber es hört sich auf jeden Fall schon mal gut an.

Wie der moderne Mann die Emanzipation der Frau zu seinem Vorteil nutzt, beschrieb die Soziologin Sigrid Metz-Göckel bereits Mitte der 80er in ihrer *Männerstudie* für *Brigitte*: „Die selbständige Frau ist gewünscht. Die neue Selbständige ist eine Frau, die ihre Angelegenheiten und die der Familienmitglieder eigenständig und verantwortlich regelt und damit zur Entlastung des Mannes beiträgt." Doch „wenn die Selbständigkeit sich auch gegen sie zu wenden droht, wenn Forderungen an sie gestellt und Interessen gegen sie durchgesetzt werden", dann kriegen auch die neuen Männer Probleme mit den neuen Frauen.

Das Angebot der Männer trifft dennoch auf eine Nachfrage der Frauen. Auch auf der Seite der jungen Frauen stehen die Zeichen auf Emanzipation. Das stellt die aktuelle *Shell*-Jugendstudie fest, nach der die jungen Frauen sich mit den jungen Männern scheinbar gleich fühlen und dieselbe Lebensplanung haben wie sie. Der offene Bruch kommt erst später, zwischen 22 und 24, in der so genannten „Familienplanungsphase".

Das ist schlicht eine Revolution, denn das sah vor 30 Jahren noch ganz anders aus. Es mangelt den jungen Frauen ja auch nicht mehr an Möglichkeiten und Vorbildern: von der Gerichtspräsidentin bis zur Nobelpreisträgerin, von der Kommissarin bis zur Rennfahrerin, von der Bankerin bis zur Künstlerin. Selbst in Hollywood agieren inzwischen Frauen, die schon lange nicht mehr nur ihr schönes Gesicht hinhalten, sondern ihre Filme auch selber produzieren und entsprechend kassieren, von Barbra Streisand bis Jodie Foster.

Und auch davor, dass es trotz allen Fortschritts noch Probleme gibt bei der viel beschworenen „Vereinbarkeit von Beruf und Familie", verschließen zunehmend weniger Frauen die Augen. Sie ziehen sogar Konsequenzen: Sie heiraten immer weniger und immer später (das Durchschnittsalter ist inzwischen auf 28 Jahre geklettert). Und – sie bekommen immer weniger Kinder. Niemand sagt es laut, aber: Wir befinden uns in Deutschland mitten in einem virulenten Geburtsstreik.

Unter den Frauen, die 1949 geboren sind, wurden noch 7 von 8 Mutter. Unter denen, die 1959 geboren sind, also im gebärfähigen Alter bereits die Pille hatten, waren es noch 6 von 7. Der Knick kam nicht mit der Pille, sondern mit der Frauenbewegung: Von den 1965 Geborenen haben nur noch 2 von 3 Frauen Kinder. Das heißt, die Generation, die seit Kindesbeinen mit der privaten und öffentlichen Forderung nach Emanzipation konfrontiert ist, ist in den Gebärstreik getreten. Jede dritte heute 35-Jährige ist kinderlos! Tendenz steigend.

Mit dem Aufbruch der Frauen in die Welt ist also nicht nur der Ausbruch aus dem Haus, sondern auch die zunehmende Verweigerung der Mutterschaft verbunden. Wie viele dieser Frauen ganz schlicht grundsätzlich nicht daran interessiert sind, Mutter zu werden, und sich jetzt diese Freiheit nehmen können, und wie viele nur wegen der schwierigen Umstände auf das Kind statt auf den Beruf verzichten - das wurde noch nicht untersucht.

Doch auch die Mütter lassen sich nicht länger im Haus anbinden. Inzwischen sind 43 % aller Berufstätigen in Deutschland Frauen. Darunter sind zwei von drei Müttern mit Kindern unter 18 Jahren. In Ostdeutschland dribbeln sogar drei von vier Müttern Minderjähriger gleichzeitig an beiden Fronten, und das mehrheitlich fulltime. In Westdeutschland allerdings arbeitet nur jede Dritte (der Verheirateten) bzw. jede Zweite (der Alleinerziehenden) ganztags.

Der Trend ist dennoch nicht aufzuhalten. Die Familie, vor 30 Jahren noch Hort der Erfüllung für jede „echte“ Frau, ist nicht länger Berufung, sondern nur noch ein Teil des Lebens. Der andere Teil ist die Welt. Und in dieser Welt haben wir Frauen trotz aller Rückschläge in den letzten Jahrzehnten einen Siegeszug ohnegleichen angetreten.

Während in der Industriegesellschaft der letzten 150 Jahre die Frauen noch krude aus dem Produktionsprozess verdrängt werden konnten, sind gerade sie jetzt in der globalen Kommunikationsgesellschaft der Zukunft unentbehrlich. Denn sie bringen die so dringend benötigten Qualitäten wie Kommunikations- und Teamfähigkeit sowie Flexibilität mit. Alles Eigenschaften, in denen Frauen Tradition haben und die der Berufswelt gut tun. „Wo immer Frauen sind, wird das Klima offener, die Diskussion lebendiger und kommt man schneller zum Kern der Sache - was nicht immer angenehm ist, aber effizient“, vermeldet die *Bundesanstalt für Arbeit* lakonisch.

Dennoch ist es ein langer, ein hürdenreicher Weg. Dass die Frauen gut, wenn nicht sogar besser sind, heißt noch lange nicht, dass die Männer sie ranlassen. Die berüchtigte „gläserne Decke“ zwischen den unteren bis mittleren und den Topetagen bekommt zwar erste Risse. So liegt zur Zeit der Frauenanteil unter den deutschen Topmanagern bei immerhin acht Prozent. Doch sind die 30 DAX-Riesen in ihren Vorstandsetagen noch ganz frauenfrei, und sitzt in den Vorstandsetagen der nächsten 70 großen Aktiengesellschaften gerade mal - eine einzige Frau. Wo es also richtig zur Sache geht, sind die Herren noch ganz unter sich.

Da wundert es nicht, dass auch die Lohnschere zwischen den Geschlechtern in ganz Europa noch immer um 25 % auseinander klafft. Was nicht nur an den weiterhin praktizierten unterschiedlichen Gehältern für die gleiche Tätigkeit liegt (auch wenn dumme Ausreden wie das angeblich so fürsorglich gemeinte Nachtarbeitsverbot für Frauen inzwischen dank feministischer Proteste und Ost-Realität entfallen sind). Das liegt auch an den so genannten „Männer“- und „Frauen“-Branchen. So liegen zum Beispiel die Durchschnitts-Bruttogehälter in der männerlastigen Mineralölbranche bei 7 004 DM für Männer und 5 762 DM für Frauen, in der frauenlastigen Textilbranche aber bei 4 456 DM für Männer und 3 312 DM für Frauen. Es ist also weiterhin so, dass reine Frauenbranchen bzw. Berufe, die frauenlastig sind oder werden, en block niedriger bezahlt werden.

Auch darum ist es so wichtig, dass Frauen nicht nur aus dem Haus ausbrechen, sondern auch aus den Frauengettos in der Berufswelt. Gettos wie die (Zahn)Arzthelferin (99,9 % Frauen), die Friseurin (93 % Frauen) oder die Bürokauffrau (76 % Frauen). Seit Jahren bemühen Frauenministerien und Gleichstellungsstellen sich tapfer, eine Kampagne *Mädchen in die Männerberufe!* jagt die nächste. Nur bleiben selbst die wenigen Mädchen, die sich trauen, meist nach abgeschlossener Lehre stecken. Die Männer lassen sie einfach nicht durch.

Und die Einschüchterungsmanöver sind groß. So wurde nach den ersten Modellversuchen *Mädchen in Männerberufen* bekannt, dass „die Mädchen vom ersten Lehrjahr an massiven Sexismus in allen Formen aushalten müssen" (das berichtet die Psychologin Prof. Carol Hagemann-White).

Doch trotz aller Widernisse ist der eigene Beruf heute für quasi alle Frauen unter 50 eine Selbstverständlichkeit. Immerhin jede Vierte würde wegen ihres Berufs in eine andere Stadt ziehen (und jeder dritte Mann). Und nur noch jede elfte Frau ist ökonomisch abhängig von einem Mann. Der eigene Beruf bringt den Frauen eigenes Geld. Dabei ist es in Westdeutschland noch gar nicht so lange her, dass Frauen auch ohne Zustimmung des Ehemannes überhaupt berufstätig sein dürfen (seit 1976), und dass sie überhaupt Geld besitzen dürfen. Bis 1949 (Ost) bzw. 1953 (West) verlor eine Frau bei Eheschließung sogar ihren eigenen Besitz, der wurde automatisch „der Verwaltung des Mannes unterworfen".

Auch dass Frauen mit Geld handeln dürfen, ist relativ neu. Als 1771 die Wiener Börse ihre Pforten öffnete, da war noch „Bankrotteuren, Hunden, Behinderten und Frauen" das Betreten verboten - und das, obwohl eine Frau die Börse gegründet hatte: die tatkräftige Kaiserin Maria Theresia. Noch hundert Jahre später bekräftigte das deutsche Börsengesetz den Ausschluss des weiblichen Geschlechts. Das durfte die Geldtempel erstmals 1922 betreten. Den Schweizerinnen wurde der Zugang zur Börse sogar erst 1986 gestattet.

Umso beachtlicher, dass im Jahr 2000 der Chef der wichtigen Zürcher Börse eine Frau ist: Antoinette Hunziker, über deren Sohn Kurti die Saga geht, seine ersten drei Worte seien „Mama, Papa, Börse" gewesen. Sogar der stellvertretende Chef der Weltbank ist heute eine Frau, die Finnin Sirkka Hämäläinen. Und die Amerikanerinnen gründeten, klar, schon 1921 die *National Association of Bank Women.* Inzwischen hat ihr Bankerinnen-Netzwerk 8 000 Mitglieder, darunter 150 Bankpräsidentinnen. Selbst das deutsche Bankgewerbe, lange als besonders frauenfeindlich verschrien, hat inzwischen die Frauen entdeckt, als Kundinnen: Die Werbung spekuliert zunehmend auf die neue Zielgruppe.

In Sachen Bildung haben die Frauen, die in Deutschland überhaupt erst seit 1908 Zugang zu den Universitäten haben, die Männer inzwischen sogar überholt. Jedes dritte Mädchen macht heute

Abitur (neben jedem vierten Jungen). Und auch an den Universitäten studieren mit 52 % inzwischen mehr Frauen als Männer. Zwar gibt es immer noch starke geschlechtsspezifische Tendenzen bei der Fächerwahl - so sind in der Kultur 70 % Frauen und bei den Ingenieurswissenschaften 80 % Männer -, doch ist auch das in Bewegung geraten. Bei den Ingenieuren zum Beispiel hat sich der Frauenanteil in den letzten 20 Jahren verdoppelt. In Fächern wie Jura oder Architektur schließlich, einst reine Männerdomänen, steht es inzwischen halbe-halbe. Selbst bei den Habilitationen und Professuren holen die Frauen auf: Jede fünfte Habilitierende und jeder zehnte Professor ist heute eine Frau. Tendenz steigend.

Im öffentlichen Dienst hätte Vater Staat uneingeschränkte Möglichkeiten, lenkend Richtung Geschlechtergerechtigkeit einzugreifen. Auch in der freien Wirtschaft hat er Möglichkeiten, wie Subventionen und Förderungen, nutzt sie jedoch kaum. Beim Staat sind fünf Millionen Menschen angestellt, darunter etwas mehr Frauen als Männer. Dennoch und trotz der viel belästerten Quoten und Frauenförderpläne sichert auch hier die gläserne Decke männliche Privilegien: Nur jedes zehnte Referat, jede 13. Unterabteilung und jede 86. Abteilung hat einen weiblichen Chef. Da besteht, wie das so schön heißt, sehr dringender Handlungsbedarf!

Doch bei aller verständlichen Ungeduld der Frauen muss auch gesehen werden, dass wir relativ gesehen ganz schön vorangekommen sind. Wir kommen schließlich von sehr weit her, vom Rande der Welt. Selbst in Berufen, die Frauen lange ganz verschlossen waren, geht es voran. Zum Beispiel bei den Polizistinnen und Juristinnen.

Gesetze machen, Recht sprechen, Recht verteidigen - diese Domäne haben Männer sich über Jahrtausende vorbehalten. Die erste deutsche Juristin, die feministische Pionierin Anita Augspurg, musste noch in Zürich studieren, wo sie 1897 zum Dr. jur. promovierte, und sogleich, zusammen mit ihren Mitstreiterinnen, das ganze Land mit Rechtsberatungsstellen für Frauen überzog. 1933 wurde die juristische Frauenavantgarde schon wieder gestoppt, mit aufschlussreichen Argumenten wie diesem: „Die Hereinnahme der Frauen in die Gerichtsbarkeit bedeutet ein schweres Unrecht gegen den Mann wie gegen die Frau selbst. Das Unrecht wider den Mann gipfelt in dem Einbruch in den altgeheiligten Grundsatz der Männlichkeit des Staates. Der Hauptberuf der Frau ist und bleibt die Mütterlichkeit“ (so ein Landgerichtspräsident in der *Deutschen Juristen Zeitung*).

1933 wurden die deutschen Juristinnen von den Nationalsozialisten ganz ausgeschaltet. So wie 1979 die iranischen Juristinnen von den Islamisten. Wo die Scharia gilt, wiegt bis heute das Wort einer Frau als Zeugin vor Gericht nur halb so schwer wie das eines Mannes.

In Deutschland aber ist inzwischen jeder vierte Anwalt und rund jeder vierte Staatsanwalt und Richter eine Frau. Unter den „Richtern auf Probe“ ist sogar schon fast jeder zweite eine Richterin. Wenn das kein Erfolg ist! Ja, sogar auf dem allerhöchsten Posten, den Justitia zu vergeben hat, thront eine Richterin: Jutta Limbach ist als Präsidentin des Bundesverfassungsgerichts die oberste Hüterin der Verfassungsmäßigkeit von Urteilen und Gesetzen.

Wo Frauen sind, da können sie auch etwas bewirken. Von Anbeginn an prägten die Juristinnen in der neuen Bundesrepublik alle für Frauen wichtigen Gesetze entscheidend mit. Angefangen bei dem feierlichen Grundgesetz-Paragrafen 3: „Männer und Frauen sind gleichberechtigt“. Es war die Juristin und Sozialdemokratin Elisabeth Selbert, die als Abgeordnete – zusammen mit den von ihr mobilisierten Mitstreiterinnen und Waschkörben mit Briefen aus dem Weibervolk im Rücken – diesen so wichtigen Paragrafen gegen die zögerlichen Herren aller Fraktionen durchboxte.

Und es waren Juristinnen, die, bestärkt vom Druck der Frauen draußen, Schritt für Schritt das patriarchale Recht entrümpelten. Sie haben es geschafft: Bis auf den § 218 gibt es heute kein einziges frauendiskriminierendes Gesetz mehr im deutschen Recht. Selbst die Eheschließung bringt den Frauen, zumindest rein rechtlich, keinen Schaden mehr. Doch keine Sorge, es bleibt reichlich zu tun. Im Frühling 2000 verbündeten sich die Juristinnen in Berlin auf europäischer Ebene. Im Visier haben sie jetzt die Diskriminierungen im Beruf und die sexuelle Gewalt.

Nicht nur die Legislative, auch die Exekutive war lange frauenfrei, zumindest bei der Schutzpolizei, wo es auch um das staatliche

Gewaltmonopol geht. In Deutschland trat die erste „Polizei-Assistentin“ 1908 ihren Dienst an, noch unbewaffnet und überwiegend im Innendienst. Und auch das nur dank des Drucks der Frauenbewegung, die seit Ende des 19. Jahrhunderts weibliche Polizisten gefordert hatte – nicht zuletzt mit Blick auf die weiblichen Opfer: auf missbrauchte Kinder, geschlagene Frauen oder Prostituierte. 1923 gingen die ersten Polizistinnen in Uniform auf Streife. Bei den Nazis hieß es dann wieder: Ab in den Innendienst. Und das blieb auch in der neuen Bundesrepublik lange so.

Erst seit ein paar Jahren gehören sie zum Straßenbild, unsere forschen Freundinnen und Helferinnen. Und da sind sie auch kaum zu übersehen, weil sie so besonders häufig besonders lange und besonders blonde Haare haben. Das liegt daran, dass gerade die bewaffnete Bereitschaftspolizistin beweisen muss, dass sie trotzdem eine Frau ist. Sie hetzt hin und her zwischen Boy und Barbie, und ihre Kollegen erleichtern ihr diesen Spagat nicht gerade. Im Gegenteil. In keinem Beruf werden die Frauen so häufig sexuell belästigt wie bei der Polizei. So ergab eine Umfrage unter den 7826 Polizistinnen in Nordrhein-Westfalen jüngst: Jede vierte Polizistin ist im Dienst sexuell belästigt worden, in jedem dritten Fall durch den eigenen Vorgesetzten.

So wie im Fall von Silvia Braun, jung, hübsch und lange blonde Haare. Die Probleme fingen an, als Silvia in die Münchener Wache 14 versetzt wurde: 48 Polizisten, jeder dritte eine Polizistin. Und ein Vorgesetzter, berüchtigt für seine Frauenfeindlichkeit. Silvia Braun war in ihrem bayerischen Heimatdorf einst als „fröhliches Mädchen“ bekannt gewesen, das gerne Fußball spielte und Motorrad fuhr. Das änderte sich schlagartig auf Revier 14. „Bauerntrampel“ und „Sexmieze“, das waren noch die nettesten Formulierungen, die Polizeiobermeister Braun zu hören bekam. Sie ging zwar zum Personalrat, wollte aber „allein damit fertig werden“ (Man kann sich die Reaktion des Vorgesetzten vorstellen, wenn sie Beschwerde eingereicht hätte).

Am 14. Februar 1999 erschoss Silvia Braun sich mit ihrer Dienstwaffe auf einem Autobahnparkplatz. „Ich traue mich nicht mehr nach München. Ich habe keine Lust, mich von denen quälen zu lassen", schrieb die 22-Jährige in ihrem Abschiedsbrief, den Silvias Mutter Margit erst später zwischen Büchern fand. Ihr letzter Wille: Ihre Mutter solle „etwas gegen die A-Schicht unternehmen". Die Eltern erstatteten Anzeige. Silvias Mutter: „Ihr Tod soll nicht umsonst gewesen sein."

Seither ist der Sexterror gegen die Kolleginnen auf den Polizeiwachen ein öffentliches Thema. Es erfüllt sich bei der Polizei die traurige Gesetzmäßigkeit, dass der Männerterror da am größten ist, wo die Jungs bisher am stärksten unter sich waren. Nach den Polizistinnen haben die Frauen auf dem Bau den meisten Ärger mit zu netten Kollegen. Und auch an den Universitäten ist ja so einiges los. Erfahrungsgemäß ändert sich das erst, wenn die Gruppe der Frauen ausreichend groß ist. Ausreichend meint nach den Erkenntnissen der amerikanischen Männerforscherin R.M. Kanter einen Frauenanteil von 35 %.

Was bei den Polizistinnen noch ein bisschen dauern wird. Bis dahin heißt es Ohren steif halten und den Mund aufmachen. Denn sie sind, je nach Bundesland, bisher erst bei einem Frauenanteil von 8-20 % - im berufliche Emanzipation gewohnten Osten mehr, im Westen weniger. Doch gibt es immerhin schon fünf kommunale Polizeipräsidentinnen. Vor allem aber: In der Ausbildung hat der Frauenanteil inzwischen fast 50 % erreicht. Die Hoffnung also, in nicht allzu ferner Zeit auf die angeblich magische Anti-Männerbund-Marge von 35 % zu kommen, ist durchaus realistisch.

Auch die Polizei selber hat eigentlich ein Interesse daran, dass ihre Rambos durch Verweiblichung vermenschlicht werden. Bereits in den 70er Jahren bewiesen amerikanische Untersuchungen, dass weibliche Polizisten höflicher und weniger aggressiv sind, Konflikte am Einsatzort öfter gewaltfrei lösen - und weniger Dienstwagen zu Schrott fahren. Weibliche Qualitäten sollen von den Frauen also bewahrt und männliche erlernt werden. Ein Spagat, der Frauen auch aus anderen Berufen vertraut, hier besonders extrem ist. Bleibt die Polizistin „ganz Frau", wird sie als Kollegin nicht ernst genommen - steht sie „ihren Mann", wird sie als Frau nicht respektiert. Die noch unübliche menschliche Mitte muss hart erarbeitet und verteidigt werden, nach innen wie nach außen.

Dass die Polizistinnen ganz von selbst auch einen anderen Blick und andere Inhalte einbringen, versteht sich. Die zunehmende Sensibilisierung der Polizei bei der Gewalt gegen Kinder und Frauen zum Beispiel ist nicht zuletzt den Frauen innerhalb der Polizei zu verdanken. So entwickelte die Düsseldorfer Oberkommissarin Monika Krack ein spezielles Faltblatt für den Einsatz gegen häusliche Gewalt („Verlieren Sie nie das Wesentliche aus den Augen: das Opfer") und gibt es an der NRW-Landeskriminalschule schon seit 1986 spezielle Seminare über Sexualgewalt.

Da schließt sich der Kreis. Wir sehen: Auf der einen Seite werden Frauen mit Sexualgewalt im Haus gehalten – auf der anderen Seite werden Frauen mit Sexualgewalt aus dem Beruf geekelt. Wie qualifiziert und unerschrocken die Frauen selbst auch immer sein mögen: Sexuelle Diskriminierung ist die Allzweckwaffe gegen ihre Emanzipation. Und hier wie da funktioniert die Infamie, dass die Demütigungen den Opfern selber peinlich sind. Darum ist es so gut und so wichtig, dass sexuelle Belästigung und Gewalt benannt und bekämpft werden.

Was ja inzwischen auch geschieht und – nach den frühen feministischen Anstößen und den folgenden internationalen Impulsen – heute weitgehend der Tatkraft engagierter Politikerinnen zu verdanken ist. Ohne sie hätte die internationale wie nationale institutionelle Bekämpfung der Frauendiskriminierung nicht das Ausmaß. Die Frauenprogramme aller Parteien, von links bis rechts, lesen sich heute stellenweise wie Forderungskataloge aus Frauenzentren. Und gar nicht so wenig davon wurde bereits in die Tat umgesetzt.

Auffallend bei den Konservativen ist, dass sie die so zentrale Frage der Sexualgewalt ganz aussparen. Für ihre Verhältnisse ist es allerdings schon eine halbe Revolution, dass die CDU gerade im Begriff ist, Abschied zu nehmen von ihrer Traumfamilie: Vater-Mutter-Kind. Auch sie stellt sich den „Fakten und Trends", den Veränderungen der Lebensformen, der Berufstätigkeit der Frauen und der Notwendigkeit gesellschaftlicher Kinderhilfe. Langsam aber dennoch sickern diese Frauenprogramme in die Parteipolitik ein. Auch wenn es von Mal zu Mal ein Kampf und ein Krampf ist.

Mit 31 % aller Abgeordneten nähert sich zu Beginn des 3. Jahrtausends der Frauenanteil im Berliner Parlament der magischen 35%-Grenze. Er beträgt heute das Fünffache der Vor-Frauenbewegungs-Zeit (1970: 6,6 %)! Auch die Ministerinnen sind mit der fünffachen Anzahl vertreten. 1970 gab es eine, 30 Jahre später gibt es fünf Ministerinnen. Bei den weiblichen Abgeordneten sind die einst vor allem von Frauen gegründeten Grünen mit 57 % führend, die Burschen-Partei CSU bildet mit 13 % das Schlusslicht. Das ist keine Überraschung. Eher ist es eine, dass die realen Machtverhältnisse innerhalb der Grünen Partei und ihre Darstellung nach außen trotz eines solchen Frauenanteils erschlagend männerdominant ist. Es sind also noch andere Kräfte als die rein quantitativen am Werk. Angesichts der Frauenmassen haben die Männerbünde offensichtlich ihre informellen Machtzirkel jenseits von Quantität und Repräsentanz verstärkt. Stichwort Kaminzimmer.

Müssten Frauen darauf nicht auch ihrerseits mit dem Aufbau informeller Machtzirkel antworten? Und zwar parteiübergreifend, denn auch ihre Interessen sind ja überparteilich? Erste Ansätze dazu gibt es bereits – aber die stecken noch in den Mädchenschuhen im Vergleich zu dem, was die Jungs so unter sich kungeln. Ebenfalls durchaus parteiübergreifend.

Doch gerade die Politikerinnen haben es noch nie leicht gehabt in diesen Gremien und Parlamenten, wo fast jeder Kollege eine Hausfrau zu Hause sitzen hat, zumindest bei den Alt-Parteien. Was nicht nur dessen Frauenbild prägt, sondern ihm natürlich einen ungeheuren Platzvorteil gegenüber der doppelbelasteten oder allein lebenden Kollegin gibt.

Wie wenig sich die Probleme der Frauen in den verschiedenen Parteien unterscheiden, das ist auch an der kleinen Episode zu erkennen, die sich anno 1977 in einem menschenleeren Gang des Bundestages abgespielt hat. Ich kam gerade von einem Interview und hörte plötzlich hastige Schritte hinter mir herstöckeln. Eine mir unbekannte Frau zupfte mich am Ärmel und sagte: „Sie kennen mich nicht. Ich bin CSU-Abgeordnete. Ich wollte Ihnen nur sagen: Machen's unbedingt weiter so! Immer wenn es die Mannsbilder bei uns zu toll treiben, dann sagen wir zu denen: Ihr wollt doch wohl nicht, dass wir so werden wie die Schwarzer? – und dann parieren sie!"

Ich muss sagen, mit dieser Arbeitsteilung kann ich prächtig leben. Wir unabhängigen Frauen machen Druck von außen – und die in so vielen Zwängen steckenden Politikerinnen präsentieren drinnen ihre Forderungen mit Verweis auf den steigenden Unmut der Massen. So soll es sein. Ein Problem ist nur, dass die ja durchaus vorhandene Frauenpower sich so schwer quantifizieren lässt und so selten ein Forum hat. Auf die Vermittlung durch die männerbeherrschten Medien können Politikerinnen wie Feministinnen erfahrungsgemäß nur in Ausnahmefällen zählen. Es ist eher eine Aufgabe, die noch zwischen den engagierten Politikerinnen und Nicht-Politikerinnen zu lösen wäre. Wie können wir zusammen der Politik Beine machen? Wie könnten Frauen auch im politischen Raum wieder zum Machtfaktor werden?

In den vergangenen Jahrzehnten hat sich da keine Partei mit Ruhm bekleckert. Sie haben alle immer nur allem die Spitze gebrochen: der Frauenpolitik ebenso wie einzelnen starken Politikerinnen. Erfolgreiche Politikerinnen wurden reihenweise gedemütigt, ihre Karrieren intrigant gestoppt. Das hat zum Beispiel die SPD so mit Marie Schlei gemacht, die ihre Entlassung als Ministerin aus der Schmidt-Regierung der Zeitung entnehmen durfte; die FDP mit Irmgard Adam-Schwätzer, die so schikaniert wurde, dass sie öffentlich in Tränen ausbrach; die CDU mit Rita Süssmuth, die auf dem Weg zur Macht mit hausgemachten „Affären“ ins Aus komplimentiert wurde; und die CSU mit ihrer Ex-Frauen-Unions-Vorsitzenden Ursula Männle, deren Erfahrungen und Potenzen die eigene Partei sträflich brachliegen lässt. Auch bei den Grünen gehören die Zeiten des euphorischen „Feminats“ vom Aufbruch, dieses reinen Frauenvorstandes von 1984, der Vergangenheit an. Heute haben die Macht die Männer.

Das Perfide und Effektive bei diesen Manövern ist, dass diese als Frauen behandelten Politikerinnen selbst einerseits ihr Frausein nicht thematisieren dürfen – das würde sie in den Augen der Männer nur noch schwächer machen –, sie aber andererseits ohne die Thematisierung an die eigenen Probleme nie rankommen werden. In diese Ich-gehöre-nicht-dazu-Falle tappt eine nach der anderen – und die, die es nicht tun, verrotten in der Frauenecke.

Der einzige Ausweg gegen diese Strategie der gläsernen Decken und Frauenecken scheint mir eine offensive Doppelstrategie. Frauen müssen es wagen, sich einerseits überall einzumischen; gleichzeitig aber auch ihr zentrales Thema selbstbewusst und offensiv auf die Agenda zu setzen. Frauen müssen mit Männern konkurrieren, ohne ihr Frausein zu verleugnen.

Und die Hälfte des Hauses ...

Anna ist die Freundin einer Freundin, und ihr Vertrauen in mich ist groß. Wie sie so neben mir auf dem Sofa sitzt, ist sie die Inkarnation der modernen jungen Frau: groß, schmal, lässig, hochgewuscheltes Haar, das klassisch schöne Gesicht kaum merklich geschminkt. Sie könnte auch Model sein und hat in der Tat früher ab und an gemodelt zum Studiengeld-Aufbessern. Heute arbeitet sie beim Fernsehen freiberuflich als Journalistin. Ihr Mann Leo ist von Beruf Drehbuchautor. Sie sind seit zehn Jahren zusammen. Vor vier Jahren haben die beiden geheiratet, drei Wochen vor dem ersten Kind. Und jetzt sind sie seit drei Monaten Eltern zweier Kinder.

Wir sind nur einen Steinwurf vom Englischen Garten entfernt, in dem wir vorhin mit Jonathan um den Chinesischen Turm spaziert sind. Draußen scheint die Sonne, aber wir sehen sie nicht. Wir sitzen zwei, drei Stunden zusammen auf dem Sofa und reden. Nur ab und zu unterbrochen von Jonathans Geschrei. Dann stillt Anna ihn im Weiterreden, und er wird rasch wieder ruhig. Charlotte ist noch im Kindergarten. Heute holt ihr Vater sie ab. Anna erzählt. Ihr Redebedürfnis ist groß.

Ich wollte eigentlich nie heiraten. Das hat mit meiner Mutter zu tun. Sie hatte noch nicht mal einen Führerschein und war total von meinem Vater abhängig. Sie hat alles in sich reingefressen und sich nie zur Wehr gesetzt. Und dann ist sie ganz depressiv geworden, steht bis heute voll unter Medikamenten, die sie nie absetzen darf. Jetzt weiß ich auch, warum. Ich habe jetzt bestimmte Sachen am eigenen Leib erfahren – obwohl ich doch in einer ganz anderen Position bin.

Eigentlich wollte ich auch gar keine Kinder. Leo wollte die Kinder. Drei Wochen vor der Geburt von Charlotte haben wir dann geheiratet, da waren wir schon sieben Jahre zusammen. Für mich hatte das keine große Bedeutung. Ich habe meinen Namen behalten, nach der Geburt ein halbes Jahr ausgesetzt und bin dann wieder voll rein in den Beruf. Leo hat sich dann vier Monate lang um Charlotte gekümmert. Wenn er schreibt, ist er nicht hier. Er hat so eine kleine Bude, wo er arbeitet. Aber er hatte alles so geplant, dass er ein paar Monate lang Pause machen konnte.

In der Zeit hat er das Kind gut versorgt. Ich konnte mich 100-prozentig auf ihn verlassen und mich auf meinen Job konzentrieren. Es war ein schöner Sommer, und er hat es sich richtig nett gemacht. Ein Freund von ihm war auch gerade Vater geworden, und die beiden fuhren immer zusammen in die Isarauen.

Okay, er hat in der Zeit nicht wie ich den Haushalt gemacht und gekocht. Da hat er sich einfach geweigert. Das Verwöhnprogramm lief da nicht unbedingt ab. Wenn ich kaputt nach Hause kam, war ich dran mit Haushalt und Kind, und er hatte Feierabend. Wenn aber er gearbeitet hat und ich bei dem Kind war, war das genau andersrum. Dann war er abends genervt: Ich brauche jetzt mal ein bisschen Ruhe ... Er hatte schon nach dem ersten Kind die Tendenz, sich zurückzuziehen. Aber er war noch einklagbar.

Im Beruf haben mich immer alle sehr bewundert. Eine Freundin kriegte gleichzeitig ein Kind. Und wir beiden haben der ganzen Welt bewiesen, dass wir alles auf die Reihe kriegen: beide mit dickem Bauch, Handy in der Hand und ganz cool. Und auch, als die Kinder dann da waren, hatten wir alles im Griff. Scheinbar. Dabei habe ich so manches Mal heulend in der Redaktion gesessen. Ich konnte einfach nicht mehr. Aber ich hab's nicht zugegeben.

Mütter, bleibt bei euren Babys! Mütter, die nach der Geburt schnell wieder in den Beruf zurückkehren, tun ihren Kindern nichts Gutes. Prof. Christopher Rom hat die Lebensgeschichte von 4000 amerikanischen Kindern verfolgt. Ergebnis: Solche Kinder sprechen schlechter, lernen schwerer lesen und haben vor allem Probleme mit dem Rechnen (*Bild,* 26.5.2000).

Als es dann auch für Leo wieder losging, blieb das Kind voll an mir hängen. Ich habe Charlotte immer so gegen vier, fünf vom Kindergarten abgeholt und zu Hause weitergearbeitet. War manchmal echt hart. Aber ich hatte so einen Stolz und wollte nicht zugeben, dass das alles überhaupt nicht funktionierte. Die Kolleginnen haben mich doch auch alle so bewundert.

Im Nachhinein habe ich das Gefühl, dass ich total in die Falle getappt bin. Denn dann wurde ich wieder schwanger. Drei Jahre nach Charlotte. Auch ein Wunschkind. Warum? Tja ... Ich glaube, es war eher Leos Wunsch. Er fand ein Einzelkind blöd und hat schon immer von Kindern gesprochen.

Und als ich zum zweiten Mal schwanger war, da habe ich plötzlich gemerkt, wie sein guter Wille nachließ. Alles blieb jetzt an mir hängen: Job, Kind, Schwangerschaft, alles. Er hat überhaupt nichts mehr fürs Kind gemacht. Ich war hochschwanger, wir haben beide gearbeitet, und der hat sich nicht einmal mehr nach einem runterfallenden Spielzeug gebückt.

Da habe ich mir gesagt: Wie konnte ich nur so doof sein und ein zweites Kind kriegen? Ich, die ich immer so großmaulig rumgetönt habe: Mir passiert das nie! Und jetzt bin ich auf dem besten Weg ... Ich bin jetzt genau an dem Punkt, an dem meine Mutter war und wo ich nie hinwollte.

Die Bereitschaft, im Haushalt mitzumachen, sinkt bei jungen Männern nach der Eheschließung auf die Hälfte (*Allensbach,* 1999). – Sobald ein Kind da ist, teilt sich nur noch knapp jeder zehnte Mann die Hausarbeit partnerschaftlich mit der Frau *(Bamberger Ehepaar-Panel*, 1995).

Ich hab mich dann berappelt und bin mit Leo hart ins Gericht gegangen. Ich habe gedroht und geschimpft und geheult. Ich habe wirklich alle Register gezogen, habe Szenen gemacht und hysterische Anfälle gekriegt. Dabei wollte ich gleichzeitig auf keinen Fall die biestige Hausfrau sein. Also hab ich versucht, großzügig zu sein. Ich habe gesagt: Klar, geh du ruhig noch aus – und bin dann erschöpft aufs Sofa gesunken.

Als Jonathan gekommen ist, war das sehr schwer für mich. Auch die Geburt. Charlotte war ein Kaiserschnitt. Das kann ich nur allen Frauen raten! Meine „natürliche" zweite Geburt war viehisch. Auch mit Leo ist es danach nicht besser geworden. Im Gegenteil. Wir hatten heftige Auseinandersetzungen, und ich war dabei immer in der Position der quengelnden Hausfrau.

Der sitzt dann so da und sagt: Ich muss mich jetzt ausruhen. Und wenn ich sage: Kannst du Charlotte ins Bett bringen?, antwortet er einfach: Nee, ich bin müde. Soll ich das Kind dann sitzen lassen? Das ist der Punkt. Jetzt, wo ich Kinder habe, fühle ich mich verantwortlich. Da bin ich erpressbar. Wenn das Kind schreit, und er geht nicht - gehe ich. Das sind so Machtspielchen.

Ich fand es selber schrecklich. Aber mir blieb nichts anderes übrig, ich musste ihn ja irgendwie einklagen. Er hat dann oft genervt reagiert. Irgendwann hat er angefangen zu sagen, ich wäre paranoid. Ich würde mir alles nur einbilden. Da bin ich völlig ausgeflippt. Ich habe gesagt: Wir können ja mal eine Liste führen, wer was macht. Und er hat geantwortet, so was wäre ihm zu kindisch – und hat das Haus verlassen. Und ich saß da mit den beiden Kindern.

„Die Kinder sind das letzte Faustpfand, das die Männer in der Hand haben." (Sigrid Metz-Göckel in ihrer *Männerstudie* für *Brigitte*, 1985)

Bei meiner Freundin läuft das übrigens ganz anders. Die hat jetzt auch zwei Kinder. Wenn es bei ihr klappt, müsste es doch auch bei mir klappen, habe ich gedacht. Ich fing an, an mir zu zweifeln. Ich dachte, ich bin eben nicht so belastbar. Aber bei meiner Freundin ist der Mann in den ersten drei Jahren zu Hause geblieben. Der ist auch von Beruf Sozialarbeiter. Das ist ein ganz anderer Typ.

Irgendwann habe ich dann gesagt: Ich trenne mich von dir! Es war mir ernst. Ich fand es einfach entwürdigend, dass ich immer so schwere Register ziehen muss, damit er auch mal was tut.

Am häufigsten lassen sich junge Paare drei bis vier Jahre nach der Geburt des ersten Kindes scheiden. Die Streitigkeiten nehmen in den ersten drei Jahren zu. Gleichzeitig reduziert sich die Zärtlichkeit und Sexualität (LBS-Studie *Übergang zur Elternschaft*, 2000).

Als er gemerkt hat, dass es mir bitterernst ist, hat er sich plötzlich demonstrativ bemüht. Hat die Wäsche zusammengelegt und so. In der Zeit hat eine meiner Kolleginnen bewundernd zu mir gesagt: Mensch, wie du das machst! Das beruhigt mich ja total, dass das bei dir so alles klappt. Ich will ja auch noch Kinder. – Da habe ich dann geantwortet: Unterschätze das nicht. So einfach ist das nicht.

Manchmal empfinde ich Leo als regelrecht feindlich. Wie er mich jetzt so am ausgestreckten Arm verhungern lässt. Man kann noch so emanzipiert sein, wenn der Mann nicht mitzieht, dann ändert sich einfach nichts. Er denkt, er hat mich jetzt in der Tasche. Ich bin die Gelackmeierte mit den zwei Kindern. Das nehme ich ihm sehr übel. Er müsste es doch wenigstens mir zuliebe machen. Ich finde, dass er sich auf meine Kosten seine Freiheit nimmt. Das hat mich alles sehr verunsichert.

Ich war früher viel souveräner, ich konnte viel mehr Druck machen. Heute ist meine Position schwächer geworden. Ich habe das Gefühl, er denkt: Er hat mich im Sack. Die Alte läuft ihm nicht mehr weg, die hat jetzt zwei Kinder ... Ich bin zwar nicht materiell abhängig wie meine Mutter, aber emotional.

Hausarbeit ist viel mehr als eine notwendige Tätigkeit. Sie hat eine symbolische Bedeutung für die Identität des Paares. Was Mann und Frau hier mit- und füreinander tun, symbolisiert geradezu ihr grundlegendes Verhältnis zueinander (Cornelia Koppetsch/Gunter Burkart in *Die Illusion von der Emanzipation*, 1999).

Auch in der Sexualität hat sich was geändert zwischen uns. Früher fand ich Leo immer gut im Bett, ich hatte nie Orgasmusschwierigkeiten. Das lief alles immer wunderbar. Dann gab es eine Zeit, wo Leo lustlos wurde. Das war vor den Kindern. Da musste ich ihn überreden, was ich sehr kränkend fand. Jetzt hat sich das ins Gegenteil verkehrt. Das tut mir Leid für ihn, weil ich ja weiß, wie das ist, wenn man zurückgewiesen wird. Aber ich kann doch nicht jemanden attraktiv finden, dem ich die dreckigen Unterhosen und Socken hinterherräume. Und der mich so hängen lässt. Und ich bin auch einfach zu müde. Abends falle ich ins Bett und will nur noch schlafen.

Als er gemerkt hat, dass ich zu nichts mehr Lust hatte, da hat er sich wieder ein bisschen zusammengerissen. Schon mal die Kinder ins Bett gebracht und so. Da hatte ich gleich wieder mehr Liebe für ihn. Neulich haben wir zum ersten Mal nach Jonathans Geburt wieder miteinander geschlafen. Und das lief erstaunlich gut.

Du fragst mich, wie es weitergehen soll. Prinzipiell habe ich natürlich immer noch die Idealvorstellung, dass alles möglich wäre: Familie und Beruf. Und dass alles gleichberechtigt abgeht. Nur – das müssen beide wollen. Ideal wäre 50/50. Aber das ist unrealistisch mit ihm. Klar ist, dass er mir nichts schenkt, und dass ich immer fighten muss.

Im Namen der Liebe werden Frauen erniedrigt und ausgebeutet - und lassen sich ausbeuten (Simone de Beauvoir im Interview mit mir 1976).

Meine Freundinnen sind in einer ähnlichen Situation. Die streiten sich auch ständig über solche Sachen, sind aber viel kompromissbereiter als ich. Warum habe ausgerechnet ich geglaubt, bei mir würde es besser laufen als bei allen anderen Frauen? Es ist ein Dilemma. Ich habe ein richtig schlechtes Gewissen, so darüber zu reden. Ich komme mir vor wie eine Nestbeschmutzerin.

Also, ich könnte damit leben, dass ich beruflich ein bisschen zurückstecke. Das war ja eh klar. Womit ich mich zufrieden geben würde ...? (lange, sehr lange Pause) *Also ... ich wäre zufrieden, wenn er 30 Prozent übernehmen würde. Ich bin ja auch nicht so eine Erbsenzählerin ...*

Der Schlüssel dreht sich im Schloss. Leo und Charlotte kommen rein. Wir begrüßen uns etwas verlegen, Anna wirkt unbefangen. Leo sieht sehr sympathisch aus, unkonventionell, längere dunkle Haare, markantes Profil. Er zieht sich mit dem Kind in die Küche zurück. Das war mein Besuch bei Anna.

Tja, so ist die Lage nicht nur bei Anna. Ihre Situation scheint typisch gerade für „fortschrittliche" Paare. Und das Schlimme ist: Scheiden lassen kann frau sich ja noch, aber die Kinder, die sind irreversibel. In einem allerdings sind Anna und Leo hoffnungserweckend untypisch: Laut *Brigitte*-Studie nimmt der Streit zwischen Frauen und Männern eher ab, wenn geheiratet wird und Kinder kommen. Und das, obwohl die Männer dann ganz plötzlich nur noch die Hälfte tun im Haus. Das liegt einfach daran, dass die Ehefrauen dann scheinbar „im Sack" sind, die Mütter ausgelieferter.

Typisch jedoch ist die Kluft zwischen „Einstellung und Wirklichkeit" bei beiden. Auch Leo vertritt ganz sicherlich nicht die Auffassung, dass eine Frau im Prinzip zu Hause bleiben sollte und Kinder ausschließlich Frauensache sind. Aber er lebt so. Seine Eltern lebten schon so. Und die von Anna auch. Vermutlich haben Töchter und Söhne aus unkonventionelleren Verhältnissen eine größere Chance, es anders zu machen – das gilt also für einen großen Teil der nächsten Generation. Kinder aus traditionellen Familien aber sind besonders gefährdet, diese Traditionen fortzusetzen, und die heutigen Mitt-, Enddreißiger kommen ja meist aus traditionellen Familien.

Man denke das nur mal richtig zu Ende: Da sind zwei, von denen sich einer vom anderen bedienen lässt, zuschaut, wie der andere sich aufreibt, und auf dessen Rücken die Füße hochlegt. Und das ganze nennt sich dann Liebe. Es sind schon wirklich unwürdige Verhältnisse. Aber Frauen und Männer sind diese unwürdigen Verhältnisse seit Generationen gewohnt. Sie kennen es kaum anders. Frauen sind es gewohnt, nicht um ihrer Selbst willen geliebt zu werden, sondern sich Liebe durch Dienstleistungen zu erkaufen. Eine Hoffnung ist, dass genau diese Mentalität ins Wanken geraten ist. Nur, vom neuen Bewusstsein zum neuen Leben ist es eine weite Strecke.

Natürlich liegt es auch an den Frauen selbst, das zu ändern. Nicht länger jammern, sondern einfach handeln! Das ist übrigens eine Sprache, die Männer bestens verstehen. So schnell würden die Frauen gar nicht gucken können, wie die Männer sich ändern, wenn sie müssten (und auch nicht mehr zu einer anderen, die nicht „so zickig" ist, flüchten könnten). Das Ganze ist nämlich nichts als eine reine Machtfrage.

Allerdings sind auch die äußeren Bedingungen gerade in Deutschland katastrophal für Eltern und Kinder. Nicht genug Krippen und Kindertagesstätten, und die schließen dann auch noch um Punkt vier oder fünf. Und dann die Schulen. Nicht etwa wie in Frankreich selbstverständlich Ganztagsschulen und für alle Kinder die Möglichkeit eines Mittagessens, sondern wechselnde Zeiten und eine Rund-um-die-Uhr-Verantwortung der Mütter. In Deutschland ist heute nur jede zehnte Schule eine Ganztagsschule – obwohl der Bedarf riesig ist.

Als Feministinnen Anfang der 70er Jahre begannen, die unsichtbare Arbeit der Frauen im Haus und mit den Kindern ans Licht zu holen, und erstmals Zahlen nannten, da war die Verwunderung groß. Denn es stellte sich heraus, dass die Haus- und Kinderarbeit allein in Deutschland 45 bis 50 Milliarden Stunden im Jahr ausmachte und die Erwerbsarbeit 52 Milliarden Stunden (so dargelegt in meinem

Buch *Frauenarbeit – Frauenbefreiung*, 1973). Der Report über *Die Lage der Mütter in der BRD* hatte damals für die „nicht arbeitenden Mütter“ einen Arbeitstag von 13,5 Stunden errechnet, mit Sieben-Tage-Woche. – Die Gewerkschaften ignorieren übrigens bis heute diese Hälfte der gesellschaftlich notwendigen Arbeit total. Was auch daran liegt, dass in dem Fall die Genossen selbst die „Arbeitgeber“ sind, und zwar zum Nulltarif.

Heute sind zwei von drei der 9,2 Millionen Mütter minderjähriger Kinder berufstätig. Die meisten allerdings Teilzeit wg. „Vereinbarkeit von Beruf und Familie“. Die wird selbstverständlich von den Müttern erwartet, für die Väter ist sie bisher kaum Thema. Auf den Müttern lastet weiterhin der Löwenanteil der Hausarbeit – und die Väter tun makabererweise immer weniger, je mehr zu tun ist. Denn eine Frau mit Kindern kann sich schlechter wehren. Ganz wie Anna.

Dabei täte es Vätern wie Kindern gut, wenn Väter endlich auch Mütter wären. Denn menschliche Väter entlasten nicht nur die Mütter, sie haben auch einen sehr guten Einfluss auf die Kinder: Für die Jungen sind sie positives Beispiel, und für die Mädchen setzen sie Maßstäbe in Bezug auf Männer. Vor allem aber unterbrechen mütterliche Väter die so gefährliche Weiblichkeitstradition, die Mütter auch ohne Worte an ihre Töchter weitergeben. Ganz davon abgesehen, dass die konkrete Versorgung der Kinder eine psychologische Inzestsperre aufbaut, und Untersuchungen etwas beweisen, was wenig überraschend ist: dass der sexuelle Missbrauch bei Vätern, die die reale Fürsorge für ihre Töchter übernommen haben, gleich null ist. Wer Pampers wechselt, hat keine Missbrauchs-Fantasien.

Zum 8. März 1999 hatte sich die grüne Bundesfrauensprecherin darum etwas ausgedacht, was *Bild* zu der Titelzeile provozierte: „Kann SIE die Polizei holen, wenn ER nicht abwäscht?“ Grund der Erregung: Der Vorschlag, den § 1356 des BGB zu ändern, der die Haushaltsführung von Ehepaaren einem vagen „gegenseitigen Einvernehmen“ der Geschlechter überlässt. Die Polizei würde im Fall Leo wenig ausrichten. Aber Recht schafft ja via Normen auch Bewusstsein. Etwas, was „das gute Recht“ eines Menschen ist, das wird nicht nur vor Gericht, sondern auch unter vier Augen selbstbewusster eingeklagt. Warum also nicht endlich diesen Paragrafen verfassungsgerecht dahingehend formulieren, dass die Haushaltsführung im Prinzip partnerschaftlich geteilt wird? Die Herren Politiker fanden das nur komisch, rechts wie links.

Wie das beim „gegenseitigen Einvernehmen“ so läuft, demonstrierte dieselbe *Bild* dann munter im Kleingedruckten. Da wurde der aufschlussreiche Tagesablauf des kinderlosen (!) Ehepaares Gabriele und Detlev Andresen vorgestellt: Die teilzeittätige Frau Andresen tourt von 5.45 Uhr (Frühstück machen) bis 21.30 Uhr („Endlich mal um mich selber kümmern ... Kochbücher studieren“). Herr Andresen setzt sich um 6 Uhr „an den gedeckten Frühstückstisch“. Um 15.45 Uhr kauft er auf der Heimfahrt auch schon mal einen „Kasten Bier und Limonade“. Danach fallen ihm bis 20.15 Uhr (Fernsehen) nur Tätigkeiten wie Autowaschen, Lackschäden ausbessern, Kontoauszüge prüfen oder Fotos einkleben ein („Das erfordert ganz schön viel Zeit“). Ach ja, beinahe vergessen: um 19 Uhr deckt der nette Herr Andresen den Tisch.

Macht zirka vier Stunden mehr Arbeit für sie am Tag. Gleich 28 Stunden in ihrer Sieben-Tage-Woche, also fast ein voller Job – das aber nicht als Mutter für Kinder, sondern als (berufstätige) Hausfrau für einen Mann. Die traditionelle Frau Andresen liegt mit ihrem Pensum in der Spitzengruppe der Ehefrauen mit faulen Männern. Aber die progressive Anna kann durchaus mithalten. Denn so richtig heikel wird es überall dann, wenn Kinder da sind. Dann arbeitet die berufstätige deutsche Durchschnittsfrau täglich 5 1/3 Stunden im Haus – und ihr Durchschnittsmann 2,5 Stunden (inklusive „Reparaturen“ und „Auto waschen“). Sie macht also knapp drei Stunden mehr am Tag, macht in der Woche 20 Stunden. Ein runder Halbtagsjob. Unbezahlt. Und geschenkte Zeit für Männer. Zeit zum Fußballspielen, Fremdgehen, Karrieremachen.

Eigentlich würde dieser reale Stundenvorteil der Männer ja schon genügen. Aber in der Hausarbeitsarie stecken noch ganz andere Töne. Etliche Studien der letzten Jahre haben sich mit dem symbolischen Wert der Hausarbeit beschäftigt und sind äußerst fündig geworden.

Bei der Hausarbeit geht es nämlich nicht nur darum, dass der/die eine arbeitet und der/die andere nicht. Es geht auch darum, wer dadurch welchen Status hat: Wer ist der Sklave und wer der Herr? Es hebt das Selbstbewusstsein, wenn man bedient wird. Die moderne Kleinfamilie, hat der Ökonom John Kenneth Galbraith einmal geschrieben, hat jedem einzelnen Mann beschert, was früher nur den Privilegierten zustand - einen persönlichen Sklaven, genauer: eine Sklavin.

Die manchmal scheinbar so sinnlosen Kämpfe um die Hausarbeit - sinnlos, weil die Streitereien oft viel nerven- und zeitaufreibender sind, als die Arbeit selbst es wäre - haben also durchaus ihren tieferen Sinn. Die Arbeitsteilung im Haus weist den Geschlechtern ihren Platz in der Welt zu. Und der Platz der Frau ist in der Regel der einer kleinlichen, nörgelnden „Erbsenzählerin", die anscheinend keine anderen Probleme hat als die Anzahl der gespülten Teller und die Häufigkeit der gemachten Betten. Der Platz des Mannes ist in der Regel der eines Grandseigneurs, der sich in solchen Niederungen gar nicht erst aufhält. (Mal abgesehen von diesen sympathischen 10 %, die sich mit ihren Frauen die Hausarbeit „echt partnerschaftlich" teilen, und denen Artenschutz gewährt werden sollte. *Die* hätten auf der Expo ausgestellt werden sollen!)

Da das alles keineswegs eine biologische Frage, sondern eine Machtfrage ist, wundert es nicht, dass solche Strukturen auch in homosexuellen Beziehungen keinesfalls immer, aber doch manchmal reproduziert werden: Das hängt davon ab, wie ausgeprägt die „männliche" bzw. „weibliche" Identität der jeweiligen Hälften innerhalb eines solchen Paares sind. Ich kenne so manches Frauen- und auch Männerpaar, wo der eine Teil sich dreist den „männlichen" Part nimmt und den anderen zur „weiblichen" Rolle degradiert. Auch dazu gehören natürlich immer zwei, vor allem innerhalb eines Paares, in dem die Rollen nicht quasi „natürlich" vorgegeben sind. Auch hier geht es um das Kaufen von Liebe via Dienstleistungen - und um die Demonstration eigener Überlegenheit via Degradierung des Anderen.

Und wie steht es eigentlich mit der Hausarbeit im Ost-West-Vergleich? Überraschend. Denn - die Ostmänner „helfen" noch etwas seltener als die Westmänner. Dafür „handwerkeln" die Westfrauen öfter als die Ostfrauen. Wer hätte das gedacht? Wir sehen, ein gestiegenes Bewusstsein der Frauen richtet in diesem Bereich mehr aus als eine stärkere Berufstätigkeit. Allerdings ist im Osten die Mutter-Kind-Ideologie nicht so verankert wie im Westen. Dort liegt zum Beispiel die Zahl der Mütter, die nach zwei Jahren Babypause wieder in den Beruf einsteigen wollen, dreimal so hoch wie im Westen.

„Die Mutter gehört zum Kind." Dieses Gebot ist gerade in (West)-Deutschland besonders tief verwurzelt, tiefer als in den vergleichbaren Nachbarländern. Woran das liegt? Zweifellos auch an der Mutter-und-Kind-Ideologie der Nazis. Es ist ja noch gar nicht so lange her, dass „die deutsche Frau" ihr Heil im Heim zu suchen hatte und ihre höchste Ehre das Mutterkreuz war. Es sind die Großmütter der heute jungen Frauen, die so gelebt haben. Obwohl sie in der Kriegs- und Nachkriegszeit „ihren Mann" stehen mussten, haben sie diese Prägung an ihre Töchter weitergegeben, als doppelte Botschaft: Sei ganz Frau – und stehe deinen Mann. Diese Töchter (und Söhne) der Ex-BDM-Mädchen wiederum sind die Mütter (und Väter) der jetzt jungen Frauen. Und die haben mit den alten und neuen Problemen zugleich zu kämpfen.

Als die Emanzipation so richtig hohe Wellen schlug, begannen die fortschrittlichen Konservativen sich intensiv mit der „Wiederaufwertung von Familie und Mutterschaft" zu beschäftigen. Leute wie Norbert Blüm lancierten den Slogan von der „Sanften Macht der Familie" und Heiner Geißler den von der *Partnerschaft 2000.* Auf ihrem Mist ist dann ein Gesetz gewachsen, das seit 1986 zur schlimmsten Frauenfalle wurde: der Erziehungsurlaub. Schon der Begriff *Urlaub* ...

Sage und schreibe 96 % aller angestellten Frauen nehmen zur Zeit diesen Erziehungsurlaub! Und nur 3 % aller Erziehungsurlaubenden sind Männer, wovon wiederum nur jeder dritte Vater alleine Babypause macht, die anderen teilen mit den Frauen. Das heißt: Von der Totalität der Eltern im Erziehungsurlaub sind 99 % Mütter und 1 % Väter allein, plus 2 % Väter im Sharing. Da hätte man den Erziehungsurlaub gleich Mütterurlaub nennen können.

Dieser Erziehungsurlaub geht über drei Jahre, und das Erziehungsgeld beträgt ein Taschengeld von 600 DM im Monat. Neuerdings ist es so, dass Eltern in Deutschland das dritte Jahr auch später, bis spätestens zum achten Lebensjahr des Kindes, nehmen können. Oder statt drei Jahren zu monatlich 600 DM ein Jahr zu monatlich 900 DM. Auch können Eltern, also Mütter, jetzt nebenher bis zu 30 Wochenstunden arbeiten. Es könnte also theoretisch auf eine einjährige Reduktion der Berufsarbeitszeit beider Eltern hinauslaufen, aufgestockt durch 900 Mark im Monat. Es könnte.

Es ist aber nicht so. Die überwältigende Mehrheit der Mütter in Babypause setzt beruflich ganz und für drei Jahre und länger aus. So manche flüchtet sicherlich auch ins Haus, weil sie sich den Kopf an der gläsernen Decke wund gestoßen hat - und nun hofft, nach der Kinderpause wieder frisch gestärkt einsteigen zu können. Nur rennt sie sich in der Zwischenzeit im Haus den Kopf an der gläsernen Wand ein - auf deren anderer Seite der eigene Mann steht. Sie ist nun noch zermürbter und entmutigter als zuvor. Hinzu kommt: Im Beruf hat sie längst den Anschluss verloren, ihr Platz ist nicht mehr frei. Und ihr Mann hat inzwischen Karriere gemacht. Untersuchungen haben ergeben: Verheiratete Männer machen den ersten Karrieresprung in der Babypause ihrer Frauen. Denn 70 % aller Erziehungsurlauberinnen bleiben drei Jahre und länger im Haus. Da gewöhnt sich so ein Mann einfach daran, dass sie zuständig ist.

Kommt noch ein Kind, wird die Sache quasi ausweglos. Was zunächst nur ein Ausflug in die Frauenwelt werden sollte, wird dann zum Abschied von der Berufswelt. Das zweite Kind wird in den meisten Fällen zur endgültigen Frauenfalle. Hat bei einem Kind noch jeder zehnte Mann die Arbeit „partnerschaftlich" geteilt, so tut es bei zwei Kindern nur noch jeder 14. Und ab dem dritten müssen die meisten Frauen ganz passen. Wie es sein kann, dass selbst Frauen, die schon mit einem Kind nur noch mit Mühe ihre Vorstellungen vom Leben realisieren können, wie Anna, dennoch ein zweites Kind dazubekommen, ist schwer zu begreifen.

Die Ideologie vom Muss eines zweiten Kindes ist allerdings bisher auch kaum infrage gestellt worden, lächerlichen Sätzen wie „Ein Kind braucht doch Gesellschaft" stellt kaum jemand etwas entgegen. Dabei ist es schwer einzusehen, warum in den heimischen vier Wänden immer gleich ein ganzer Kindergarten reproduziert werden muss, damit ein Kind nicht „alleine" ist. Schließlich kann und soll das Kind ja auch raus aus diesen vier Wänden. Auch gibt es nicht nur glückliche Geschwister, sondern genug Familiendramen mit Rollenzuweisungen seitens der Eltern und Eifersucht zwischen den Kindern. Aus der Kinderperspektive spricht also mindestens genauso viel gegen Geschwister wie dafür. Aus der Mütterperspektive jedoch spricht – unter den heutigen Umständen – alles dagegen.

Vor allem, da das Muttersein heute aufwendiger ist denn je zuvor. Noch nie in der Geschichte der Menschheit haben die Kinder ihre Mütter so „gebraucht" wie in unserer Zeit. Und den so genannten „Mutterinstinkt" gibt es überhaupt erst seit der Französischen Revolution, deren Deputierter Amar am 30.10.1793 vor dem Konvent erklärte: „Die Sitten und die Natur haben den Frauen die Aufgaben zugesprochen, die Erziehung der Menschen zu beginnen, nach dem Sorgen um den Haushalt." Im Namen der „Natur" verweigerten die Revolutionäre den Frauen die Gleichheit, unterstützt von einer Flut von Schriften der Naturrechtsphilosophen, die die Sanftmut des Weibes, seine Mütterlichkeit und die Wonnen des Stillens priesen.

Bis dahin hatten die Frauen kaum selber gestillt; weder die armen, die weder die Zeit noch die Kraft dazu hatten, noch die reichen, die ihre Kinder zu Ammen gaben. Und auch in den folgenden zwei Jahrhunderten war der Wert des Stillens strikt abhängig vom Grad der Emanzipation. Das Stillen kam immer dann aus der Mode, wenn die Frauen aus dem Haus mussten bzw. durften (wie in Kriegszeiten oder auf den Höhepunkten der Frauenbewegung), und prompt immer dann wieder in Mode, wenn sie ins Haus zurück sollten (wie in Nachkriegszeiten, wenn die Männer von der Front zurückkamen, oder im Backlash). Der Grad der Emanzipation von Frauen lässt sich in der Geschichte exakt am Grad der Mystifizierung oder Nicht-Mystifizierung der Mütterlichkeit ablesen.

Und heute? Heute haben wir beides. Wir haben die Frauen, die in die Welt gehen – aber wir haben gleichzeitig einen Mutterkult wie nie zuvor. Und auch das Stillen ist wieder sehr in Mode. Frauen dürfen berufstätig sein, aber sie müssen auch Mütter sein, gute Mütter. Und zwar rund um die Uhr. Die moderne Mutter geht auch tagsüber im Büro oder abends im Restaurant jederzeit ans Handy, wenn die Kinder anrufen. Ihr chronisch schlechtes Gewissen treibt sie in eine permanente Verfügbarkeit. Doch dieses Gewissen kann nie beruhigt werden, denn keine Frau kann eine so gute Mutter sein, wie sie es heute sein soll.

Und diese Rund-um-die-Uhr-Mutterschaft macht nicht nur die Frauen atemlos, sondern entmündigt und verblödet auch die Kinder. Die werden nicht selten durch die „Übermutterung" an eigenen Erfahrungen und lebendigem Lernen gehindert. Das war nicht immer so.

„Die gesellschaftliche Auffassung von der Mutterrolle, von den Pflichten und Rechten einer Mutter und vom Wesen der Mütterlichkeit hat sich innerhalb der letzten zweihundert Jahre und vor allem innerhalb der letzten drei Generationen tief greifend verändert", schreibt die Soziologin Herrad Schenk in ihrem Buch *Wie viel Mutter braucht der Mensch?* Und sie fährt fort: „Erst in unserem Jahrhundert, genauer: erst seit den 60er Jahren, als die Wiederaufbauphase nach dem Zweiten Weltkrieg beendet war, begann der Konflikt zwischen Mutterschaft und Individualität für die Frauengeneration fühlbar zu werden, die in dieser Zeit in die Familienphase eintrat. Im gleichen Zeitraum haben sich die gesellschaftlichen Anforderungen an die Mutterrolle um ein Vielfaches erhöht."

Schenk gelangt zu der trockenen Erkenntnis, „dass der Emanzipationsprozess durch die Entwicklung der Mutterrolle wieder zurückgenommen wird". Und sie ist damit eine der wenigen, die das Dilemma damit beim Namen nennt.

In der Tat sind Mutterschaft und Kinderkult heute die effektivste Waffe gegen die Emanzipation. Was auf der anderen Seite den rasant ansteigenden Kinderboykott der Frauen erklärt. Wie bereits erwähnt, ist heute jede dritte 35-jährige Frau in Deutschland kinderlos. Doch zwei von drei werden trotzdem „neue Mütter", und die gleichen fatal den alten: Sie gehen mehrheitlich aus dem Beruf, weil „das Kind die Mutter braucht". Ein Kind aber braucht Geborgenheit und Sicherheit – doch nicht unbedingt die Mutter (von der es das ja auch gar nicht zwangsläufig in jedem Fall bekommt). Und es braucht schon gar keine Rund-um-die-Uhr-Mutter.

Und die „neuen Väter"? Ist es wirklich so, wie die Frauenforscherinnen Cheryl Benard und Edit Schlaffer spotten: „Bei der Geburt atmen sie noch mit, aber dann geht ihnen schnell die Luft aus"? Ja. „Von Wandel keine Spur", konstatieren lakonisch die Soziologen Norbert F. Schneider und Harald Rost in einer Studie zu der Frage *Warum ist Erziehungsurlaub weiblich?* (in *Die ungleiche Gleichheit*). Sie haben herausgefunden, dass es trotz Berufstätigkeit der Mütter bei den meisten Paaren noch nicht einmal eine Diskussion darüber gibt, wer den Erziehungsurlaub nimmt. Bei der Befragung von 555 Männern stellten sie fest, dass sich „die meisten dieser Männer niemals ernsthaft mit der Frage auseinander gesetzt" hatten. Rund jeder dritte Mann gab schlankweg zu, er habe „nie einen Gedanken daran verschwendet".

Und die fortschrittliche Minderheit, die dennoch mit anfasst oder sich sogar phasenweise auf einen Rollentausch (jeder 50.) einlässt? Der Freundeskreis, stellten die Soziologen fest, findet Väter im Babyurlaub meist gut, vor allem die Frauen. Der stärkste Widerstand kommt von den Familien sowie von Kollegen und Vorgesetzten. Die Wissenschaftler ziehen den Schluss, dass das Problem nicht privat, sondern nur gesellschaftlich gelöst werden kann: „Solange die Vereinbarkeit von Berufs- und Familienarbeit gesellschaftspolitisch als privat und nicht als strukturell zu lösendes Problem betrachtet wird, wird sich prinzipiell an der jetzigen Situation wenig ändern."

Doch Vater Staat ist mindestens so unwillig wie Papa privat. Der löblichen Hoffnung einiger weniger Politikerinnen, den Erziehungsurlaub in Zukunft so zu gestalten, dass er zwingend von Müttern und Vätern genommen werden muss (weil er sonst verfällt), wurde die Spitze gebrochen. Wer den Erziehungsurlaub nimmt, das bleibt auch in Zukunft eine Frage des „gegenseitigen Einvernehmens". Resultat bekannt. Hinzu kommt der von allen Parteien unhinterfragte Skandal, dass dank des so genannten „Steuersplittings" nicht etwa die Kinder, sondern die Ehemänner von Hausfrauen alljährlich mit rund 50 Milliarden subventioniert werden. Seit den 80er Jahren rütteln Steuer- und Familienexpertinnen aller Parteien vergeblich an diesen patriarchalen Geldsäcken!

Es ist bezeichnend, dass im neuen Berliner Parlament, in dem die meisten Abgeordneten ganz wie zu Bonner Zeiten von Hausfrauen den Rücken freigehalten kriegen, keine der großen Parteien an diese sozialstaatlich unverantwortliche Regelung rangeht. Da wird immer gejammert, es fehle Geld für Kinder – hier ist es! Ein verheirateter Spitzenverdiener spart, egal, ob Kinder in der Familie sind oder nicht, bei einem Jahresgehalt von 240 000 DM dank Steuersplitting jährlich 24 000 DM, also 2 000 DM im Monat! Das sind Summen, die Familien mit Kindern, Eltern wie Alleinerziehende, bestens gebrauchen könnten.

Das sind die Realitäten. Wichtig wäre natürlich auch ein Wandel in den Mentalitäten. Dabei spielen Rolemodels, so nennt man die prägenden neuen Vorbilder in Amerika, eine große Rolle. Doch die gibt es bisher in old Germany kaum. Während der englische Premier eine berufstätige Juristin an seiner Seite hat und der französische eine schriftstellernde Philosophin, folgt der 1944 geborene deutsche SPD-Kanzler seinem 1930 geborenen CDU-Vorgänger: Er lebt in einer Hausfrauenehe und ist stolz darauf. Sie auch.

Übrigens, ein paar Tage nach meinem Gespräch mit Anna erhielt ich einen Brief von ihr. Sie habe nochmal „reiflich darüber nachgedacht" schreibt sie. Und:

Was mich bedrückt, ist die Diskrepanz zwischen nach außen aufgebautem Image (Es ist alles wie vorher, und ich schaffe das spielend) und dem Gefühl des Überfordertseins in der Doppelrolle als „erfolgreich Berufstätige" und Mutter von zwei Kindern. Eigentlich vertrat ich ja immer den Standpunkt, dass man laut aussprechen darf und sogar soll, was wahr ist, auch wenn die Wahrheit nicht immer ruhmreich ist. Andererseits habe ich auch keine Lust, denen Recht zu geben, die immer schon der Meinung waren, dass sich beides nicht vereinbaren lässt. Ich arbeite gegen das Vorurteil an, dass ich als Mutter im Beruf nicht mehr so belastbar und nicht mehr so flexibel bin. Fakt ist leider: Ich bin nicht mehr so belastbar und flexibel wie vorher. Nun versuche ich, diesen Umstand so gut es geht zu vertuschen, weil ich befürchte, dass es unsere Chancen auf dem hart umkämpften Markt nicht gerade verbessert, wenn wir anfangen zu jammern. Außerdem fällt es mir schwer zuzugeben, dass nicht alles so ideal läuft, wie ich mir das immer vorgestellt habe. Dass das bei Leo und mir meistens nicht klappt, empfinde ich als persönliche Niederlage.

Ost/West: Die doppelte Emanzipation?

Als in Berlin 1989 die Mauer fiel und mit ihr auch alle Hemmungen, da geisterten in Bezug auf die Sache der Frauen in westdeutschen Köpfen zwei sehr unterschiedliche Hoffnungen: Politiker wie Kanzler Kohl, und nicht nur er, hofften auf eine Verdoppelung der Schwächen der Systeme: die westliche Resignation in Sachen Emanzipation gekoppelt mit der östlichen Naivität. Feministinnen wie ich hofften auf eine Verdoppelung der Stärken. Wir setzten auf das - dank voller Berufstätigkeit und das auch als Kranführerin oder Ingenieurin - gewachsene Selbstbewusstsein der Ostfrauen, plus dem - dank öffentlicher Fights mit Niederlagen und Triumphen - geschärfte Bewusstsein der Westfrauen. Gesamtdeutsch hätte das zum Beispiel in Sachen Abtreibung statt des faulen Westkompromisses - nämlich Gnade vor Recht - die konsequentere Ostreform bedeutet: die Fristenlösung und Selbstbestimmung in den ersten drei Monaten der Schwangerschaft.

Aber es kam anders. Zunächst einmal. Beim §218 begriff auch die klügste Ostfrau Anfang der 90er überhaupt nicht die drohende Gefahr, zu sicher waren sich die Genossinnen der ihnen gewährten Rechte. Und ihre Reden begannen damals auch die Emanzipiertesten gerne mit distanzierenden Wendungen wie: Ich hasse keine Männer - sodann folgte das bekannte Aber ... Das traf uns Westfrauen hart. Denn es traf uns ein Vierteljahrhundert, nachdem wir uns endlich dazu durchgerungen hatten, uns nicht länger zu rechtfertigen und auch nicht mehr anzubiedern. Natürlich hatten wir längst diese Art von Spaltungsversuchen zwischen Frauen durchschaut. Und natürlich haben wir was gegen Männer, die von der Frauenunterdrückung profitieren!

Und jetzt - jetzt ging das alles wieder von vorne los. Doch seien wir ehrlich, auch wir Westfrauen haben viele Jahre gebraucht, bis wir es begriffen hatten – es hieß also, sich in Geduld zu üben. Zwar ließ sich die D-Mark exportieren, mit dem Bewusstsein und den gesellschaftlichen Erfahrungen jedoch war das schon schwieriger. Von West nach Ost wie von Ost nach West.

Und dann die Macht am Rhein. Die von der Emanzipation strapazierten Herren griffen nun zu einem ganz neuen Trick. Sie besetzten im wieder vereinigten Deutschland die unbequeme Frauenquote gerne doppelt: mit Frau und Ostdeutsch in Personalunion. Das hatte A den Vorteil, dass die Herrenpfründe wg. Doppelquote Frau/Ossi weniger beschnitten wurden; und B den Vorteil, dass so eine Ostfrau keine Ahnung hatte von diesem nervenden Feminismus. So zumindest hoffte man.

An dem im Jahr 2000 spektakulärsten Fall, an der CDU-Vorsitzenden Angela Merkel, lässt sich nun aufzeigen, wie trügerisch diese Hoffnung war. Die Ostfrauen verinnerlichten schneller den Westfeminismus, als es den gesamtdeutschen Männern lieb sein kann. Und heute ist ausgerechnet eine Ostfrau die erste Vorsitzende einer der beiden großen Volksparteien. Dass sie das nur dank der ins Stolpern geratenen, weil tief korrumpierten CDU wurde, tut in diesem Zusammenhang wenig zur Sache. Dass jedoch die Erste in einer solchen Position aus dem Osten kommt, scheint mir kein Zufall.

Die gelernte Physikerin und Tochter aus einer Pfarrersfamilie, die auf dem Höhepunkt des Kalten Krieges 1954 von West nach Ost zog, bündelt ostdeutsche Frauengelassenheit mit westdeutscher Feminismuskenntnis – dabei hatte das zunächst ganz anders ausgesehen. Als die damals 36-jährige Merkel 1991 auf der Doppelquote als Frauenministerin in die Bonner Regierung geholt wurde, galt sie allen noch als das willfähige „Mädel von Kohl“. Nur zwei Jahre später besprach die inzwischen dank internationaler Frauenbündnisse mit dem Westfeminismus in Berührung gekommene Merkel für *EMMA* begeistert Susan Faludis gerade in Amerika erschienenes Buch *Backlash – Die Männer schlagen zurück.* Bei der rückblickenden Lektüre ihres im Mai 1993 veröffentlichten Textes wird klar: Diese Frau wusste spätestens zu diesem Zeitpunkt, was sie wollte. Denn bereits 1993 schrieb Merkel in *EMMA*:

„Ich merke, dass Frauen so lange schwer vorankommen, wie sie nicht im gleichen Maße teilhaben am öffentlichen und gesellschaftlichen Leben. Solange sie nicht in den Führungspositionen der Medien, der politischen Parteien, der Interessenverbände, der Wirtschaft und der sozialen Bereiche vertreten sind; solange sie nicht zu den Modeschöpfern und Spitzenköchen gehören, so lange werden Leitlinien eben von Männern festgelegt. Faludi zeigt, dass Frauen sich selber auf den Weg machen müssen, wenn sie für sich etwas erreichen wollen."

Nun, Angela Merkel hat sich auf den Weg gemacht und gehört jetzt zu den SpitzenköchInnen. Bleibt nur zu hoffen, dass die als Kanzlerkandidatin 2002 Gehandelte nicht nur weitere Frauen, sondern auch die Emanzipation mit zu Tisch bittet.

Das Phänomen der Doppelungen der Ost-West-Qualitäten ist inzwischen auch bei anderen Ostpolitikerinnen zu beobachten. So sind in allen Parteiprogrammen Forderungen nach uneingeschränkt gleichen Rechten und Chancen für Frauen im Beruf sowie staatlichen Hilfen bei der Ganztagsbetreuung von Kindern zu finden, nicht nur im SPD-Programm, sondern erstmals auch im CDU-Programm. Bei den Konservativen findet gerade eine heimliche Revolution in der Familienpolitik statt, ihrer bis dahin heiligsten Bastion. Nach 50 Jahren Die-Mutter-gehört-zum-Kind-Politik ist das eine wahre Revolution für die Konservativen. Und die ist auch, aber nicht nur, der Frauenbewegung, sondern auch dem Einfluss der so selbstverständlich berufstätigen Ostpolitikerinnen zu verdanken.

So sprach die SPD-Frauenministerin Christine Bergmann in einem Interview mit mir nach ihrem Amtsantritt 1998 ungeniert von dem „Kulturschock", den sie im Westen erlitten habe. Schock über „das konservative Frauenbild in den Männerköpfen" auch in den eigenen Parteireihen, Schock über das „anachronistische Verhältnis zur Frauenerwerbsarbeit" sowie „das mangelnde Engagement der Westfrauen in Sachen Ganztagsbetreuung" der Kinder. Ein positiver Schock war für Bergmann „das genaue Hinsehen der Westfrauen auf Diskriminierung". Zehn Jahre nach dem Mauerfall scheint sich – nach einem ersten Staunen, Erschrecken und Verstummen des überrollten Ostens – also die Hoffnung auf eine doppelte Emanzipation zu erfüllen.

Im Realsozialismus der *Freiheit – Gleichheit – Brüderlichkeit* hatte die Frauenfrage bis zum 17. November 1989 als „gelöst" gegolten. 99 % aller Frauen waren berufstätig – aber dass sie dennoch ein Viertel weniger Lohn erhielten, war eines der bestgehüteten Geheimnisse der DDR. Ausreichend Ganztagskindergärten für alle – aber dass die Frauen die Doppelbelastung zu Hause quasi alleine schultern mussten, ja die Ostmänner im Haus noch *weniger* taten (und tun) als die Westmänner, das brachten erst jüngere Studien an den Tag. Und zwei der zentralen Probleme, die symbolische Frauendiskriminierung im Denken und in der Sprache sowie die reale Männergewalt, waren gar völlig tabu in der DDR.

So konnten die Männer nach der Wende im *Neuen Forum* auch noch ganz unbefangen über die „frustrierten Weiber" wettern – und wunderten sich, als die massenhaft auszogen aus dem Verein. Als Frauen 1990 in Ostberlin die ersten Häuser für geschlagene Frauen eröffneten, da waren die im Nu überfüllt. Es stellt sich heraus, dass die Genossinnen zwar ökonomisch unabhängig, psychosozial so frei aber gar nicht waren, wie die meisten selbst bis dahin geglaubt hatten. Auch das zentrale Problem der Männergewalt scheint im Osten (fast?) so groß gewesen zu sein wie im Westen.

Hinzu kam: Lange vor der Wende war nicht nur der Feminismus über die Mauer geschwappt, sondern auch die Reaktion darauf, der Antifeminismus. Der Backlash kam in der DDR in manchen Bereichen noch vor der Frauenbewegung an. So gab sich bereits 1986 die Sektion *Dichtung und Sprache* der Ostberliner Akademie der Künste die Ehre einer Sitzung zu dem Thema *Pornografie und Sozialismus*. Dabei ging es nicht etwa um die Bekämpfung der Pornografie, sondern um die ach so fortschrittliche Vereinbarkeit der beiden … Auch der Sozialismus hatte den fundamentalsten aller „Widersprüche", den der Geschlechter, eben nicht infrage gestellt. Wettstreit der Systeme hin oder her, in Sachen Männerbündelei und Frauendegradierung hatten Kapitalismus und Sozialismus herzlich wenig Differenzen.

So ist es denn auch eigentlich keine Überraschung, dass eine der bedeutendsten deutschsprachigen feministischen Denkerinnen nen aus Ostberlin kommt. Es ist die viel zu früh gestorbene

Irmtraud Morgner (1934-1990), deren literarisch-philosophisches Werk zur Weltspitze des 20. Jahrhunderts gehört. Die in einem bücherlosen Arbeiterhaushalt aufgewachsene Morgner wurde als Studentin noch von der zurückgekommenen Emigrantengeneration geprägt und kam, im Genuss des Privilegs von Westkontakten und Westreisen, früh mit den Kulturrevolutionen der 68er und der Frauenbewegung in Berührung. Im Zentrum ihres Werkes steht eine Trilogie, deren erster Teil der 1975 erschienene und damals auch im Westen hochgerühmte fantastische Roman *Das Leben der Trobadora Beatriz de Diaz* war. Dieses Buch wies Morgner als eine Rarität aus: nämlich als eine Schriftstellerin mit Humor und Sinnlichkeit.

Und da sie so viel von der Sache verstand, erkannte sie auch noch zu DDR-Zeiten die Gefahr der schleichenden Pornografisierung. Morgner 1989 empört: „Vater Staat würde antisemitische Schriften auch nicht für harte Devisen drucken und keinen Rassismus. Aber Sexismus, den druckt er!"

„Mein zentrales Thema ist der Eintritt der Frauen in die Historie", hatte Irmtraud Morgner, Tochter einer Hausfrau und Ziehkind des Sozialismus, gesagt, die beide Lektionen begriffen hatte. Morgners Credo: „Mein Ziel ist die Abschaffung der Teilung des Menschen." – Genau das ist ja irgendwann auch einmal das Ziel früher SozialistInnen gewesen, aber dann von den Stalins dieser Erde in Bürokratie und Blut erstickt worden.

Dabei wäre es für West wie Ost gut, wenn nicht alles, was auch im Sozialismus richtig gedacht und so manches Mal auch gut gemacht war, verloren ginge. Die deutsche Teilung wäre nicht umsonst gewesen, blieben gesamtdeutsch vom Westen ein Stück echter Demokratie und Feminismus und vom Osten ein Stück echter Sozialismus und Emanzipation erhalten. Wird es gelingen? In 20 Jahren wissen wir mehr.

Die Sucht nach Schönheit

„Wir nehmen auch deshalb ganz junge Models, weil die älteren oft Züge von Verbitterung und Angst um den Mund haben." Die das sagt, ist eine erfolgreiche Model-Agentin in New York und lächelt dabei freundlich in die Kamera. Züge von Verbitterung und Angst. Ich will gar nicht wissen, warum du Angst hast. Ich bin nur auf der Suche nach glatten Gesichtern. Ohne Angst- und ohne Lachfalten. Ohne Spuren des Lebens überhaupt.

Schönheit ist so das Gegenteil von Wahrheit. Schönheit, wie eine solche Model-Managerin sie versteht. Denn diese Schönheit ist von keinem lebendigen Menschen zu erreichen, sondern immer nur künstliches Resultat von Schönheitsoperationen, Lichteffekten und, neuerdings, Computermanipulationen. Diese Art von Schönheit ist unerreichbar – und genau das ist beabsichtigt. Indem die lebendigen Frauen diesem artifiziellen Ideal hinterherhechten, verlieren sie Zeit, Energie und Selbstbewusstsein. Verlieren sie Leben.

Es ist nicht neu, dass selbst die schönsten Frauen der Welt darunter litten, nicht wirklich „schön" zu sein. So klagte Marlene Dietrich in ihren Memoiren, in Wahrheit ein Nichts gewesen zu sein und ihre ganze Schönheit den legendären Lichtkünsten ihres Regisseurs und Liebhabers Josef von Sternberg zu verdanken. Und auch die Models von heute leiden darunter, dass sie im Leben niemand kennt, weil sie so viel alltäglicher aussehen als das Kunstprodukt, das sie auf den Titelseiten darstellen.

Schönheit ist auch und vor allem eine Waffe gegen Emanzipation. In ihrem Buch über den *Mythos Schönheit* schreibt die selbst sehr hübsche Naomi Wolf (sie hätte sich sonst dieses Thema gar nicht kritisch erlauben können): „Der Schönheitsmythos wurde perfektioniert, um dem Vormarsch der Frauen in allen Lebensbereichen einen Riegel vorzuschieben. Für immer mehr Frauen wird das Leben im weiblichen Körper zur Neurose. (...) Der Schönheitsterror zerstört die Frauen körperlich und laugt sie seelisch aus. Wenn sie es schaffen sollen, sich von dem Ballast zu befreien, den Weiblichkeit schon wieder bedeutet, müssen sie vor allem auf eine neue Weise sehen lernen."

In dem Kapitel über die Girlies habe ich eingangs die jungen Journalistinnen zitiert, die selbstironisch schreiben, sie hätten „sehr viel Geld für Lippenstift, Puder und Make-up auszugeben, um nicht auszusehen wie sie".

Das passt zu dem Telefonanruf, der mich anno 1976 aus Bayern erreichte. Die sehr nette, etwas aufgeregte Schwarzer-Leserin riet mir, ich solle doch morgen in der Fernseh-Live-Sendung „eine adrette weiße Bluse anziehen". Adrette weiße Blusen sind nun nicht unbedingt mein Stil, aber mich interessierte das Motiv meiner Anruferin. „Ich möchte, dass mein Mann endlich mal sieht, wie Recht Sie haben. Aber der hört Ihnen ja gar nicht erst zu. Er sagt immer, Sie wären so scheußlich angezogen ..." Ich habe dann vergeblich versucht, der Anruferin klarzumachen, dass es vermutlich nicht mein „scheußliches" Aussehen ist, das ihren Mann so abstößt, sondern das, was ich sage.

Irgendwann ist mir aufgefallen, dass Feministinnen früher wie heute nicht nur nicht unscheinbar oder „frustriert" aussehen, sondern ganz im Gegenteil meist eine besondere Ausstrahlung hatten und haben. So wie Simone de Beauvoir oder Virginia Woolf, wie Anita Augspurg oder Hedwig Dohm, die auch nach den geltenden Regeln jeden Schönheitswettbewerb gewinnen würde. Das heißt, halt! Vielleicht hatte sie doch einen zu wissenden Blick und diese oder jene Falte vom Nachdenken oder Lachen im Gesicht.

Dennoch: Feministinnen können sich in der Regel gar nicht erlauben, zu hinken oder zu schielen – auch wenn ihre Gedanken dadurch nicht einen Deut weniger interessant wären. Eine Feministin, die ein körperliches Gebrechen hätte, wäre einfach eine Lachnummer. Denn das ist ja klar: *Die* sagt das nur, weil sie keinen mitgekriegt hat. Das ist vielleicht ein Grund, warum zum Beispiel die kluge und sensible Rosa Luxemburg trotz des um sie herum blühenden Feminismus so gar nicht feministisch war, um nicht zu sagen antifeministisch. Sie war, als behinderte Frau, einfach zu sehr angewiesen auf die Bestätigung durch Männer. Sie konnte sich einfach gar nicht erlauben, sie als Männer zu kritisieren.

Ich habe die Theorie, dass eine Frau eine gewisse innere Gelassenheit braucht - auch die Gelassenheit, begehrt zu werden, wenn ihr daran liegt -, um überhaupt wagen zu können, Feministin zu sein. Man wird ihr dann auf jeden Fall trotzdem noch, egal wie sie aussieht, bedeuten, sie sei nicht begehrenswert. Denn das Kriterium fürs Begehrtwerden ist nicht die Glätte der Haut, sondern der Grad der Gefügigkeit. Für besonders stolze bzw. verwegene Männer kann es dann eine besondere Herausforderung sein, die Nicht-Gefügige zu begehren. Aber übertreiben sollen auch die es nicht ...

Schön sein heißt heute glatt, also naiv und jung sein. „Der Schönheitsmythos schreibt in Wahrheit Verhaltensmuster vor und nicht äußere Qualitäten", sagt Naomi Wolf. Sie spielt damit auch auf die Konkurrenz unter Frauen an, die für sie ein „Teil dessen ist, was der Mythos verordnet, weil sie spaltend wirkt".

Du wirst nicht begehrt, weil du nicht schön bist - aber ich ... Schön naiv ist eine Frau maximal, solange sie jung ist. Also diktiert das Schönheitsideal Jugend. Jugend aber ist vergänglich. Schon die 18-Jährige hat nicht mehr die Haut einer 16-Jährigen. Die Angst um den Verlust von Schönheit muss also jeder älter werdenden Frau Tag für Tag die Lebenslust rauben: die Lust an Leben, Reife und Erfahrung. „Älterwerden gilt für Frauen deshalb als ‚unschön', weil es einen Zuwachs an Stärke bedeutet", erkennt Wolf. „Ältere Frauen fürchten die jüngeren, die jüngeren fürchten die älteren."

Das Fatalste aber am Schönheitsdiktat ist, dass die Frauen die Regeln nie selbst bestimmen können. Sie können sich ihnen nur beugen. Dabei lautet das Gebot Nr. 1: Du musst begehrenswert sein, also schön. Aber ob du schön bist oder nicht, das bestimmen andere. Ob du begehrenswert bist oder nicht, das bestimmen Männer. Und ganz en passant verdienen die Schönheitsindustrie und die aufblühende Schönheitschirurgie Milliarden mit deiner Jagd nach der Schönheit.

Diese Jagd hält die Frauen auf Trapp und von Sinnvollerem ab. Vom Genießen des Lebens zum Beispiel oder vom Erobern der Welt.

Eine Demi Moore trainiert vier Stunden am Tag, und eine Cher begab sich x-mal unter die Messer der Schönheitschirurgen. Und irgendwann wird es trotzdem Krach! machen – und der ganze Popanz bricht zusammen.

Doch selbst solange es noch hält, solange die Darstellung von Schönheit nach außen noch klappt, ist es nach innen deprimierend erniedrigend. Denn die „schöne" Frau wird morgens immer kurz vor ihren Geliebten aufstehen, damit die nie ihr wahres, eben nicht „schönes" Gesicht, nicht ihren wahren, eben nicht perfekten Körper sehen. Sie wird immer das Gefühl haben, in Wahrheit die anderen zu betrügen, indem sie ihnen eine Schönheit vorspielt, die sie eigentlich gar nicht hat. Sie wird also in dem Glauben sein, als Fata Morgana geliebt zu werden und nicht als sie selbst.

Zwei von drei jungen Mädchen in Deutschland finden sich „nicht schön". Rund jede achte unter den 20-Jährigen (!) kann sich vorstellen, sich einer Schönheitsoperation zu unterziehen. In Amerika sind sogar schon zwei von drei Frauen dazu bereit. Die Jüngeren wollen vor allem eine neue Nase, die Mittleren einen anderen Busen und die Älteren weniger Fett. Aber so ist das nun mal: Mit 40 oder 60 wiegt der Mensch gemeinhin 10 oder 20 Kilo mehr als mit 20. Das ist übrigens auch ganz gesund.

Was ist schön? Lassen wir es zum Abschluss Virginia Woolf sagen, die Schönheit mit den folgenden Worten beschreibt: „Es lag dieser Fluch auf der Schönheit – sie kam zu leicht, sie kam zu vollendet. Sie brachte das Leben zum Verstummen – ließ es erstarren. Man vergaß die kleinen Aufregungen; das Erröten, das Erblassen, irgendeine komische Verzerrung, Licht oder Schatten, durch die das Gesicht einen Moment lang nicht wieder zu erkennen war und die doch einen neuen Zug hinzufügten, den man von da an immer wahrnahm; dies alles konnte man unter dem Deckmantel der Schönheit leichter glätten."

Schönheit als Leichentuch von Lebendigkeit.

Anziehend ist aber nicht das Perfekte, sondern das Spezielle, sind die kleinen Fehler, Unvollkommenheiten und Spuren des Lebens. Aber hier geht es ja eben nicht um Individualität, hier geht es um Gleichmacherei. Der Zwang zur Schönheit ist nichts als ein

Instrument zur Negierung der Individualität von Frauen. Und dabei spielt natürlich die Mode eine ganz zentrale Rolle.

Wenn sie so da sitzen, in den Talkshows, die Frauen ... Die coole Moderatorin mit dem heißen Minirock, um zu zeigen, dass sie trotz ihrer Tüchtigkeit ganz Frau ist. Die erfahrene Politikerin mit der Rüschenbluse unterm Herrenjackett, um zu zeigen, dass sie trotz ihres Erfolges ganz Frau ist. Die berühmte Schriftstellerin mit den Zöpfen, um zu zeigen, dass sie trotz ihrer Kreativität ganz Frau, ja sogar nur Mädchen ist. – Manchmal bin ich so damit beschäftigt, die Maskeraden der Frauen zu deuten, dass ich gar nicht mehr höre, was sie zu sagen haben. Und so ist es ja wohl auch beabsichtigt. Nicht von ihnen, aber sie liefern es.

Menschen ziehen sich ja schon länger nicht mehr nur an, um sich zu schützen und zu wärmen, sondern auch, um sich auszudrücken und darzustellen. Früher war Kleidung vor allem eine Klassenfrage, heute ist sie vor allem eine Geschlechterfrage. An den Körpern und Kleidern der Geschlechter lässt sich der jeweilige Grad der Emanzipation der Frauen ablesen. Je gleichberechtigter, umso ähnlicher; je weniger gleichberechtigt, umso verschiedener. Denn schon die Körper der Geschlechter sind über Jahrhunderte geprägt von ihrer unterschiedlichen Nahrung (für Vater das größte Stück Fleisch) und ihrem unterschiedlichen Training und Bewegungsradius (In ganz extremen Patriarchaten dürfen Frauen kaum das Haus verlassen, so wie in den islamistischen Gottesstaaten). Nicht nur vom Ägypten der PharaonInnen, wo die Geschlechter lange quasi gleich waren, zeigen uns die Grabmalereien Männer und Frauen, die gleich groß, gleich kräftig und gleich gekleidet sind.

Was aber sehen wir heute? Wir sehen die exakte Spiegelung der beiden aktuellen Tendenzen: den Fortschritt und Rückschritt zugleich. Wir sehen hier Schuhe, Kleider und Hosen, in denen auch Frauen sich frei bewegen können – und wir sehen da Stilettos, Bodys und Minis, in denen Frauen eingeengt und unfrei sind. Mehr noch: die sie lächerlich machen. Auch das hat Methode. Aber genau dieses Ridiküle sei sexy, erzählt man den Frauen.

Ein Polizist hat mir einmal gesagt: „Ich frage mich, ob den Frauen mit den hohen Absätzen nicht klar ist, dass man sie nachts schon von weitem stöckeln hört ...“ Doch die Dinger locken nicht nur die Vergewaltiger an, sie ruinieren auch die Gesundheit. Die Ärzte weisen seit langem auf die Folgen häufigen Tragens hoher Absätze hin: Gebärmuttersenkung, Wirbelsäulenschäden, Durchblutungsstörungen, Spreizfüße, Hammerzehen. Schön ist das nicht. Aber sexy?

Um zu testen, ob das, was wir Frauen modisch für übermütig, extravagant oder verführerisch halten, nicht in Wahrheit lächerlich ist, habe ich mir einen ganz einfachen Trick angewöhnt: Ich stelle mir vor, dass ein Mann das anhat, was die Frau da trägt – ist die Vorstellung grotesk, dann ist sie es auch für eine Frau. Was mich nicht hindert, auch selbst trotzdem immer wieder mal in die Falle zu tappen ...

Seit die Männer die Hosen anhaben, ist die Hose zum Symbol für männliche Freiheiten geworden. Sobald Frauen sich emanzipieren, greifen sie immer auch zur Hose. Bei den „Amazonen“ der Französischen Revolution waren die ledernen Beinkleider und Männerstiefel so en vogue, dass die Pariser Modezeitschrift *Cabinet des Modes* 1780 klagte: „Die jetzige Art unserer Damen, die Männer in Tracht, Manieren und Beschäftigung so viel als möglich nachzuahmen, ist auffallend.“ Wenig später wurde es den Brüdern definitiv zu viel. Sie schickten die Schwestern im Namen der „Natur der Frau“ wieder ins Haus und Olympe de Gouges, die Verfasserin der *Erklärung der Frauenrechte*, aufs Schafott.

In der zweiten Hälfte des 19. Jahrhunderts befreiten sich die frisch Emanzipierten wieder von den Fischstäben und Stoffbahnen, unter denen die Reaktion sie begraben hatte, und griffen erneut zu Hose und „Reformkleid“. In den kecken 20ern musste es für die Töchter der Frauenbewegung der Herrenanzug sein, allen voran für Marlene Dietrich, die die Hosen mit Aufschlag und Bügelfalte und Jackett vom Berliner Kudamm auf den Broadway exportierte. Der Rückschlag ließ, wie gewohnt, nicht lange auf sich warten. Als aber dann die Männer im Krieg waren und anschließend die Trümmer aufgeräumt wurden, mussten die Frauen wieder ihren Mann stehen, in Hosen natürlich.

Prompt steckte der Rückschlag die Frauen in den 50ern in Petticoats und Pumps – bis deren Töchter Anfang der 60er wieder zu den „Nietenhosen“ griffen, wie die ersten Jeans hießen. Anfang der 70er folgte der viel belästerte Schlabberlook und die Latzhose der Frauenbewegung, die sehr bequem waren. Aber eben so gar nicht sexy.

In den 80er Jahren versuchte die Modeindustrie zurückzuschlagen. Susan Faludi beschreibt, wie in Amerika 95 % aller neuen Kleider in Größe 38 gefertigt wurden, obwohl nur 20 % der Frauen diese Größe haben. Der Mädchen- und Weibchen-Look war angesagt – aber die Frauen verweigerten sich. Mit dem Resultat, dass in den USA zwischen 1980 und 1987 rund 29 Millionen Kleider weniger verkauft wurden – dafür aber 6 Millionen Anzüge mehr. Die Aktien der globalen Textilbranche sanken um 50-75 %. Die zunehmend selbstbewussten Kundinnen hatten sich dem neuen Modediktat einfach nicht gebeugt, egal, was in den Modezeitschriften gerade als angeblicher Trend lanciert worden war. Ganz ähnlich ging es in Europa zu.

Zu Beginn der 90er Jahre riss die kurz vor der Pleite stehende Modeindustrie dann das Steuer rum. Sie lockerte das Diktat und bietet seither eine breitere Palette für Frauen an, vom Minirock bis zum Kampfanzug. Ein Trend allerdings hat sich herauskristallisiert: der neue Karrierefrauen-Einheitslook. Das ist ein Kostüm, dessen Anleihen an den Herrenanzug durch die kurze Rocklänge gemildert werden soll. Die Röcke, deren Saum immer über dem Knie endet (Eines, laut Coco Chanel, der „größten Vergehen gegen den guten Geschmack, weil Knie selten schön sind“), pflegen im Sitzen gerne bis zum Slipsaum hochzurutschen und nehmen so jeder Trägerin die Ernsthaftigkeit, indem sie sie entblößen.

Diejenigen, die inzwischen gemerkt haben, wie lächerlich diese Art von Kostüm eine erwachsene Frau machen kann, weichen nun auf Anzüge aus. Kleider und Kostüme aber, die Würde und Stil und vielleicht sogar Witz und Erotik haben, machen sich weiterhin rar. Sie müssen ja eigentlich auch ganz neu erfunden werden, so wie der Blick und das Begehren.

Der hartnäckig angepriesene Minirock ist bei den Frauen weniger akzeptiert als behauptet wird. Aber er scheint gerade für jüngere Frauen doch ein Muss zu sein. Dabei kann er ja auch lustig aussehen: mit flachen Schuhen und Übermut getragen, eben nicht auf „sexy". Denn als viel zu dürftiger Rahmen für maximal nacktes Beinfleisch, das wie eine Schnellstraße zwischen die Beine führt, ist der Minirock wenig erotisch, sondern eigentlich nur entblößend – die Blicke der Männer, die solchen Miniröcken hinterhergucken, sind entsprechend.

Dabei soll der coole Auftritt vermutlich oft nur die Unsicherheit verdecken. Zwei von drei 14- bis 19-jährigen Mädchen sind mit ihrem Aussehen „nicht zufrieden", wollen vor allem „weniger dick" sein und haben auch schon Diäten gemacht. Jede Vierte, die beim Jugendtelefon anruft – das überwiegend von Mädchen frequentiert wird –, ist unglücklich über ihr Äußeres. In den letzten zehn Jahren hat sich die Anzahl der mager- und fresssüchtigen Mädchen und Frauen verdreifacht.

Allein unter den Mädchen zwischen 14 und 19 gilt jede zehnte als essgestört. Nicht Heroin, nicht Tabletten, nicht der Alkohol – nein, das Essen ist Sucht Nr. 1 bei Frauen. Das heißt, etwas, womit sie tagtäglich umgehen, für sich und andere, etwas, das lebensnotwendig ist, ist gleichzeitig die häufigste Sucht. Jede zehnte Hunger- und Esssüchtige wird an ihrer Sucht sterben, durch Entkräftung oder Selbstmord.

Egal, wie jung, wie schön, wie berühmt, wie reich sie sind: Sie sind alle betroffen. Prinzessin Diana war magersüchtig. Und die Reeder-Tochter Christina Onassis, eine der reichsten Frauen der Welt, ist 1988 am Hungern gestorben. Wahrscheinlich haben auch bei dem Tod von Marilyn Monroe die lebenslangen Diäten eine Rolle gespielt und bei dem von Romy Schneider nicht minder: Das „Pummelchen" hat lebenslang gehungert. Von den heutigen Topmodels gar nicht zu reden. Sie halten ihr Gewicht mit Salatblättern und Kokain weit unter dem gesundheitlich Verantwortbaren, ihre Körper haben nur noch ein Drittel des notwendigen Fettanteils.

Man stelle sich das nur mal vor: In Ländern des Überflusses verhungern Frauen. Sie haben nicht selten schon regelrechte KZ-Körper, weil sie sich immer „zu dick" finden. Während Männer nach Profil streben, streben Frauen nach Linie. Während Männer Karriere machen, machen Frauen Diäten. Während Männer das Leben genießen, zählen Frauen die Kalorien. Kurzum, Frauen sollen sich einfach dünne machen, in jeder Beziehung.

Es ist nicht zum ersten Mal in der Geschichte der Menschheit, die selten eine Geschichte des Essens ist und meist eine des Hungerns, dass Frauen auch in Perioden des Überflusses dem Hungertod nahe sind, um dem Schönheitsideal zu genügen. Und das Hungerideal war immer wieder eine Reaktion auf die Emanzipation. Schon im 19. Jahrhundert wurde auf die emanzipierte Hose und das „Reformkleid" mit der modisch geschnürten Wespentaille und dem Fischgrätenkorsett reagiert. Und allein in den letzten zwanzig, dreißig Jahren hat das Schönheitsideal eine zweistellige Kilozahl verloren. Dank moderner Medien erreicht dieses Idealskelett inzwischen auch den letzten Winkel und die Allerkleinsten. Die Notrufe berichten von 8- bis 10-jährigen Mädchen, die hungern und anrufen, weil sie sich „zu dick" finden.

Es gibt reichlich psychologische Theorien zur Magersucht, die auch mit der Verweigerung der Frauenrolle zu tun hat. Auch sind fresssüchtige Mädchen und Frauen besonders häufig von sexuellem Missbrauch betroffen (sie essen sich einen unattraktiven Panzer an). Doch kann diese Krankheit, deren Grenzen zwischen „normaler Diät" und pathologischer Hungersucht fließend sind, nur existieren, weil von Medien und Modeindustrie dieses dürre „Schönheitsideal" propagiert wird. 1999 ging folgende Meldung durch die Weltpresse: Auf den Fidschi-Inseln hatte die Einführung des Fernsehens mit westlichen Programmen innerhalb von nur drei Jahren 15 % aller Teenager krank gemacht: Die Anzahl der essgestörten Hunger- und Brechsüchtigen hatte sich in der kurzen Zeit verfünffacht. Bis zur Einführung des Fernsehens galt es auf Fidschi eher als schön für Frauen, kräftig und stämmig zu sein.

Die Magersüchtige und die Fresssüchtige sind wenigstens an ihrer extremen Dürrheit und Dickheit zu erkennen. Ganz schwierig aber ist es mit der steigenden Zahl derjenigen, die zwischen beidem pendeln und so ein Normalgewicht haben. Auch ihr Leben ist beherrscht von der Sucht zwischen Verweigerung von und Gier nach Essen, von heimlichen Fress- und Kotzanfällen, vom permanenten Vertuschen und Verleugnen. Diese Sucht verfolgt die betroffenen

Mädchen und Frauen Tag und Nacht – sie sind permanent mit ihrem „Stoff“ konfrontiert. Diese Sucht ruiniert nicht nur ihren Körper, sie lähmt auch jegliche Lebensfreude. Und sie korrumpiert die Kommunikation mit den anderen, denn wie alle Süchtigen versuchen auch diese, ihre Sucht zu verbergen. Ihr Leben ist die permanente Lüge und Selbstverleugnung.

Länder wie England oder Spanien haben schon die Notbremse gezogen. Die *British Medical Association* alarmierte: „Die Kluft zwischen dem Körperidol und der Körperrealität hat noch nie so weit auseinander geklafft.“ Die Londoner Frauenministerin bat ChefredakteurInnen der Teenie- und Modemagazine nach Downing Street und holte sich prompt eine coole Abfuhr von der *Vogue*-Chefin: „Alles, was wir tun, ist, Bilder von Frauen zu zeigen, die wir interessant, schön oder modern finden.“

Spanien geht schon härter vor. Auch hier haben sich die Zahlen verdreifacht. 98 % der an Esssucht Erkrankten sind Mädchen und Frauen, die Sterblichkeitsrate liegt bei alarmierenden 20 %. Das spanische Gesundheitsministerium verbot 33 Diätmittel und stellte fünf Millionen Mark für eine Aufklärungskampagne bereit. Das Parlament will demnächst Models unter Kleidergröße 40 untersagen.

In Deutschland, wo *EMMA* 1984 mit dem Sonderband *Durch dick und dünn* erstmals über die neue Frauensucht alarmierte, gibt es zwar inzwischen spezialisierte Zentren und Fachtagungen, aber aus den Ministerien oder gar auf Regierungsebene war zu der Frauensucht Nr. 1 noch nicht viel zu hören. Liegt das daran, dass die Süchtigen zu rund 95 % Frauen sind?

Wir befinden uns also in der makaberen Situation, dass einerseits die äußeren Freiheiten der jungen Mädchen immer größer werden – andererseits aber ganz neue innere Zwänge wüten. Wer die Girliepower feiert, darf das Girlieelend nicht verschweigen. Denn die Starke und die Verzweifelte, das sind nicht zwei verschiedene Frauen, das ist ein und dieselbe.

Frauen sind noch nicht einmal im Besitz ihres eigenen Körpers. Die Versuche der Fremdbestimmung des Frauenkörpers sind umfassend und massiv. Unsere Körper sind besetzt, sind kolonialisiert. Dem ist nur, wenn überhaupt, partiell zu entkommen. Denn es fängt an mit den sexuellen Übergriffen und geht weiter mit dem Schönheitsdiktat, dessen Kategorien weder universell noch eternell sind. So schätzen zum Beispiel die Maori, die Ureinwohner Neuseelands, eine pralle Vulva, oder die Padung Hängebrüste. Im nigerianischen Woodabe, wo die ökonomische Macht bei den Frauen liegt, verbringen Männer, schreibt Naomi Wolf, „viele Stunden damit, sich gemeinsam herauszuputzen, und stellen sich dann - aufreizend bemalt - einer Schönheitskonkurrenz, bei der die Frauen Jury sind". Und in den vor-monotheistischen Göttinnen-Religionen haben die Göttinnen gerne viele Liebhaber, am liebsten junge Schönheiten.

Das Schönheitsdiktat ist also sowohl eine Frage des Zeitgeschmacks als auch eine Frage der Macht. Diese Macht kann weit gehen, sie kann sogar das Leben kosten. Und das nicht nur bei Magersucht, sondern auch bei Schönheitsoperationen wie den Silikon-Implantaten oder dem Fettabsaugen. Allein in den USA starben in den 80ern innerhalb von sechs Jahren mindestens 20 Menschen an der Liposuktion, vermutlich jedoch viel mehr: Die Familien der Opfer melden sich nicht, aus Scham.

Noch ganz andere Dimensionen nimmt die Zerstörung des Körpers bei dem aus kosmetischen Gründen eingepflanzten Silikon an. Der häufigste Eingriff ist der Brustersatz bei Brustkrebs. Das fängt schon damit an, dass diese typische Frauenkrankheit seit Jahren epidemische Ausmaße erreicht hat, die Forschung jedoch noch immer in den Kinderschuhen steckt (Beim Hodenkrebs sah das ganz anders aus: Der wird längst effektiv bekämpft). In Deutschland erkranken inzwischen jährlich rund 43 000 Frauen neu an Brustkrebs, Tendenz steigend. In den kommenden Jahren wird jede 10. Frau Brustkrebs bekommen, vor 20 Jahren war es noch jede 18. Und Jahr für Jahr sterben rund 18 000 Frauen daran.

Mindestens jede Dritte könnte noch leben. Wenn Forschung, Vorsorge und Behandlung angemessen wären. Davon aber sind wir noch weit entfernt. ExpertInnen sprechen im Zusammenhang mit dem Brustkrebs-Skandal inzwischen von einem wahren Genozid an Frauen. Amerikanische Feministinnen haben längst breit mobilisiert und die Forschung und Versorgung in den letzten Jahren entsprechend vorangetrieben.

Als würde dieser Skandal nicht genügen, kommt noch ein zweiter hinzu: der nach der - oft viel zu raschen - Amputation eingeredete Brustersatz durch angeblich sichere Silikonkissen im Körper. Doch spätestens seit 1978 weiß man, dass diese Kissen reißen können und das lebensgefährliche Silikon dann in die Körper sickert. Die Folgen: Müdigkeit, Kopfschmerzen, Gliederschmerzen, Atemnot, Schwellungen, Schlaganfälle - Tod. Dennoch wird von skrupellosen Ärzten allein in Deutschland täglich mindestens 50 Frauen weiterhin Silikon in den Körper gesenkt.

Wie ist das möglich? Silikon gilt nicht als Medikament und ist darum auch keiner medizinischen Kontrolle unterworfen. Seine Entstehungsgeschichte ist typisch für den Blick der Männerwelt auf die Frauenkörper. Silikon, eigentlich ein Kühlmittel für Transformatoren, wurde nach dem Zweiten Weltkrieg erstmals Prostituierten in Japan gespritzt. Das sollte die von Natur aus eher flachen Asiatinnen „attraktiver" machen für die stationierten US-Soldaten. In den 50er Jahren fand das Silikon dann - auf den Spuren der Freier - seinen Weg nach Amerika. Dort ließen es sich jetzt auch die „anständigen" Frauen einsetzen - um attraktiver zu sein für ihre Männer, die mit dem Freierblick.

Heute klagen weltweit über 400 000 Frauen gegen den Silikon-Hersteller *Down Corning*, der die „garantiert sicheren" Silikon-Implantate, die in den Körpern der Frauen ausgelaufen sind, seit 1963 auf den Markt wirft. Und dennoch kommen täglich neue Opfer hinzu - um der Schönheit willen.

Dass Frauen mit ihrem Körper auch ganz anders umgehen können, zeigt ihr Einbruch in den Sport. Immer mehr spielen Fußball, laufen, schwimmen, springen, fechten, ja boxen sogar. Im Breitensport sind heute in Deutschland 39 % aller organisierten Sportler weiblich. Und bei den Olympischen Spielen 2000 in Sydney sind 42 % der Teilnehmer Sportlerinnen, nämlich rund 4 410. Hundert Jahre zuvor nahmen an der Olympiade 1900 ganze elf Frauen teil.

Doch der Rückschlag lässt, wir wissen es schon, nicht lange auf sich warten. So ist es der neueste Gag in Herrenmagazinen, Sportlerinnen auszuziehen. Der moderne Mann begnügt sich nicht mit der Erniedrigung der schwachen Frau, er will die starke Frau in die Knie zwingen – und die macht dabei auch noch mit. Manchmal. Denn sie ist verunsichert vom Gerede über die *Mannweiber* im Sport und will, bei aller Sportlichkeit, doch auch so gerne eine „richtige Frau“ sein. Was immer das sein mag.

Von Flintenweibern und Helden

Hätte es die Debatte um den Zugang der Frauen in die Bundeswehr nicht gegeben, man hätte sie erfinden müssen. Denn keine Kontroverse hat das Ausmaß der ideologischen Verblendung in Bezug auf die Rolle der Geschlechter so deutlich gemacht wie diese. Sicher, die Diskussion um die Frauen im Militär wurde weltweit geführt, aber nirgendwo so borniert wie in Deutschland. Was mit der Nazi-Vergangenheit zu tun hat, mit den Zeiten, in denen die deutsche Frau noch ganz Soldatenmutter zu sein hatte, zumindest theoretisch. Praktisch waren auch unter Hitler 450 000 Fauen im Kriegsdienst, die Sanitäterinnen nicht mitgerechnet.

Das bis ins Jahr 2000 ehern verteidigte Berufsverbot für Frauen in der Bundeswehr (bis auf den Sanitätsdienst und das Musikcorps) war schon lange unhaltbar. So hatte bis zum 1. Januar 2001 zum Beispiel nicht nur aus realpolitischen, sondern auch aus rein rechtlichen Gründen keine Frau in Deutschland Staatschef werden können. Grund: Bis zu diesem Tag waren Frauen im Namen der „Natur der Frau“ vom Dienst an der Waffe ausgeschlossen. Ergo konnten sie auch nicht Verteidigungsminister, nicht oberster Befehlshaber und damit nicht Bundeskanzlerin werden.

Schon an dieser juristischen Finte sehen wir, von welch grundsätzlicher Bedeutung der 51 Jahre lang in der Bundesrepublik und dann im wieder vereinigten Deutschland praktizierte Ausschluss der Frauen aus der Armee ist. Umso unbegreiflicher, wie Männer und Frauen aller Parteien – ja, Frauen oft sogar noch heftiger als Männer – bis kurz vor Fall dieses Berufsverbotes für seine Beibehaltung plädierten. Nur die Liberalen, sowie einige versprengte Individuen unterschiedlicher Couleur, waren immer für Soldatinnen.

Dass der Ausschluss der Frauen vom Männerbund der Männerbünde nun doch noch zu Beginn des 3. Jahrtausends aufgehoben wurde, ist nicht etwa einer späten Einsicht der Deutschen zu verdanken, sondern dem Druck des Europäischen Gerichtshofes, der die Bundesrepublik kategorisch aufforderte, diesen „Verstoß gegen die Gleichbehandlung der Geschlechter" endlich zu beseitigen. Und vermutlich hat auch die Remilitarisierung des Klimas in Deutschland, die unhinterfragte Beteiligung der rotgrünen Regierung am Krieg im Kosovo, noch das Ihre dazu beigetragen: Wenn es brenzlig wird, dann dürfen auch Frauen ihre Haut riskieren.

Dabei sagt die Frage des Ausschlusses oder der Zulassung von Frauen in der Armee noch nichts aus über das Verhältnis einer Gesellschaft zum Krieg. Die Frage von Krieg oder Frieden ist eine Menschenfrage und keine Geschlechterfrage. Wer gegen Frauen in der Armee ist, muss auch gegen Männer in der Armee sein - oder umgekehrt. Außerdem: Je mehr Frauen beteiligt sind an der Macht, Kriege zu machen, umso mehr könnten logischerweise auch darauf einwirken, Kriege zu verhindern. Ein effektiver Pazifismus kann nie aus der entwaffneten Ohnmacht, sondern nur aus der mitbestimmenden Macht kommen. Und der allgemeine Männerwahn kann nur dann effektiv bekämpft werden, wenn auch das Soldatentum, dieses Urmodell der Männlichkeit, vermenschlicht wird.

Als ich 23 Jahre vor dem Fall dieses vorletzten Berufsverbotes für Frauen (das letzte wären die katholischen Priester) im Juni 1978 als Erste - und lange Einzige - im Namen der Gleichbehandlung für einen freiwilligen, uneingeschränkten Zugang von Frauen zur Bundeswehr, inklusive Dienst an der Waffe, plädierte, da ging ein Aufschrei durchs Land. Er legte sich rund zwanzig Jahre lang nicht. Dass die Konservativen gegen die bewaffnete Frau waren, wundert nicht bei ihrem Frauenbild. Doch die Absolutheit, mit der auch SozialdemokratInnen, Linke und so manche Feministinnen meine Position ablehnten und mir flugs das Etikett „Flintenweib" verpassten, war dann doch befremdend.

Frauen aus dem damaligen DKP-Spektrum initiierten gar eine regelrechte „Bewegung" gegen meine einsame Stimme (wohl auch mit dem ganz anderen Motiv der generellen Bestärkung einer „Friedensbewegung"). Motto: „Frauen in die Bundeswehr - nein danke!"

Doch es war ganz und gar überflüssig, Nein zu rufen – denn niemand sagte Ja zu den Frauen in deutschen Kasernen.

Im Gegenteil. Ein knappes Jahrzehnt nach Aufbruch der Frauenbewegung lief die Frauenbewegung Gefahr, sich in einer blauäugigen Friedensbewegung aufzulösen, die mit Petitionen und Rührseligkeiten gegen Rüstungseskalation und Kalten Krieg protestierte. Weite Teile der Frauenbewegung ließen sich instrumentalisieren für die „gute Sache". Es drohte die Befriedung der Geschlechter. Als der SPD-Generalsekretär Egon Bahr im Wahlkampf 1980 in einer SPD-Wahlanzeige an „die liebe *EMMA*-Leserin" schrieb: „Eines ist wichtiger als das Bemühen, der Gleichberechtigung der Frauen näher zu kommen: Das ist die Erhaltung des Friedens." – da war er sich offensichtlich gar nicht im Klaren darüber, wie entlarvend sein Argument war.

Wie soll es Frieden geben in der Welt, wenn der Krieg in der Familie weitergeht? Wie soll der destruktive Männlichkeitswahn zwischen Gruppen und Völkern gestoppt werden, wenn er zwischen den Geschlechtern weiterhin ungebremst wütet? Wie soll überhaupt eine Kultur des Respektes voreinander und des Gewaltverzichts entwickelt werden, wenn im kleinsten Baustein der Gesellschaft, in der Familie, Respektlosigkeit und Gewalt herrschen, weil die einen zu stark und die anderen zu schwach sind? Nein, es gibt keinen größeren Garanten für den Frieden als die Emanzipation und Gleichberechtigung der Geschlechter. Sie ist der erste Schritt zum Weltfrieden.

Anfang der 80er jedoch waren weite Teile der aktiven Feministinnen nahe daran, mit fliegenden weißen Taschentüchern in der – politisch von den verschiedensten Kräften manipulierten – Friedensbewegung unterzugehen. Friedensbewegung statt Frauenbewegung. Erschreckend unwidersprochen blieben in der Zeit auch bei Feministinnen Sätze wie: Männer sind von Natur aus destruktiver. Frauen sind das friedliche Geschlecht. Frauen müssen vor dem Wehrdienst geschützt werden.

Das letzte Argument ist besonders zynisch. Nicht nur, weil es üblere Berufe gibt als den des Soldaten – ich zum Beispiel zöge, als quasi geborene Wehrdienstverweigerin, trotzdem den Arbeitsplatz Kaserne allemal dem Bordell vor –, sondern auch, weil die Gefahr im Krieg für Zivilisten ungleich höher ist als für Soldaten. Schon in den beiden Weltkriegen wurden mehr Menschen an der Heimatfront getötet als Soldaten an der Front. In den Kriegen nach 1945 waren 90 % aller Kriegsopfer ZivilistInnen. Und in den Kriegen der Gegenwart und Zukunft rechnet man mit 100 toten ZivilistInnen auf einen toten Soldaten! Es gibt also im Ernstfall keinen sichereren Posten als den des Soldaten.

In der Geschichte des Abendlandes ist das Kriegshandwerk ein traditionelles Männerhandwerk. Männer waren Täter, Frauen Opfer. Männer hatten das Gewaltmonopol, Frauen waren zwangsweise das ohnmächtige – verschleiernd „friedlich“ genannte – Geschlecht. Sie waren: Witwen, Marketenderinnen, vergewaltigte, geraubte oder getötete Beute. Spätestens seit Susan Brownmillers Buch *Gegen unseren Willen* (1977) wissen wir, dass die Vergewaltigungen und Schwängerungen der Frauen des Feindes keine individuellen Ausrutscher, sondern systematische Kriegsstrategien sind. Die jüngeren Ereignisse in Bosnien und im Kosovo haben das grausam bestätigt. Armeen sind Männerbünde in höchster Potenz: Hier lernen Männer Befehlen und Gehorchen, Kämpfen und Töten. Egal, wer in Zukunft in den Kasernen Dienst tun wird, ob Männer oder Frauen: Demokratien, die es ernst meinen, müssen ein elementares Interesse daran haben, diese Männerbünde zu zivilisieren, zu kontrollieren und zu humanisieren.

Und wenn es wirklich nötig ist, müssen Frauen in Zukunft ebenso zur Waffe greifen können wie Männer. Die Zeiten, in denen eine Frau mit Waffe ein verachtetes „Flintenweib“ war und ein Mann mit Waffe ein bewunderter Held, sollten vorbei sein.

Während die Frauen in Ländern wie Frankreich, Skandinavien oder Amerika seit Jahren Dienst tun als Generalin, Kommandeurin und U-Boot-Kapitänin, wurden die deutschen Frauen bis heute vor der Kaserne gestoppt, unter anderem mit dem Argument: Das Grundgesetz verbiete den Waffendienst von Frauen. Davon war nun bei der Gesetzesänderung plötzlich überhaupt nicht mehr die Rede. Aber es gab durchaus noch ein paar letzte ideologische Gefechte vor der endgültigen, uneingeschränkten Zulassung der Frauen in die Bundeswehr.

So bäumten sich noch im Frühling 2000 die ex-pazifistischen und jetzt neo-militaristischen Grünen, die früher immer besonders vehement gegen die Soldatinnen gewesen waren, mit einem letzten erstaunlichen Statement gegen das Unabänderliche auf. „Frauen in die Bundeswehr? Das letzte Wort ist noch nicht gesprochen", erklärte der grüne Bundesvorstand im März 2000. Denn: „Mit unseren Vorstellungen von Emanzipation hat dies nichts zu tun. Frauen brauchen eine emanzipierte Gesellschaft ohne Gewalt und Unterdrückung." – Als bräuchten Männer die nicht. Und als könnten wehrhafte Frauen sich nicht effektiver dafür einsetzen als wehrlose ...

Dabei war es auch nicht ohne Pikanterie, dass dieselben Grünen gleichzeitig eintraten für die Beibehaltung des Berufsverbotes für Soldatinnen und für die Einführung des „Berufes Hure", weil „Prostitution ein Beruf wie alle anderen" sei.

Doch auch der sozialdemokratische Verteidigungsminister wagte noch einen letzten Versuch, wenigstens einen ganz kleinen Unterschied zu retten. Zwar solle die Bundeswehr „grundsätzlich in ihrer ganzen Vielfalt weiblichen Soldaten offen stehen", ließ er kurz vor Verabschiedung des Gesetzes verlauten, doch gäbe es „gute Gründe", die Frauen von „speziellen Bereichen auszunehmen". Dabei dachte der oberste Dienstherr der personenreichsten Behörde an „Verwendungen, die besondere körperliche Voraussetzungen erfordern, zum Beispiel Kampfschwimmen". – Kampfschwimmen? Ja, können Frauen denn nicht schwimmen? Oder können sie nicht kämpfen? Oder können sie – aufgrund weiblicher Hormone oder anatomischer Eigenheiten – nicht gleichzeitig schwimmen und kämpfen?

Die Unhaltbarkeit und juristische Anfechtbarkeit dieser bis zuletzt geplanten Einschränkungen im Namen des kleinen, großen Unterschiedes muss den politisch Verantwortlichen dann doch in letzter Sekunde klar geworden sein. Am 7. Juni 2000 stimmte die Bundesregierung einer Gesetzesänderung zu, die Frauen den freiwilligen Weg „zu allen Laufbahnen der Streitkräfte" öffnet, und das ohne jeden „Verwendungsausschluss". Das ist gut, sehr gut. Denn die „Verwendungsausschlüsse" sind auch historisch immer nur Vorwand zur Benachteiligung gewesen.

Das haben wir schon im Berufsleben gelernt, zum Beispiel am erst vor kurzem gegen den Widerstand der Gewerkschaften gefallenen „Nachtarbeitsverbot" für Frauen. Dieses Nachtarbeitsverbot war im 19. Jahrhundert keineswegs erfunden worden, um nett zu den Frauen zu sein (die ja eher nachts reichlich zu tun haben), sondern um die unliebsame weibliche Konkurrenz aus dem Beruf zu drängen. Wie sich überhaupt unter scheinbarer Galanterie und Fürsorge der Männer in Wahrheit immer Verachtung und Benachteiligung gegenüber Frauen verbergen.

Der Widerstand der Frauen gegen die Soldatin ist allerdings auch in Deutschland eine Generationsfrage. Die Mehrheit der EnkelInnen der einstigen Mutterkreuz-Trägerinnen findet den „Beruf Soldatin" längst selbstverständlich. Die jungen Frauen sehen schon lange nicht mehr ein, warum der Bruder beim Bund Autofahren lernen und studieren konnte, sie aber nicht. Dass der Bruder neuerdings beim Bund auch wieder sterben kann - und seine Schwester damit nicht minder -, ist neu. Den Frauen werden ironischerweise die Türen in einem Moment geöffnet, wo das Berufssoldatentum nicht länger nur Vorteile, sondern in der Bundeswehr - als Teil der NATO unter der Ägide der selbst ernannten amerikanischen Weltpolizei - zunehmend auch Gefahren und eine sehr schwere Verantwortung mit sich bringt.

Dennoch: Der Ansturm der zukünftigen Soldatinnen ist groß. Schon in den ersten Wochen nach der Gesetzesänderung meldeten sich über 5000 Kandidatinnen. Die Auswahlverfahren laufen, ab dem 1. Januar 2001 heißt es: Angetreten, Kameradin! Aus den Auswahlkommissionen ist schon jetzt zu hören, die weiblichen Bewerber seien bedeutend qualifizierter als die männlichen. Es wird also rund gehen in den Kasernen. Die erste Front, an der die neuen Soldatinnen kämpfen müssen, verläuft nicht draußen in der fernen Welt, sondern drinnen in den eigenen Kasernen.

Schon jetzt wird über „psychologische Schulungen" für den Männerbund Bund nachgedacht. Stichwort: Sexmobbing. Im europäischen Ausland und in den USA, wo die Frauen schon seit Jahren einen (quasi) uneingeschränkten Zugang zur Armee haben, sind die Zahlen und Vorfälle von sexueller Diskriminierung und Sexualgewalt gegen Soldatinnen alarmierend. Auch der Bundeswehr ist das Problem nicht unbekannt. Anzunehmen, dass Polizei und Bauarbeiter als bisher Sexmobbing-trächtigste Männerberufe bald überholt werden von den Soldaten.

Wenn die deutschen Soldatinnen sich jetzt - zwei Jahre nach ihren österreichischen und Schweizer Kolleginnen - mit dem potenziellen Generalstab im Rucksack auf den Weg machen, werden sie kaum auf Gnade hoffen können bei der Mehrheit der „echten Männer beim Bund". Dennoch erhoffen sich auch MilitärexpertInnen vom Einzug der Frauen längerfristig tief greifende Veränderungen: unter anderem weniger Vergewaltigungen im Kriegsfall und weniger Machotum im Friedensfall. Denn Frauen, die kämpfen und schießen können, sind ernst zu nehmende Frauen. Ob mann will oder nicht.

**Manchmal stehe ich
am Kiosk und denke:
Was stehst du hier
in der Kamellebud, anstatt
im Bundestag?
Irgendwas hab ich im Leben
falsch gemacht.**

Wo ist die Frauenbewegung?

Da ist sie ja!

Die Anzeichen mehren sich. 30 Jahre nach dem Aufbruch der Frauenbewegung in den 70er Jahren erklären Popstars öffentlich: „Selbstverständlich bin ich Feministin!" Junge rot-grüne Politikerinnen schreiben am 8. März 2000 einen offenen *Streitbrief an Alice Schwarzer* (die sie offensichtlich für die in der Sache zuständige Zentraladresse halten), distanzieren sich von „alten Feminismuskonzepten" und fordern einen „modernen Feminismus". Zwei von drei deutschen Frauen träumen von einer „starken Frauenbewegung". Journalistinnen veröffentlichen Bücher mit Titeln wie *Die widerspenstigen Töchter* und beschwören eine „neue Frauenbewegung".

Wo aber ist sie hingeraten, die gute alte Frauenbewegung? Wer war sie überhaupt? Was waren ihre Konzepte? Und wie sieht ein „moderner Feminismus" heute aus?

Ich weiß es noch, als wäre es gestern gewesen. Es war ein lauer Frühlingstag im Jahre 1970. Ich ging zwischen zwei Vorlesungen auf den Hof der Pariser Fakultät Vincennes, und da stand neben dem Brunnen Claude, zu der ich träumerisch sagte: „Das wäre doch nicht schlecht, wenn wir auch so was hätten. So eine Women's lib wie die Amerikanerinnen oder Dolle Minnas wie die Holländerinnen. So eine Art Frauenbewegung ..." Claude nickte versonnen. Und dann gingen wir zurück in unsere Seminare, Claude in die Vorlesung von Michel Foucault und ich in die Arbeitsgruppe *Psychoanalyse und Marxismus.*

Wenige Wochen später, ich war gerade in Deutschland, zog eine Hand voll Frauen über eben dieses Campusgelände von Vincennes und skandierte „Nous sommes toutes des hystériques" (Wir sind alle Hysterikerinnen – als sarkastische Antwort auf einschlägige Pöbeleien). Und: „Le pouvoir est au bout du phallus“ (Die Macht ist im Laufe des Phallus – in ironischer Anspielung auf den damals gern zitierten Mao-Spruch: Die Macht ist im Lauf der Gewehre). Claude mittendrin. Ein paar Kilometer weiter, am Arc de Triomphe, legte fast gleichzeitig ein wieder anderes Häuflein Frauen einen Kranz auf das Grab des unbekannten Soldaten, „Für die Frau des unbekannten Soldaten“ (und wurde prompt verhaftet).

Noch kannten sich die unterschiedlichen Akteurinnen nicht, aber schon im Herbst sollten sie sich jeden Mittwochabend zu Hunderten in der Mensa der Beaux Arts am Seine-Ufer treffen und übermütig aufeinander einschreien. Wir waren 16 oder 60 Jahre alt, bekannte Schriftstellerinnen und Schauspielerinnen oder unbekannte Studentinnen und Sekretärinnen; wir lebten (überwiegend) mit Männern oder (in der Minderheit) mit Frauen oder auch allein; wir waren in Paris, Algier, Moskau, Rio oder Wuppertal geboren; und wir waren wie im Rausch.

Ab wann wir begriffen haben, dass wir die Frauenbewegung waren? Ich weiß es nicht. Aber wir hatten sehr bald einen Namen, der schnell berühmt, ja berüchtigt wurde: le *MLF* (Mouvement pour la libération des femmes). Und wir hatten rasch eine Adresse, unser erstes Zentrum im Herzen von Saint Germain. Da sammelten sich die Truppen und Nachrichten und liefen die Interviewanfragen auf. Wir entschieden dann kollektiv, wer am besten reden kann und diesmal für den MLF ins Fernsehen gehen sollte.

Ich konnte meist nur abends dabei sein, denn tagsüber arbeitete ich als freie politische Korrespondentin in Paris (für Funk, Fernsehen und Printmedien), und ganz nebenher studierte ich noch an der „roten Fakultät“ Vincennes. Aber in der Erinnerung an diese Jahre sehe ich mich vor allem im Kreis der Freundinnen, mit denen agitiert, gestritten und gefeiert wurde. Es stimmt, manchmal zogen wir tatsächlich durch die Straßen und kniffen – leicht verschreckten – Männern in den Hintern. Wir hatten einen Ruf wie Donnerhall. Und einmal in der Woche traf eine jede sich in ihrer Groupe de Conscience, der Bewusstwerdungsgruppe, und redete Tacheles über ihr eigenes Leben. Wir entdeckten: Wir waren nicht allein. Den anderen Frauen ging es ähnlich.

Eines meiner ganz persönlichen Aha-Erlebnisse aus dieser Zeit war ein Flugblatt aus New York, das eine von uns übersetzt hatte. Da wurden die zehn klassischen Antworten des netten Mannes aufgezählt, der sich vor der Hausarbeit drückt: Du kannst das irgendwie besser/Mich stört der Dreck nicht so/Lass liegen, ich mache das morgen etc. Und siehe da – es waren wortwörtlich dieselben Antworten, die ich in der Rue d'Alésia von dem sehr netten Mann an meiner Seite zu hören bekam. Bis dahin hatte ich seine Worte für eine ganz individuelle Variante gehalten.

Ich erinnere mich auch noch an den Titel unseres ersten Kollektivbuches: *L'an zéro*. Das Jahr null. Denn davon waren wir alle überzeugt: Dass wir die ersten Frauen in der Geschichte der Menschheit waren, die so etwas Unerhörtes wie die Befreiung der Frauen von der Herrschaft der Männer planten. So hatte das sicher noch keine vor uns gedacht, geschweige denn getan.

Was wir zu der Zeit gelesen hatten? *Das andere Geschlecht* von Simone de Beauvoir, klar, das war schon vor der Stunde null eine Art Geheimcode unter uns Frauen gewesen. Es war darum für uns selbstverständlich, dass wir zu ihr in die Rue Schoelcher Nr. 11 gingen und sie fragten, ob sie mitmachen will. Sie sagte sofort Ja. Und dann war da noch der *Weiblichkeitswahn* von Betty Friedan. Und jetzt also die neuen Texte vom amerikanischen Women's Lib (Women's Liberation): Kate Milletts *Sexus und Herrschaft* oder Shulamith Firestones *Frauenbefreiung und sexuelle Revolution*. Darin forderte Firestone nicht nur die Abschaffung der männlichen Privilegien, sondern schlicht auch die „Beseitigung der Geschlechtsunterschiede".

Im Frühling 1971 zettelte der MLF die provokante öffentliche Abtreibungs-Selbstbezichtigung der 343 Französinnen an. Wenig später exportierte ich die Idee jenseits des Rheins. Damals lag Deutschland noch im Dornröschenschlaf in Sachen Emanzipation. Selbst *Brigitte* schmollte darob im Frühling 1971 enttäuscht: „Deutsche Frauen verbrennen keine Büstenhalter und Brautkleider, stürmen keine Schönheitskonkurrenzen und emanzipationsfeindliche Redaktionen, fordern nicht die Abschaffung der Ehe und verfassen keine Manifeste zur Vernichtung der Männer. Es gibt keine

Hexen, keine Schwestern der Lilith wie in Amerika, nicht einmal Dolle Minnas mit Witz wie in Holland. Es gibt keine wütenden Pamphlete, keine kämpferische Zeitschrift. Es gibt keine Wut."

Noch stimmte das. In Deutschland war alles ein wenig klammer. Die Nazis hatten eben auch in Sachen Frauenemanzipation Tabula rasa gemacht, und die Töchter der BDM-Mädchen und Trümmerfrauen taten sich schwerer als ihre aufmüpfigen Nachbarinnen. Sicher, da gab es ein paar Gruppen, die hinter verschlossenen Türen Karl-Marx-Schulungen machten: Die hießen *Weiberräte* oder *Rote Frauen*, hatten 1968 mal eine Tomate an den Kopf eines 68er-Gurus geworfen, waren vom Studentenprotest der Apo übrig geblieben und eiferten noch immer ihren belehrenden Genossen nach. Oder die stramm agitierenden kommunistischen Frauengruppen, die gern als *Demokratinnen* oder *Friedensfrauen* firmierten. Daneben irrlichterten ein paar versprengte Individuen, politisch organisiert oder nicht, die ein Unbehagen hatten und auf etwas ihnen noch Unbekanntes warteten. Aber eine Frauenbewegung – die war nicht in Sicht.

Ich klapperte im Frühling 1971 also viele, viele Städte ab und putzte viele Klinken, um die Unterschriften der Frauen für die (vom Frankfurter Weiberrat kategorisch als „kleinbürgerlich und reformistisch" abgelehnte) Selbstbezichtigungs-Aktion zu kriegen. Und viele einzelne, tapfere Frauen sammelten mit. Als dann am 6. Juni 1971 im *Stern* das Selbstbekenntnis der 374 deutschen Frauen – „Ich habe abgetrieben und fordere das Recht dazu für jede Frau!" – mit meinem Bericht dazu erschien, da platzte die Bombe. Die Frauen in Westdeutschland erwachten aus ihrem Dornröschenschlaf. Sie unterzeichneten zu Tausenden die Selbstbezichtigung, sie fingen an zu reden, sich zusammenzutun, zu protestieren. Die *Aktion 218* überrollte wie eine Lawine das ganze Land und wurde zum Auslöser der neuen deutschen Frauenbewegung. – Und ich? Ich fuhr zunächst einmal zurück in meine Wahlheimat Paris und in meinen MLF. Erst drei Jahre später zog ich zurück nach Deutschland.

Was die *Aktion 218* damals bedeutete, kann nur ermessen, wer weiß, dass die Abtreibung zu der Zeit noch ein totales Tabu war. Eine Frau sprach noch nicht einmal mit ihrer eigenen Mutter oder besten

Freundin darüber. An dem Tag, an dem die 374 mit ihrem Bekenntnis in millionenfacher Auflage in die Öffentlichkeit gingen, da wussten weder die rund 360 Unbekannten unter ihnen noch das Dutzend Stars, ob am Abend dieses Tages der eigene Mann oder die Nachbarin noch mit ihnen reden, ob sie ihre Stelle verlieren oder ins Gefängnis geworfen würden.

Von diesem Mut der 374 haben sich tausende, ja Millionen Frauen mitreißen lassen. Sie beendeten ihr Stummsein und redeten über ihre Bedrückung: über ungewollte Schwangerschaften, die entfremdete Sexualität, die Männerwelt. Und sie redeten über ihre Hoffnungen und Träume. Die kleinen Frauengruppen, die sich in zahlreichen Städten improvisiert zusammenschlossen, wurden überrannt von Frauen und Journalisten. Die öffentliche Stimmung eskalierte.

Genau neun Monate später, am 12. März 1972, hoben in Frankfurt am Main ein paar hundert Frauen die zweite deutsche Frauenbewegung aus der Taufe. Der *1. Bundesfrauenkongress* erklärte in aller Form und deutscher Ordnung die Gründung einer autonomen, von Parteien und Organisationen unabhängigen Frauenbewegung: „Frauen müssen sich selbst organisieren, weil sie ihre ureigensten Probleme erkennen und lernen müssen, ihre Interessen zu vertreten“, tönte es durch das Mikrofon der Jugendherberge. „Wir schließen Männer aus unseren Gruppen aus. Weil wir die Erfahrung gemacht haben, dass sich Bevormundung und Unterdrückung in gemischten Gruppen reproduzieren. (...) Privilegierte haben ihre Rechte noch nie freiwillig preisgegeben. Deshalb fordern wir: Frauen müssen zu einem Machtfaktor innerhalb der anstehenden Auseinandersetzungen werden.“

Und in der Tat, Auseinandersetzungen standen an. Draußen, wo jetzt mit Verve nicht nur gegen den § 218 gekämpft wurde, sondern auch, ganz wie *Brigitte* es sich erträumt hatte, Schönheitskonkurrenzen mit Schweinshaxen beworfen und Türen frauenfeindlicher Redaktionen zugemauert wurden. Und drinnen, wo die deutschen Frauengruppen weder so pragmatisch waren wie die Amerikanerinnen, noch so anarchistisch wie die Französinnen und schon gar nicht so lustig wie die Holländerinnen.

Die deutschen Feministinnen trugen schwer an der Hypothek des Nazierbes. Sie kamen mehrheitlich aus dem auf die Ex-Nazi-Eltern reagierenden links-alternativen Milieu, Jeans und Parkas waren Pflicht und die politische Rechtfertigung gegenüber den Genossen Ritual. Für die waren die wild gewordenen Frauen nichts als ein *Nebenwiderspruch*, der sich schon automatisch lösen würde, sobald erst mal der *Hauptwiderspruch*, der Klassenkampf gewonnen wäre.

In allen westlichen Frauenbewegungen der 70er Jahre gab es diese beiden Hauptströmungen: auf der einen Seite die aus der Linken kommenden Frauen, die die Bevormundung durch die eigenen Genossen leid waren, oft aber Tendenz hatten, unhinterfragt linke Strukturen und Denkweisen einer entfremdeten hochfahrenen Stellvertreterpolitik auf die entstehende Frauenbewegung zu übertragen (Slogan: Kommt massenhaft!). Auf der anderen Seite die unabhängigen Feministinnen, die bis zum Aufbruch der Frauenbewegung politisch nicht organisiert gewesen waren, und nun, learning by doing, die Strukturen und Denkweisen für die neue Bewegung neu erfanden (Motto: Frauen gemeinsam sind stark!).

Im Rückblick würde ich sagen, dass gerade die deutsche Frauenbewegung, deren Aktivistinnen jünger, studentischer und alternativer waren, vermutlich ein Stück die Chance verschenkt hat, das in den 70er Jahren bei den Frauen allgegenwärtige Es-reicht! breiter zu verankern. Zu groß waren die Berührungsängste der Linken mit den Bürgerlichen, war der Hochmut der jungen Alternativen gegenüber den älteren Etablierten. Damals trug der heutige deutsche Außenminister noch Turnschuhe, lebte in besetzten Häusern und hätte dem amerikanischen Präsidenten niemals die Hand gereicht, sondern ihm bestenfalls Tomaten ins Gesicht geworfen.

Die Grundstrukturen der westdeutschen Frauenbewegung aber waren identisch mit denen im Ausland: spontaneistischer Aufbruch, Ablehnung traditioneller Organisationsformen, keine Hierarchie (zumindest keine institutionalisierte) und stattdessen Kampagnen und Projekte. Ab Mitte der 70er begannen dann die Gründungen autonomer und staatlicher Frauenprojekte (Staatsknete!) sowie der Marsch durch die Institutionen.

Die Frauenbewegung bestand aus hunderten, ja tausenden einzelner Frauenbewegter. Die Unlauteren unter ihnen waren daran zu erkennen, dass sie im Namen *der* Frauenbewegung sprachen, denn in Wahrheit konnte eine jede nur für sich und ihre engsten Mitstreiterinnen reden. Ob frau auf eigene Faust agierte, in der kleinen Gruppe oder im großen Zusammenhang, das war ihre Wahl.

Ich selbst habe meist versucht, auf allen drei Ebenen gleichzeitig zu handeln: auf eigene Faust, zusammen mit anderen und in der Vernetzung mit der Bewegung. So veröffentlichte ich in meinem ersten, im Herbst 1971 erschienenen Buch über die Auswirkungen des Abtreibungsverbotes (*Frauen gegen den § 218*) nicht zufällig im Anhang einen Erfahrungsbericht der engagierten Münchener *Sozialistischen Arbeitsgruppe zur Befreiung der Frau – Aktion 218*. In mein zweites Buch im Herbst 1973, in dem es um die Arbeit der Frauen in Haus und Beruf ging (*Frauenarbeit – Frauenbefreiung*), nahm ich zusätzlich einen französischen und einen amerikanischen Text (von Susan Sontag) und nannte die ersten 43 Adressen „autonomer Frauengruppen". Und als im August 1975 *Der kleine Unterschied und seine großen Folgen* erschien, da war die Liste der im Anhang des Buches aufgeführten westdeutschen autonomen Frauengruppen bereits auf 70 angewachsen.

Manche dieser Gruppen bestanden aus einer Hand voll Frauen und gingen irgendwann wieder ein; andere wuchsen zu aktiven Frauenzentren heran, wie das in der Berliner Hornstraße. Auf der Tagesordnung dieses Frauenzentrums zum Beispiel standen anno 1975 Arbeitsgruppen zu folgenden Themen: Sexualität, Gewalt, Berufstätigkeit, Hausfrauenlohn, Self-help, Karate, Straßentheater, Stadtteilarbeit, Frauenzeitung. Und als die Berlinerinnen am 9. Mai 1974 das erste Frauenfest, das *Rockfest im Rock* feierten, da tanzten über 2 000 Frauen bis nachts um vier. Die „neue Zärtlichkeit" zwischen Frauen war angebrochen – und die Männer fingen an, nervös zu werden.

Doch dieses legendäre erste Frauenfest, das ich damals zusammen mit einer Hand voll Frauen in Berlin in bester Pariser Tradition organisiert hatte, war in dem von linken Frauen dominierten Frauenzentrum zunächst hoch umstritten gewesen. „Die Frauen an der

Basis verstehen so etwas nicht", erklärte mir eine der Anführerinnen der Dogmatikerinnen, die sich längst die Verwaltung des Zentrums (und damit auch das Sagen) unter den Nagel gerissen hatten. Diese Frauen sagten nie „ich", sondern immer nur „wir" und betrieben, ganz wie sie es in der Linken gelernt hatten, eine von sich selbst entfremdete Stellvertreterpolitik für „die Frauen". Später kippten gerade sie übrigens oft in einen hemmungslosen Subjektivismus und ins Esoterische. Wir feministischen Pionierinnen aber machten keine Politik für *die* Frauen, sondern Politik für *uns* Frauen. Und für uns war zwar „das Private politisch", aber das Politische auch unsere ganz persönliche Sache.

Mit dem Thema Abtreibung und Sexualität kam nun unvermeidbar auch das Problem Sexualgewalt auf den Tisch. 1976 griffen Berlinerinnen als Erste Anregungen aus England auf, und am 1. November war es soweit: Das erste *Haus für geschlagene Frauen*, später aufschlussreich einfach nur noch *Frauenhaus* genannt, öffnete in Deutschland seine Pforten – und wurde schon in den ersten Wochen von 193 Frauen mit über 300 Kindern überrannt. Am Anfang waren die Klagen der Frauenbewegung über die Gewalt in der Liebe und die Vergewaltigung in der Ehe noch mit Hohn und Spott als überhitzte feministische Fantasien abgetan worden. Doch jetzt finanzierten der Berliner Senat (auf Anregung tatkräftiger Frauen) und der Bund (im Schatten des Bundeswahlkampfes) diesen ersten Modellversuch.

Drei, vier Jahre nach dem Aufbruch, also Mitte der 70er, war die Frauenbewegung überall. Sie begab sich, nach der ersten Euphorie, an die Arbeit. Studentinnen und Lehrerinnen durchforsteten die Lehrbücher nach Frauendiskriminierung, Ehefrauen kämpften den alltäglichen Kampf mit dem Mann an ihrer Seite, Karrierefrauen machten sich an den Aufstieg, Politikerinnen starteten erste Versuche, Aktivistinnen gründeten Kneipen, Bands oder Verlage. Die Feministinnen strebten in die Welt – und die Frauenzentren? Die blieben zwar Treffpunkte, die meisten aber verkümmerten mehr und mehr zu Szenezirkeln.

Und ich? Ich arbeitete weiter als politische Journalistin, glitt aber immer mehr in die so genannten Frauenthemen hinein. Erstens, weil ich sie spannend fand; und zweitens, weil die meisten Kollegen – und auch so manche Kollegin – sie ignorierten oder verzerrten. Waren früher die „Frauenthemen" eine verachtete Sache gewesen, erklärten die Herren jetzt: Das machen wir – ihr Frauen seid viel zu voreingenommen. Wir, die „nicht objektive" Minderheit engagierter Journalistinnen lernten uns kennen und machten alle die gleiche Erfahrung: Es gab einen regelrechten Boykott. Wir durften nicht mehr über so genannte Frauenthemen schreiben (von § 218 bis zur Vergewaltigung). Und ich erinnere mich noch gut an den Satz eines vorgesetzten Kollegen, der nur scheinbar als Kompliment, in Wahrheit aber als Einschüchterung und Spaltungsversuch gemeint war: „Das (die Frauenthemen) hast *du* doch nicht nötig."

Das war auch die Zeit, in der kritische Menschen die so genannte Objektivität im Journalismus und in der Wissenschaft infrage stellten. Im Journalismus hatten wir es bis dahin jahrzehntelang mit einer überwiegend sehr parteilichen Berichterstattung zu tun gehabt, die ihre Parteilichkeit jedoch weder eingestand noch transparent machte, sondern ihre eigenen Interessen stillschweigend zu Allgemein-Interessen erklärte. Verschärft wurde das durch eine schmalspurige Faktenhörigkeit, die die breiten Facetten des Lebens amputierte.

Daraus resultierte unsere Forderung nach mehr Transparenz auch in den Medien: Wer schreibt, von welchem Standpunkt aus, mit welchen Interessen und Auswahlkriterien? Für mich als Autorin war es eine Konsequenz, die Haltung, von der her ich schreibe, von nun an transparent zu machen.

Manche JournalistInnen und Blätter aber, linke wie feministische Szeneblätter (darunter die kurz darauf gegründeten *taz* und *Courage*), verfielen nun in Reaktion auf die falsche Objektivität oft in eine falsche Subjektivität. Sie verwechselten Meinung mit Haltung und kippten in einen keiner objektiven Recherche mehr verpflichteten Subjektivismus. Eine Haltung haben bedeutet, von einer transparent gemachten Position her die Dinge so objektiv wie möglich zu recherchieren und zu berichten. Nur Meinung haben bedeutet, auf das Faktische pfeifen und diese seine Meinung verbreiten. Unter Verzicht auf jegliche Verantwortung den Tatsachen und Menschen gegenüber wurden nun jeweilige Befindlichkeiten und Betroffenheiten thematisiert. Selbstgerecht wurden auch noch die letzten Spielregeln einer verantwortungsbewussten Berichterstattung über Bord geworfen, ohne neue aufzustellen. Dem Feminismus sollte diese Art des New-Boy-Journalismus in den folgenden Jahren fast noch mehr schaden als der Old-Boy-Journalismus. Von den New Girls gar nicht zu reden ...

Wiederum einige Jahre später, Mitte der 80er, betrat der Zeitgeist-Journalismus die Szene und forderte - als sei das neu - den „Autorenjournalismus", also das Bekenntnis zum subjektiven Zugriff. Nachdem auch diese Mode sich Ende der 90er deouvriert hatte, ist zu hoffen, dass zumindest ein Teil der Medien zu einem fundierten, aufklärerischen und verantwortungsbewussten Journalismus zurückfindet. Denn das wäre nicht nur für das Funktionieren einer Demokratie wichtig, sondern ist in einer Gesellschaft, in der inzwischen die Darstellung oft realer scheint als das Dargestellte, von ganz entscheidender Bedeutung für die politische Kultur.

Doch zurück zu den 70ern. Ich nahm das Schreibverbot nicht hin und wich für Frauenthemen auf Bücher aus. Nicht zuletzt dank meines Pariser Vorsprungs wurde ich so die erste deutsche Buchautorin direkt aus den Reihen der Frauenbewegung. Als ich 1975 mein drittes Buch veröffentlichte, wurde ich schlagartig zum feministischen Symbol und zur Buhfrau der Nation (wobei auch das ein halbes Jahr zuvor ausgestrahlte Streitgespräch mit der Männerfreundin Esther Vilar eine Rolle spielte). Nach kurzer Zeit war *Der kleine Unterschied* kein Buch mehr, sondern eine Art Glaubensbekenntnis: dafür oder dagegen? Hie eine Mehrheit der Frauen (und eine Minderheit der Männer) dafür, da eine Mehrheit der Männer (und Minderheit der Frauen) dagegen.

Was die Menschen so besonders aufregte, war: In meinem Buch ging es nicht, wie schon gewohnt, um *die* Gesellschaft oder *das* System, sondern ganz konkret um *den* Mann an unserer Seite und um die Rolle von Liebe und Sexualität bei der Unterdrückung der Frauen.

Meine Gegner allerdings schossen sich weniger auf die Inhalte ein und mehr auf meine Person - eine bewährte Taktik der Einschüchterung und Diskriminierung von Feministinnen. Eine „Männerhasserin“ war ich für *Bild* und „Miss Hängetitt“ in den Augen eines *Stern*-Leserbriefschreibers. Volker Pilgrim, der wenig später die Nation durch demonstratives Stricken in Talkshows schockte, war einer der wenigen AutorInnen, die auf den Inhalt eingingen. Er schrieb in den *Vorgängen*: „Alice Schwarzer trifft, weil sie nicht gegen das Patriarchat als Ganzes, sondern gegen jeden einzelnen Mann zielt. Es ist das bundesweite ‚Hau ab!‘, das den Mann erschüttert.“

Der kleine Unterschied lag in der Tat neben so manchem Bett und löste reichlich Beziehungskrisen aus - aber auch Versöhnungen. Und er brachte so manche Frau auf die Idee, dass die „Zwangsheterosexualität“ nicht alles sein muss und auch Frauen liebenswert sein können. Erleichterte Frauen (die mit ihrem Problem nicht länger allein waren), aber auch so mancher Mann (der nicht länger den Macho mimen musste) schrieben mir hunderte, ja tausende von überwältigend ehrlichen, oft erschütternden Briefen. Stammtische wie Damenclubs erhitzten sich bei Diskussionen. Das Buch wurde in 13 Sprachen übersetzt, war das erste feministische Buch in rechten Ex-Diktaturen wie Spanien und Griechenland und wurde von Fischer-Frauen auf Zypern ebenso leidenschaftlich diskutiert wie im Frauenzentrum in Tokio. Nicht zuletzt diese Erfahrung bestätigte mich darin, dass die Frauen dieser Welt weit mehr verbindet als sie trennt: Feminismus ist universell.

In Deutschland schlugen währenddessen die Wellen weiter hoch. So hoch, dass mein Kollege Christian Schulz-Gerstein, der mich im Herbst 1975 auf einer Lesereise begleitet hatte, 1977 in der *Zeit* schrieb: „So geht das nun seit Monaten: ‚Hexe mit stechendem Blick‘ *(Bild)*, ‚frustrierte Tucke‘ *(Süddeutsche Zeitung)*, ‚Nachteule mit dem Sex einer Straßenlaterne‘ *(Münchener Abendzeitung)*. Und ein Ende der Beschimpfungen, die so offenkundig kein anderes Ziel haben, als das, die deutsche Frauenrechtlerin Alice Schwarzer so lange zu demütigen, bis sie es endlich gefressen hat, dass sie die Schnauze halten soll, ein Ende dieser bisher längsten und perfidesten journalistischen Menschenjagd in der Geschichte der Bundesrepublik ist nicht abzusehen. Denn Alice Schwarzer hat immer noch nicht abgeschworen.“

So kam es, dass die Wirkung des realen Textes vom *Kleinen Unterschied* und meiner folgenden Arbeiten (vor allem auch im Fernsehen) bald unlösbar verbunden waren mit dem Klischee – und das ist bis heute so geblieben. Dieses Klischee aber ist alles andere als ein Missverständnis. Es ist, ganz im Gegenteil, eine gezielt eingesetzte Propaganda nicht nur zu meiner, sondern zur Abschreckung aller Frauen. Motto: Seht her, das passiert mit einer, die sich das traut! Wie effektiv das war, zeigt ein Brief an mich von 1976 eines Lehrers aus Ostfriesland. Er nahm beim Thema Emanzipation mit 14-Jährigen einen Text von mir über Hausarbeit (!) durch und machte dabei folgende Erfahrungen:

„Die Stunden, in denen wir den Text behandelten, waren sehr chaotisch. Schon der Name Alice Schwarzer löste einen ungeheuren Tumult in der Klasse aus. Zunächst musste ich mich gegen den Vorwurf wehren, überhaupt einen Text von Schwarzer vorzulegen. Besonders die Jungen waren von einer riesigen Aggressivität, die sich auch in weiteren Gesprächen nicht legte. Ganz ähnlich reagierten die Mädchen. Nur eine war begeistert. (Sie wird schon seit langem immer ‚Alice' genannt, ist aber darüber gar nicht froh. Sie beklagte sich häufig bei mir, sie würde aufgezogen, und hat sich für einige Zeit auch noch einen zweiten Ehrennamen zugezogen: ‚lesbische Sau', ein gängiges Schimpfwort an dieser Schule.) Keiner der Jungen war in der Lage, seine Aggressivität zu verbalisieren. Als Beobachter fiel mir auf, dass die Stunden, in denen wir den Text besprachen, erstens eine gesteigerte sexuelle Aggressivität der Jungen untereinander brachten (in die Eier treten usw.) und zweitens eine intensive Protzerei mit dem späteren Beruf und dem späteren Geldverdienen einsetzte. Die Mädchen reagierten differenzierter." – Wie gesagt, es ging um einen Text über Hausarbeit ...

Ab Herbst 1976 begann ich, die *EMMA* vorzubereiten. Doch während ich hinter den verschlossenen Türen der Kölner Redaktionsstuben arbeitete, ging draußen das Theater weiter. In der Tat, die Medien ersparten mir wenig, und ich muss bis heute immer wieder mit allem rechnen, je nachdem, wofür oder wogegen ich mich gerade einsetze, zum Beispiel bei der Pornografie. An mir sollte das Exempel statuiert werden. Damit erging es mir nicht anders als vielen kämpferischen Feministinnen in der Geschichte. Und ich konnte noch froh sein, dass die Scheiterhaufen und Guillotinen inzwischen abgeschafft waren.

Ich produzierte mit dem mit meinem ersten Bestseller verdienten Geld eine eigene Zeitschrift, nicht weil ich Verlegerin werden wollte, sondern weil wir feministischen Journalistinnen in den existierenden Medien ja kaum noch Raum hatten. Am 26. Januar 1977 erschien die erste *EMMA* – und die Aufregung war um keinen Deut geringer als die beim Erscheinen des *Kleinen Unterschiedes*. Niemand gab einen Pfifferling für mehr als zwei Ausgaben – *EMMA* erscheint heute im 24. Jahr.

EMMA ist „moderner Feminismus" und Teil der politischen Strömung, die man früher „radikalfeministisch" nannte. Über den Begriff geistern so viele falsche – und so manche pikante – Vorstellungen durch die Köpfe, dass ich gern die Gelegenheit wahrnehme, ihn klarzustellen: Die Bezeichnung „die Radikalen" ist ein historischer Begriff und kommt aus der Ersten Frauenbewegung. Heute bezeichnen sich die Radikalen auch als Gleichheitsfeministinnen oder Universalistinnen. Radikal kommt von „an die Wurzel gehen". Die Radikalen haben sich so genannt, weil sie an die Wurzel des Geschlechtsunterschiedes gingen und den Geschlechtsunterschied selbst infrage stellen (so wie es auch die so genannten Dekonstruktivistinnen tun). Sie glauben nicht an eine „Natur der Frau" (so wenig wie an die Natur der Schwarzen oder der Juden). Ihr Ziel ist eine uneingeschränkte Gleichheit der Geschlechter.

Die Radikalen denken ergo auch nicht, dass Frauen „von Natur aus" besser (friedlicher etc.) oder Männer „von Natur aus" schlechter (zerstörerischer etc.) sind. Sie gehen davon aus, dass es die Macht ist, die die Männer korrumpiert. Und sie finden, dass auch Ohnmacht den Menschen nicht nur gut und rein macht. Auch Simone de Beauvoir kritisierte unmissverständlich die „Sklavinnenseele" der Frauen.

In ihrem Rundumschlag haben die *Spiegel*-Autorinnen Susanne Weingarten und Marianne Wellershoff in ihrem 1999 erschienenen Buch *Die widerspenstigen Töchter* behauptet, die „Radikalfeministinnen" hätten für „den Einstieg in eine männerfreie Subkultur, in der ‚das Weibliche' freien Raum erhalten sollte", gekämpft und

„träumten den zutiefst romantischen Traum vom unbefleckten Außenseitertum, zogen sich in ein Utopia zurück, in dem alles besser werden sollte". Doch hier verwechseln die Autorinnen die Radikalen mit den Differenzialistinnen oder den Separatistinnen – zwei den Radikalen exakt entgegengesetzte politische Strömungen: Die einen berufen sich auf die (quasi) unabänderliche Differenz, den Unterschied zwischen den Geschlechtern; die anderen sind sogar für die Separation der Frauen von den Männern.

Die Radikalen waren im Gegenteil immer diejenigen, die zum Aufbruch in die Welt aufforderten, die Machtfrage stellten und die „Weiblichkeit" kritisierten. Sie erfreuten sich darum auch in den eigenen Reihen nicht immer uneingeschränkter Beliebtheit. Das war schon in der Ersten Frauenbewegung so. Die schärfsten GegnerInnen der Gleichheitsfeministinnen sind immer die DifferenzialistInnen, die den Unterschied verklären und die Auffassung vertreten, Frauen seien nicht nur unter den gegebenen Umständen, sondern grundsätzlich „anders", egal warum: von Natur aus, quasi genetisch programmiert oder aber irreversibel psychosozial geprägt.

Bemerkenswert war in der Neuen Frauenbewegung, dass ausgerechnet viele der einst „sozialistischen Feministinnen" später dem Differenzglauben und einer Mystifizierung der „Frau an sich" frönten. Sie öffneten damit den diversen Wellen weltabgewandter Esoterik Tür und Tor. Wie das zu erklären ist? Mit mangelnder Radikalität zum einen und dem im einseitigen Materialismus entstandenen Vakuum zum anderen; wo das Pendel zuvor zu stark ins Materialistische ausgeschlagen war, schlug es nun zu extrem zurück ins Metaphysische.

Im Licht dieser Kontroverse sind übrigens auch die in den 70er Jahren von den Männermedien weidlich ausgeschlachteten Spannungen zwischen den zwei eigentlich sehr verschiedenen und an sich keineswegs konkurrenten überregionalen feministischen Zeitschriften *Courage* und *EMMA* zu verstehen. Rein formal hätten sich beide sogar bestens ergänzen können. Denn *Courage* war ein aus der Frauenbewegung heraus gewachsenes Blatt, das überwiegend von Nichtjournalistinnen gemacht wurde und sich in erster Linie an Aktivistinnen der Frauenbewegung richtete. Und *EMMA* ist ein von

Journalistinnen gemachtes Publikumsblatt, das sich an alle Frauen richtet.

Die noch vor Erscheinen gestarteten Angriffe von *Courage* - die bis dahin als Berliner Lokalblatt erschienen war und gleichzeitig mit *EMMA* erstmals auf überregionale Verbreitung ging - gegen *EMMA* im Namen des kollektiven Prinzips waren in Wahrheit Ausdruck tiefer politischer Differenzen. Sie waren Angriffe linker Differenzialistinnen auf feministische Universalistinnen. Denn *Courage* war von Anbeginn an eines der Hauptforen der „neuen Weiblichkeit" und „neuen Mütterlichkeit". Zur gleichen Zeit, in der die CDU von der „Rückführung der Frau zu ihrer natürlichen Bestimmung" schwärmte und aus den USA die erste Welle des Soziobiologismus schwappte (deren letzter Ausläufer uns gerade etwas vom „natürlichen Drang" des Mannes zur Vergewaltigung erzählen will), sang *Courage* das Hohe Lied von der Natur der Frau. Da wurde „mit dem Körper geschrieben", „aus dem Bauch gehandelt" und ein „natürlicher Kinderwunsch" propagiert. Da beklagten sich die Frauen über die „von Natur aus destruktiven Männer" und feierte die „natürliche Friedfertigkeit der Frau" fröhliche Urstände. Böse Zungen nannten diese Art von neuer Weiblichkeit damals die „neue Weinerlichkeit".

Das Pendel schlug zurück. Bereits ab Mitte der 70er Jahre wütete der Backlash in den eigenen Reihen der Frauenbewegung, Ende der 70er waren die politischen Differenzen der Aktivistinnen dann so fundamental geworden, dass von einer einheitlichen sozialen Bewegung der Frauen nicht länger die Rede sein konnte. Der „Feminismus" war zu einer sehr inflationären Münze geworden.

Der politische Begriff einer „Bewegung" impliziert gemeinsame Ziele, einen organisatorischen Zusammenhalt und öffentliche Sichtbarkeit. Das war Anfang der 80er Jahre nicht mehr der Fall. Die Bewegung sickerte in die Gesellschaft hinein. Die Pionierinnen und die ihnen folgenden Wellen von Aktivistinnen waren weltweit nun nicht länger „die" Frauenbewegung, sondern „der" gesellschaftlich allgegenwärtige Feminismus. Die Frauenbewegung war tot, der Feminismus lebt.

Nicht zum ersten Mal in der Geschichte hatte die Phase des Aufbruchs der Frauen - eben die Frauen*bewegung* - sich nach einigen Jahren selbst überholt. Das war in der Ersten Frauenbewegung, die zwei Aufbruchsphasen hatte (Mitte und Ende des 19. Jahrhunderts) nicht anders. Nach ihrem Aufbruch traten die Feministinnen nun ein in die Welt, und eine jede veränderte an ihrem Platz diese Welt ein Stück.

Einen Nachteil allerdings hat dieses kometenhafte Auftreten der Frauenbewegung: Der Feminismus ist zwar allgegenwärtig, aber nirgendwo greifbar und einklagbar. Er ist ein Zustand, aber keine Institution und kein gesellschaftlicher Machtfaktor. So kommt es, dass der Feminismus heute zwar mit vielen Stimmen spricht - aber im Spitzenchor nicht vertreten ist.

Ließe sich das ändern? Und wenn ja, wie und von wem? Welche angemessene Form könnte eine Frauenbewegung des 21. Jahrhunderts haben? Wie müsste eine Bewegung aussehen, die nicht nur die Basis aufmischt, sondern auch an der Spitze mitmischt?

Mein Denkmal ist für
meine unveröffentlichten Romane.
„Königin des Winters"
hieß mein erstes Theaterstück.
Da es sonst immer nur Männer gibt,
Weihnachtsmänner et cetera.

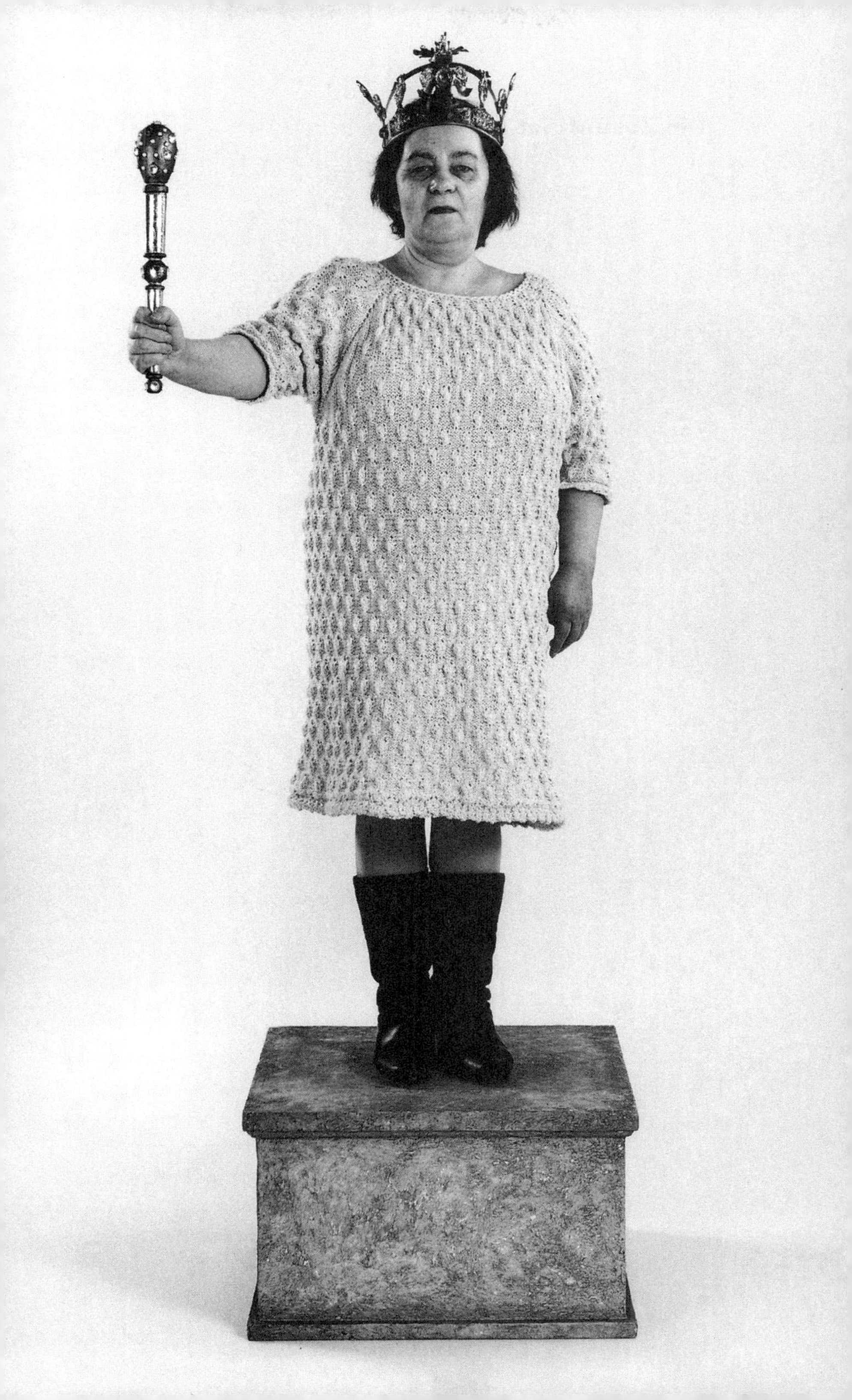

Die Zukunft ist menschlich

Vom Denken, Fühlen und Fremdsein

„*Schwarze Milch der Frühe* wir trinken sie abends / wir trinken sie mittags und morgens wir trinken sie nachts / wir trinken und trinken / wir schaufeln ein Grab in den Lüften da liegt man nicht eng / (...) Schwarze Milch der Frühe wir trinken dich nachts / wir trinken dich mittags der Tod ist ein Meister aus Deutschland / wir trinken dich abends und morgens wir trinken und trinken / der Tod ist ein Meister aus Deutschland seine Augen sind blau / er trifft dich mit bleierner Kugel er trifft dich genau."

Noch während der Dichter liest, kommt Unruhe auf im Saal. Einige lachen. In der Pause zerreißen sie sich dann das Maul. Diese helle Stimme. In einem eigentümlichen „Singsang" habe der Vortragende geredet, „wie in einer Synagoge", spottet der Leiter der Gruppe, Hans Werner Richter. Ein anderer sagt es dem Dichter sarkastisch: „Im Tonfall von Goebbels" habe er da vorgetragen. Und ein Dritter, Walter Jens, erinnert sich rückblickend genau: „Da sagte man: ‚Das kann doch kaum jemand hören!' Er war pathetisch. Wir haben darüber gelacht. (Es war) ein Reinfall in der Gruppe."

So geschehen im Mai 1952 in Niendorf an der Ostsee. So geschehen in der *Gruppe 47*, einem Haufen Ex-Soldaten und ein paar Frauen (wie Ilse Aichinger und Ingeborg Bachmann, auf deren Betreiben der Vorleser eingeladen worden war). So geschehen Paul Celan, dem Dichter der *Todesfuge*, der nach Kriegsende zum ersten Mal wieder nach Deutschland gekommen war. Das Gedicht sollte später zur Metapher werden dafür, dass man auch „nach Auschwitz" noch Gedichte schreiben konnte – ja sogar über Auschwitz.

Paul Celan, gebürtig in der multikulturellen Bukowina, hatte ein Arbeitslager überlebt; seine Mutter war per Genickschuss, sein Vater im KZ ermordet worden. 1948 ging Celan nach Paris. Zehn

Jahre nach seiner Deportation wurde seine erste Lesung in Deutschland zum Desaster. Ungern erinnerte Celan sich später an die *Gruppe 47*, die in den Jahren darauf das Verständnis von Literatur im Nachkriegsdeutschland prägen sollte. Das Frappierendste für den Überlebenden scheint das Männerbündische gewesen zu sein. Im Rückblick sprach er von „diesen Fußballspielern", die kein anderes Thema gehabt hätten als „den Volkswagen".

Pathetisch. Lächerlich. Peinlich. Die Art und das Vokabular, mit dem Celan abgeschmettert worden war, zeigt die Verwandtschaft von Antisemitismus und Sexismus. Hier wurde einem, der nicht dazugehörte, überdeutlich klargemacht: Du bist ein Fremder. Ein Jude (wie in der Synagoge) und weibisch dazu (mit Singsang).

Die deutschen Männer – mit ihrer „ungehobelten Kameraderie, der Hemdsärmeligkeit, der geschlossenen Duzbrüderschaft, dieses tatsächlich etwas ‚Obergefreitenhafte-nach-Entfernung-der-Vorgesetzten'" (so Rolf Schroers in einem Brief an Celan) hatten sich schlicht gestört gefühlt vom Auftauchen eines Opfers. Denn sie gehörten zu der „jungen Generation, die", so Alfred Andersch, „stand für eine falsche Sache. Aber sie stand." Und Celan? Der stand nicht. Der lag. Und klagte. Klagte an. Der wollte über etwas reden, was sie nicht hören wollten. – 18 Jahre später ging Paul Celan, 50-jährig, in die Seine. Er hat wohl mit der Last seiner Vergangenheit nicht mehr leben können.

Eigentlich hätten die deutschen Ex-Landser sich schämen müssen vor dem jüdischen Überlebenden. Aber nein, es war umgekehrt. Schließlich waren sie auf ihrem Terrain und machten noch immer das Gesetz. Nicht mächtige Täter sind peinlich, sondern ohnmächtige Opfer. Nicht zuletzt, weil die Erniedrigung der Opfer in sie hineinkriecht – so wie das Herrenmenschentum in die Täter, auch in die passiven Mittäter.

Selten ist ein Anlass so dramatisch wie der in Niendorf. Doch dieses Gefühl, nicht dazuzugehören, unverstanden zu sein, fremd zu sein – das ist auch Frauen vertraut. Und sie finden sich entweder damit ab und richten sich in ihrem Part ein – oder aber sie stoßen sich Tag für Tag an ihren Grenzen wund.

Männer sind das Maß aller Dinge. Zur Zeit ist es der weiße Mann, damals war es der arische Mann. Sie sind bei sich - alle anderen sind fremd. Die ersten Fremden waren und sind die Frauen, egal welche Hautfarbe, Klasse oder „Rasse“ sie haben. Ihnen folgen die schwächsten Männer, die von Fall zu Fall ausgehandelt werden: die Armen, die Juden, die Schwarzen, die Asiaten ... Aber immer gibt es eine Hierarchie. Der Mann braucht ein Unten, um das Oben zu sein. Und immer stehen die Frauen in Relation zu den Männern ganz unten (und unter ihnen nur noch die Kinder und Tiere).

In dieser seit 4000 Jahren männerzentrierten Welt kommen Frauen von weit her. Auf ihrem Weg vom Rand der Welt in die Mitte haben sie Tag für Tag Enormes zu leisten: Sie müssen die Infragestellung der Berechtigung ihrer Anwesenheit ertragen, sie müssen die erlittenen Demütigungen und Verletzungen überwinden - und sie müssen die ihnen geraubte Hälfte zurückerobern. Dabei darf Überwindung der Verletzungen nicht heißen Verleugnung oder Verdrängung, sondern Verarbeitung.

Die Männer haben seit 4000 Jahren nicht nur das Monopol im Bereich des Realen - Gewalt, Besitz, Gesetz -, sondern auch das Monopol im Bereich des Symbolischen: Denken und Schöpfen. Sie sind das Eine, die Frauen das Andere; sie sind die Norm, die Frauen die Abweichung. Sie beschränkten die Frauen auf ihren Körper und erklärten das Gebären zur weiblichen Variante der Kreation. Sie behielten sich den Kopf und das Gebären von Ideen vor. Dabei ist die Vorherrschaft der absoluten Abstraktion in der Philosophie kein Zufall: Die Abstraktion negiert das Konkrete und Besondere - und damit auch die Frauen.

Es gibt für diese geschlechterspezifische Trennung von lebenszugewandtem und abstraktem Denken ein berühmtes Beispiel: das Paar Simone de Beauvoir und Jean-Paul Sartre. Sie wurde in der Philosophie schon zu Lebzeiten als „Schülerin Sartres“ bezeichnet und hat dem auch selbst nie widersprochen. Doch dank detaillierter Nachforschungen in den nach dem Tod der beiden veröffentlichten Tagebüchern und Briefen plus der Essays und Romane stellten die amerikanische Beauvoir-Forscherin Margaret Simons und das englische Philosophen-Paar Kate und Edward Fullbrook fest, dass es genau umgekehrt war: Sartre war Beauvoirs Schüler (Fullbrook:

Simone de Beauvoir und Jean-Paul Sartre. The remaking of a twentieth Century Legend, 1993).

Sie war es, die bereits 1939 – also vor ihm – in ihrem Roman *L'invitée* die zentrale Idee des Existenzialismus, nämlich das Konzept des „sozialen Anderen", entwickelt hatte, und damit eine der einflussreichsten Philosophien des 20. Jahrhunderts. Jüngst entdeckte Simons die ersten Ansätze zu diesem Denkkonzept sogar bereits in den (soeben auf Französisch erschienenen) Tagebüchern der 19-jährigen Philosophiestudentin – also noch vor der Begegnung mit Sartre.

Die studierte Philosophin Beauvoir entwickelte ihren neuen Denkansatz allerdings nicht in gängigen philosophischen Termini, sondern in literarischen und essayistischen: Sie verarbeitete ihre Erkenntnisse literarisch in ihrem Roman *L'invitée* (Sie kam und blieb) und vertiefte sie essayistisch im Laufe der 40er Jahre unter anderem in ihrem Reisetagebuch *Amerika Tag und Nacht* (wo sie die Parallelen zwischen Rassismus und Sexismus aufzeigt) und, vor allem, in ihrem Jahrhundertessay *Das andere Geschlecht*.

Sartre hingegen, so Fullbrooks und Simons, las das Roman-Manuskript von Beauvoir in einem Moment der tiefen intellektuellen Ratlosigkeit – und machte sich direkt anschließend an das Werk, das sein philosophischer Durchbruch werden sollte: *Das Sein und das Nichts*. Die ForscherInnen: Im Kern wiederholt Sartre darin lediglich auf hohem Abstraktionsniveau die Erkenntnisse, die Beauvoir zuvor am konkreten Stoff ihres Romans entwickelt hatte.

Das besonders Irritierende daran ist, dass Beauvoir selbst lebenslang, bis hin zur Manipulation von Daten, zur Verschleierung dieser Abläufe und damit auch ihrer originären Rolle bei der Entwicklung des Existenzialismus beigetragen hat. Tat sie das, weil sie bereits 1937 bei einer mit ihrem Geschlecht begründeten Ablehnung eines Manuskriptes durch Gallimard an die Grenzen ihres Geschlechts gestoßen war (Solche Texte können wir von einer Frau nicht veröffentlichen)? Suchte sich die Nichtdazugehörige nun also eine Art männliches Alter Ego, das zu ihr gehörte und mit dem zusammen sie unbegrenzt denken und veröffentlichen konnte? Oder gibt es da vielleicht noch einen zweiten Grund? Nämlich den Umstand, dass sie den geistigen Diebstahl durch ihren Gefährten zulassen musste, um überhaupt von ihm geduldet bzw. geliebt zu werden? Bedienen Hausfrauen ihre Männer mit Essen und Intellektuelle ihre Gefährten mit Ideen?

Sicher, die männlich-weibliche Spaltung in Verstand und Gefühl verstümmelt beide Geschlechter, sie raubt den Männern das Gefühl und den Frauen den Verstand. Doch die Männer holen sich die entgangenen Emotionen über „ihre" Frauen wieder (via Geliebte, Mütter, Töchter, Freundinnen). Aber sie teilen das Denken nicht mit den Frauen, denn Männer gehören sich selbst, und Frauen gehören den Männern.

Diese Art von Zweiteilung geriet wieder einmal ins Wanken, als sie Anfang der 70er Jahre von der Frauenbewegung öffentlich infrage gestellt wurde. Doch je stärker Frauen die reale Gleichheit forderten, umso heftiger wurde der symbolische Unterschied propagiert, erneut mystifiziert und erotisiert. Um es mit Beauvoir zu sagen: „Die Epochen, die die Frau als ‚die Andere' betrachten, sind diejenigen, die am schärfsten ablehnen, sie als menschliches Wesen einzuordnen."

Dabei wird die Andere oft verklärend und tröstend zum „besseren Menschen" ernannt. Männer haben die Welt wieder einmal runtergewirtschaftet, und Frauen sollen sie wieder einmal retten - dank ihrer „weiblichen" Qualitäten. Also werden den Trümmerfrauen neuerdings halbherzige Angebote à la „emotionale Intelligenz" gemacht, die in der modernen Arbeitswelt unverzichtbar sei. Doch immer wird diese Verbindung von (ein bisschen) Intelligenz mit (viel) Emotionen nur von den Frauen erwartet - als könnten Männer keine Gefühle haben.

Bei der Emanzipation der Geschlechter kann es selbstverständlich so wenig um eine voluntaristisch verordnete Gleichheit wie um eine Verklärung des Unterschiedes gehen. Das Geschlechterdiktat von „Weiblichkeit" und „Männlichkeit" muss schlicht aufgekündigt werden, das biologische Geschlecht darf nicht länger Vorwand für die Einengung und Festlegung von Menschen sein, sondern nur noch ein Faktor unter vielen, die einen Menschen definieren.

Dass der Unterschied zwischen den Geschlechtern nicht „naturgegeben", sondern künstlich geschaffen ist, zeigt nicht zuletzt der enorme Aufwand, mit dem „Weiblichkeit“ und „Männlichkeit“ immer wieder neu konstruiert und verankert werden. Für nichts wird eine so umfassende Propaganda betrieben wie fürs „echte“ Frau- oder Mannsein. Der Mensch weiß eben nicht von selbst, was das ist: eine Frau oder ein Mann. Das muss ihm beigebracht werden. So wie uns emanzipierten Frauen, die wir angeblich keine „echten“ Frauen mehr sind. Oder wie Kaspar Hauser, der nach seiner Befreiung aus der menschenlosen Düsternis unbedingt Mädchenkleider tragen wollte, weil er die einfach hübscher fand: „Man sagte ihm, er müsse ein Mann werden: er verneinte es heftig“ (Lucien Malson in *Die wilden Kinder*).

So wenig, wie die schwarze oder weiße Hautfarbe Menschen zu „Schwarzen“ oder „Weißen“ macht, so wenig macht das biologische Geschlecht Menschen zu „Frauen“ oder „Männern“. Es ist die *Bedeutung*, die wir dem Geschlecht geben, die die Geschlechtsrollen schafft. Und wie wir gesehen haben, ist schon die Behauptung der Zweigeschlechtlichkeit eine Interpretation. Rein körperlich müssten wir eigentlich von einer Eingeschlechtlichkeit mit zwei Ausformungen reden.

Auch die (meist) unterschiedliche Beschaffenheit der Körper ist sowohl das Resultat unterschiedlicher Wahrnehmung als auch das Resultat jahrhundertelanger unterschiedlicher Ernährung und Bewegung. Der einzige ursprünglich körperliche Unterschied zwischen den Geschlechtern ist die andere Ausformung des Beckens (bei Männern schmaler, weil sie nicht gebären). Was eine geringere weibliche Hebekraft bedeutet – aber die ist in der technologisierten Gesellschaft ja auch selten bis zum Äußersten gefordert. Dass die Kraft der Frauen für den Lebensbedarf reicht, zeigen schon die Einkaufstüten und Kinder, die sie zu schleppen pflegen. Dass sie weit darüber hinaus gehen kann, beweisen die nun auch in die Männerdomäne Gewichtheben eingebrochenen Sportlerinnen.

Gleichzeitig sind die über Jahrtausende gewachsenen Unterschiede zwischen den Geschlechtern nicht zu leugnen. Sex and Gender, Geschlecht und Geschlechtsrolle, sind zwar in der Tat eine „Kopie ohne Original“, wie es die gelernte Rhetorikerin Judith Butler trefflich formuliert, aber sie sind gleichzeitig eine Realität.

Sie sind konstruiert, aber nicht beliebig „dekonstruierbar". Wer das behauptet, verwechselt Utopie und Realität - und negiert damit die bestehenden Machtverhältnisse.

Für die Mehrheit der Frauen und Männer stimmen heute trotz aller Spannungen biologisches und symbolisches Geschlecht überein - was Mischformen und Abweichungen nicht ausschließt. Dass das so bleibt, darauf legt die Männerwelt wert. Frauen, die aus ihrem Frausein aus- und in die Männerdomänen einbrechen, werden scharf daran erinnert, wo sie hingehören. Die Hauptwaffe gegen sie ist dabei immer die Sexualgewalt, von subtil bis brachial. Dazu zwei aktuelle Beispiele von vielen möglichen aus dem „subtilen" Bereich: eine amerikanische Präsidentengattin und eine deutsche Literaturkritikerin.

Auf ihrem Weg zur Co-Präsidentin (Wahlslogan: Zwei für einen) ist die stolze Hillary Clinton sachlich immer heftig bekämpft, aber nie so gedemütigt worden wie durch die Sexaffäre ihres eigenen Mannes. Monicagate blieb letztendlich stärker noch an ihr als an ihm hängen. Sie war es, die versagt hatte. Denn sie ist zwar intelligent und tüchtig - aber eben nicht begehrenswert, weil zu emanzipiert. Als nichts mehr half, die tüchtige Frau zu Fall zu bringen, schlug die Sexkeule zu - und brachte sie ernsthaft ins Wanken. Auch die moderne Frau hat eben immer noch zu wählen: Kopf oder Körper?

„Sie verstehen einfach nichts von Liebe", das sagte im Sommer 2000 ein deutscher Literaturkritiker in einer TV-Live-Sendung zu seiner langjährigen Kollegin - und sprach ihr damit gleichzeitig jegliche literarische Kompetenz ab. Er wiederholte die Unterstellung mehrfach, sie sei „prüde", „blind und taub" und verstehe nichts von Liebe und Erotik in der Weltliteratur.

Mal baisé heißt das in dem Land, das angeblich so viel von „Liebe" versteht. Schlecht gefickt, auf grob Deutsch. Was der Herr Kritiker unter „gut gefickt" versteht, das führt er sodann breit aus: Nämlich das Romeo-und-Julia-Modell, wo „der Mann will und die Frau sagt: nicht so rasch". Für den very Old Boy ist diese „Sehnsucht" das „große Thema der Weltliteratur". Klar, dass eine Frau schon qua Geschlecht davon nichts verstehen kann. Sie würde das Thema vermutlich eher ein großes Thema der Geschlechter nennen: nämlich die Sexualgewalt. Der Raub der Sabinerinnen. Sah ein Knab ein Röslein stehn ...

Lolita. Weltliteratur. Oder Erotisierung von Gewalt. Oder Vergewaltigung von Erotik. Und: Mobbing im Beruf. Männermobbing gegen Frauenemanzipation.

Denn egal, wie klug oder wie kompetent sie ist – eine jede kann liquidiert werden, indem ihr die „Weiblichkeit" und damit das Begehrtwerden abgesprochen wird. Begehrt werden durch Männer. Diese Drohung schwebt über jeder Frau und verschärft sich mit zunehmender Emanzipation und/oder zunehmendem Alter. Womit gleichzeitig eine Spaltung zwischen den Frauengenerationen betrieben wird. Die junge Frau wird gelockt: Komm auf Papis Schoß und lass den (Mini)Rock hochrutschen. Der älter werdenden Frau wird signalisiert: Du bist raus aus dem Spiel.

Übrigens, der Literaturkritiker, der der Literaturkritikerin jegliches Verständnis von „Liebe" absprach, ist 23 Jahre älter als sie und hatte gerade seinen 80. Geburtstag gefeiert. Eine Frau, die es gewagt hätte, in dem Alter einem jüngeren Mann die erotische Befriedigung abzusprechen, die wäre schlicht eine lächerliche Figur. Er aber war zwar peinlich, wurde jedoch öffentlich nicht kritisiert und macht die Sendung nun munter weiter – mit einer 39 Jahre Jüngeren. Denn merke: Eine Frau ist kein Individuum, sondern ein Geschlechtswesen und jederzeit durch eine andere Frau zu ersetzen. Eine Frau ist eine Frau ist eine Frau.

Ein Faktor übrigens verbindet die amerikanische Präsidentengattin mit der deutschen Literaturkritikerin: Beide hatten sich, wenn auch auf unterschiedliche Weise, auf den Deal mit den Männern eingelassen. Die Ehefrau glaubte, ihr Mann meine es ernst mit der Gleichberechtigung. Und die Kollegin hoffte, ihre Kompetenz überstrahle ihr Geschlecht.

Es trifft immer die Frauen am härtesten, die nicht damit rechnen: weil sie mit ihrem Frausein kokettieren – oder weil sie versuchen, ihrem Frausein zu entkommen. Eben die Frauen, die glauben, sie gehörten zu den so Schönen, dass sie begehrt werden – oder, sie gehörten zu den so Klugen, dass ihre Kompetenz ihr Geschlecht überragt. Doch: Eine Frau ist eine Frau ist eine Frau. Und je kompetenter sie ist, umso bedrohlicher wird sie – und umso rabiater greifen Männer zur (Sexual)Gewalt.

Da ist es besser, wir geben es gleich zu und fassen selbst den Stier bei den Hörnern - statt uns am Nasenring rumführen zu lassen. Frauen, die im Patriarchat ihr Frausein leugnen, begeben sich in eine noch schwächere Position als die anderen. Denn die Männer sehen sowieso, dass sie eine Frau, ein Eindringling, eine Fremde ist. Und die Frauen selbst wissen oder ahnen es. Dennoch bzw. gerade darum haben viele Frauen Tendenz zur Selbstverleugnung, vor allem in den Männerdomänen. Verständlicherweise.

Eine dieser Männerdomänen ist die akademische Welt. Erst seit Anfang des 20. Jahrhunderts dürfen Frauen überhaupt studieren, doch schon zu Beginn des 21. Jahrhunderts ist mehr als jeder zweite Student eine Frau (und jeder zehnte Professor weiblich). Dennoch gilt an der Universität bis auf weiteres das patriarchale Gesetz, Frauen sind Fremde. Aber: „Befreiendes Denken ist immer mit befreiendem Handeln im Bereich der öffentlichen Auseinandersetzung verbunden", konstatiert Gerda Lerner auch im historischen Rückblick (in *Die Entstehung des feministischen Bewusstseins*).

Und genauso war das Anfang der 70er Jahre, als zunächst in Amerika und dann auch in Europa die Women's Studies, die Frauenstudien aufkamen, angeregt von außen durch die Frauenbewegung. „Frauenstudien haben ihren Ursprung in der Frauenbefreiungsbewegung (...). Sie lehnen die sterile Aufspaltung in akademisches Wissen und Laienwissen ab, genauso wie die Fragmentisierung in Kopfweisheit und Körperempfinden, Intellekt und Leidenschaft, Individuum und Gesellschaft. Frauenstudien ermöglichen es Frauen, nicht nur ein verantwortungsbewusstes Leben zu führen, sondern dazu beizutragen, dass sich die Welt ändert und alle Formen von Unterdrückung ein Ende nehmen." So hieß es 1970 euphorisch in der Grundsatzerklärung der amerikanischen *Women Studies Association*.

Seither haben diese Frauenstudien einen beachtlichen Siegeszug durch die Welt der Forschung und Lehre angetreten. Aber diese Welt hat auch die Frauenforschung - bzw. Genderforschung, wie es jetzt scheinbar offen, in Wahrheit aber verschleiernd, weil die Geschlechter (gender) gleichsetzend, heißt - nicht unberührt gelassen. Ihr hierarchisch-männliches Prinzip beugt und bricht Frauen (wie Männer) vielfach, bevor sie da angekommen sind, wo sie etwas zu sagen haben. Den dann Privilegierten sind die Flügel schon gestutzt, noch bevor sie sie ausgebreitet haben. Darum ist es leider nur eine Minderheit, die auch ihre Studentinnen zum freien Flug ermutigt.

Die weltabgewandte Akademisierung der Frauenfrage gerade an den deutschen Universitäten, ihre Reduktion auf eine immanente Fachdebatte und das Überwuchern von Inhalten durch sinnentleerte Formfragen ist inzwischen so verbreitet, dass auch Wissenschaftlerinnen sich ernste Sorgen machen. So fordern zum Beispiel die Autorinnen der *Feministischen Theorien zur Einführung* (Verlag Junius, 2000) – die übrigens auch ihrerseits ausschließlich akademische Theoretikerinnen berücksichtigen und alle Kreativen außerhalb des universitären Betriebes ignorieren – eine Repolitisierung der Forschung: „Mit der Bestimmung zentraler Konflikte, denen Frauen in aller Welt ausgesetzt sind, würde die Geschlechterforschung wieder Anschluss an die internationale Frauenbewegungen finden."

Nur – *die* internationalen Frauenbewegungen gibt es in dem Sinne gar nicht (mehr). Der Feminismus ist in die Welt auf- und eingebrochen, er befindet sich überall, auch an den Universitäten. Wenn Frauenforschung also nicht vollends zum Selbstzweck verkommen soll, sondern auch außerhalb der Universitäten noch etwas bewegen will – ja, dann müssen die Akademikerinnen sich schon selbst bewegen.

Von Schlangen und Schwestern

Es fällt mir nicht leicht, weiterzuschreiben. Denn das Kapitel Frauen & Frauen hat nicht nur heitere Seiten, sondern auch dunkle. Zu viele schmerzliche Wahrheiten sind zu sagen.

Bisher habe ich unter den verschiedensten Aspekten die Fremdheit und den Krieg zwischen den Geschlechtern beschrieben - sowie die Hoffnung auf Annäherung und Frieden. Doch die Versöhnung der Frauen mit den Männern ist nicht die erste Etappe des Feminismus. Sie ist die zweite. Der erste feministische Schritt ist die Versöhnung der Frauen mit den Frauen - und damit auch mit sich selbst.

Erst wenn Frauen nicht länger nur „Spiegel" sind, um „das Bild des Mannes in doppelter Größe wiederzugeben" (Virginia Woolf), erst wenn sie sich selbst wahrnehmen und ernst nehmen, werden sie sich auch gegenseitig spiegeln. Denn wie eine Frau sich als Frau selbst sieht, so sieht sie auch die anderen Frauen - und umgekehrt.

Aus den vielfältigen Gründen, die in diesem Buch beschrieben und analysiert werden, haben Frauen die Tendenz, sich selbst zu verachten. Sie fliehen vor sich und ihrem Geschlecht und suchen die Nähe der Männer. Denn „wir Frauen haben jahrtausendelang in Strukturen gelebt, in denen die andere Frau - die ältere, die klügere und erst recht die jüngere - immer eine Bedrohung für die eigenen Lebenschancen gewesen ist", schreibt die Soziologin Barbara Schaeffer-Hegel in ihren *Strategien zur Erlangung der Macht* und fährt fort: „Die Ressourcen sind immer über Männer vergeben worden, und die Jüngere und Hübschere oder auch die Mutter waren eine Konkurrenz in Bezug auf den Mann, der der Vermittler von allem, was das Leben so zu geben hat, war. Diese strukturbedingte Entsolidarisierung wirkt bis heute nach."

Und sie erklärt den mannigfaltigen Verrat von Frauen an Frauen. Frauen verraten immer wieder ihr eigenes, das „schwache" Geschlecht, weil sie sich vom „starken" Geschlecht Schutz und Vorteile erhoffen. Sie können dem verlockenden Angebot nur schwer widerstehen, denn es war immer schon ein beliebter Männertrick, Frauen gegen Frauen auszuspielen: die Geliebte gegen die Ehefrau, die Sekretärin gegen die Kollegin, die Frau gegen die Feministin. Und es war immer schon eine große Dummheit von Frauen, mitzuspielen. Denn welche Vorteile sie auch kurzfristig davon haben – langfristig können sie dabei nur verlieren. Aus dem Grund hat der Verrat von Frauen durch Frauen immer auch etwas Tragisches.

Das Ausspielen von Frauen gegen Feministinnen ist ein bewährter politischer Klassiker und schon in der Geschichte unverzichtbarer Teil des Rückschlages: Da seht ihr mal, sogar die Frauen sind gegen euch ... Und überhaupt, ihr selbst seid schlimmer als wir Männer ... Diese Manöver haben schon so manche Feministin fast oder tatsächlich in den Wahnsinn getrieben.

Eine Feministin wird selten an Männern verzweifeln, aber öfter an Frauen. Warum? Weil es zwar unsympathisch aber verständlich ist, dass Männer ihre gewohnten Privilegien auf Kosten von Frauen nicht so einfach aufgeben wollen. Hier handelt es sich schlicht um einen Interessenkonflikt – wenn auch um einen besonders perfiden, weil geleugneten –, der unangenehm und schmerzhaft sein kann, aber nachvollziehbar ist. Dass jedoch Frauen Frauenrechtlerinnen in den Rücken fallen, das ist schon schwerer zu verstehen. Und es rührt an das Dunkelste im Frausein: an den Selbsthass.

Ich selbst kenne, als öffentliches Symbol für die feministische Sache, diese Mechanismen zu Genüge. Und bei so manchem Angriff habe ich nur deshalb geschwiegen, weil ich bei meinem weiblichen Gegenüber nicht nur den Hass, sondern auch den Selbsthass sah – und diesen so sinnlosen Versuch der Anbiederung bei der Männerwelt über den Verrat der Frauensache. Sinnlos, weil diese Männerwelt Verräterinnen zwar benutzt, aber nicht achtet. Männer verstehen nämlich etwas von Solidarität und Würde.

Männer haben Tradition in Freundschaft, über alle Kontroversen und Grenzen hinweg: der betrogene Ehemann und ihr Geliebter, die Fußballer verschiedener Mannschaften, die Präsidenten verfeindeter Nationen. Ein Mann, ein Wort. Zwei Männer, ein Schulterschlag. Drei Männer, eine Men's World. So ist es kein Zufall, dass die öffentliche Zelebrierung der Männerfreundschaft seit den 70er Jahren demonstrative Urstände feiert. Männerfreundschaft und Männerbünde versus Frauenemanzipation.

Frauen kannten wirkliche Frauenfreundschaften lange nur als Mädchenfreundschaften in ihrer Kindheit und Jugend. Sodann wandten sie sich im Namen der alles überragenden und verschattenden Liebe zum Manne ab von den Frauen. Im Laufe der Pubertät verrieten die meisten selbst die „beste Freundin" - und das nicht unbedingt für einen besten Freund, sondern oft für irgendeinen Mann, der ihrer Existenz nun den angemessenen Wert gab, der ihr (scheinbarer) Einstieg in die Männerwelt war - und ihr Ausstieg aus der Frauenwelt.

Ich selbst erinnere mich noch gut, wie ich mich zwischen 16 und 19 bei jedem Mann, mit dem ich mich öfter als zweimal traf, fragte: Wer ist mir wichtiger - er oder sie? Lange lautete die Antwort: Sie, die beste Freundin. Doch irgendwann stellte ich mir diese Frage nicht mehr. Nicht etwa, weil sie zu der Zeit durch das Auftauchen eines adäquaten männlichen Freundes überholt gewesen wäre, sondern weil der soziale Druck einfach zu groß wurde. Eine 19-Jährige hatte in den 60er Jahren einfach nicht länger ihre beste Freundin an ihrer Seite zu haben, sondern den ersten Freund.

Ich erinnere mich auch noch genau an die Kette von Verrat, die letztendlich unsere Freundschaft erwürgte. Aber ich erinnere mich ebenso, dass auch die Freundin unsere Freundschaft nicht ernst genug genommen hatte, um zu kämpfen - was allerdings vermutlich eh aussichtslos gewesen wäre: Liebe wog eben schwerer als Freundschaft, und ein Mann allemal schwerer als eine Frau.

Zehn Jahre später ging der Aufbruch der Frauenbewegung nicht nur für mich einher mit der Wiederentdeckung der Frauenfreundschaften. Ja, jetzt wogen Frauen so schwer wie Männer, und in der Euphorie des Aufbruchs waren sie eine Zeit lang für viele Frauen sogar nicht nur gleich wichtig, sondern wichtiger als die Männer. Doch nach den ersten Ernüchterungen brach auch in der Frauenbewegung der alte Schwesternstreit wieder aus, öffentlich geschickt geschürt durch die Männermedien.

Mit Männern haben Frauen eine lange Tradition von Distanz und Unterschied, aber auch von Respekt. Mit Frauen haben sie zwar Nähe und Vertrautheit – aber statt Respekt oft eher Verachtung und Rivalität. Und das gilt nicht nur für unbewusste Frauen, sondern auch für die bewussten, es gilt auch für so manche Feministin. Diese Spaltung der Frauen ist ein Produkt der Männerwelt – aber die Frauen machen mit dabei. Doch je mehr die Frauen sich gegeneinander wenden, umso mehr sind sie den Männern ausgeliefert. Und umso stärker wenden sie sich von sich selbst ab.

Selbstverständlich gibt es Sachkontroversen unter Frauen und dürfen die nicht im Namen einer falsch verstandenen Schwesterlichkeit verschleiert, sondern müssen sie ausgetragen werden. Doch Frauen müssen noch lernen, diese Kontroversen offen und ohne persönliche (Selbst)Demontage auszutragen. Und vor allem: Sie müssen sie zunächst einmal unter Frauen austragen, statt sich auf dem Marktplatz vor einer feixenden Männerwelt die Augen auszukratzen.

Auch kann es unter Frauen nicht immer nur um Kritik gehen. Es muss auch Bestätigung geben. Erste Ansätze dazu existieren. Frauen fördern Frauen. Frauen lassen sich von stärkeren, klügeren, kühneren Frauen nicht entmutigen, sondern ermutigen. Frauen messen sich an Frauen! „Menschen brauchen Vorbilder“, hat die Psychoanalytikerin Margarete Mitscherlich-Nielsen einmal gesagt. Und Frauen brauchen weibliche Vorbilder. In einer Männerwelt kann kein Mann, sondern nur eine Frau ein echtes Vorbild für eine Frau sein. Denn sie ist nicht wie er. Sie ist anders. Ein männliches Vorbild nötigt den weiblichen Menschen auf Dauer zur Selbstverleugnung – und damit zur Entwurzelung und Identitätslosigkeit. Nur in einem weiblichen Vorbild kann eine Frau sich auch als Frau wieder erkennen.

Natürlich existieren solche Vorbilder. Und alle Frauen, die selber Vorbilder geworden sind, hatten sie. Doch es ist mühsam, sie zu entdecken. Denn die männlich dominierten Medien und Geschichtsschreibung verschweigen oder verzerren diese weiblichen Vorbilder. „Über etwa 3 800 oder 4 000 Jahre abendländischer Geschichte wird fast ausschließlich oder doch ganz überwiegend über die Handlungen, Erfahrungen und Leistungen von Männern berichtet", klagt die Historikerin Gerda Lerner. „Aber Frauen haben zur Entstehung der Zivilisation ebenso beigetragen wie Männer."

Die Spuren dieser Frauen jedoch werden – wenn überhaupt – ausschließlich von Frauen festgehalten (abgesehen von ganz wenigen Ausnahmen). Frauen interessieren sich für Männer. Aber Männer interessieren sich nicht wirklich für lebendige Frauen, sondern eher für ihr Bild von Frauen, für ihre Projektionen und Fantasmen. Darum lautet das Gebot für Frauen heute in erster Linie, Frauen zu entdecken, und sie in ihrer ganzen Dimension und Differenziertheit ins öffentliche Bewusstsein zu heben.

Ich selbst habe als Journalistin und Buchautorin nicht nur, aber überwiegend Frauen interviewt bzw. porträtiert. Ich bin oft gefragt worden, ob ich nicht auch eine Biografie über einen Mann schreiben wolle – oder ob mich das etwa nicht interessiere (drohender Unterton). Ich habe darüber nachgedacht. Selbstverständlich gibt es diesen oder jenen Mann, der mich interessiert – auch wenn mir da viel weniger einfallen als Frauen. Doch die Spurensicherung der Frauen liegt so brach, dass ich als bewusste Frau erst dann die der Männer sichern kann, wenn auch Männer ernsthaft anfangen, Frauen angemessen darzustellen.

Im Laufe der Geschichte haben die Männer leider eher das Gegenteil versucht: Sie haben die wenigen, dank der Frauen, erhaltenen Spuren von Frauen auch noch verschüttet und in die Lücken ihre Fantasmen vom Weibe gefüllt. Doch im Gegensatz zu der weit verbreiteten Annahme der weiblichen Geschichtslosigkeit belegt Gerda Lerner die frühen, vielfältigen Versuche von Frauen, ihre Geschichte festzuhalten. Es begann, nach unserem heutigen Kenntnisstand, Anfang des 7. Jahrhunderts, als Baudovinia im Kloster von Chelles eine Biografie über die heilige Radegunde verfasste. Dabei gingen die Frauen bei ihrer Geschichtsschreibung ähnlich vor wie die Männer. Sie legten Listen von außergewöhnlichen Frauen und Heldinnen an, so genannte „Königslisten" (wie schon die Sumerer) bzw. Königinnenlisten.

Doch diese Frauengeschichtsschreibung wurde in jeder Generation erneut verschüttet. So kommt es, dass die Frauen immer wieder von vorne anfangen mussten. Es „ergab sich ein Muster ständiger Wiederholungen und Kreisläufe, in dem jede Generation von Frauen wiederholte, was andere zuvor schon einmal getan hatten", schreibt Lerner. „So war die Entwicklung eines historischen Bewusstseins bei Frauen auf doppelte Weise erschwert und verzögert – durch die Benachteiligung im Bildungswesen und durch einen Mangel an Wissen über das, was frühere Generationen von Frauen bereits erreicht hatten."

Mit dieser kollektiven Geschichtslosigkeit der Frauen ist es wie mit ihrer individuellen Vereinzelung: Sie ist Realität und Behauptung zugleich. Denn Frauen hatten ja trotz ihrer angeblichen „Geschichtslosigkeit" immer eine Geschichte. Und Frauen hatten trotz ihrer Vereinzelung und Rivalität immer auch Zuneigungen zueinander. So dokumentiert unter anderem die Amerikanerin Janice G. Raymond in ihrem Buch *Frauenfreundschaft. Philosophie der Zuneigung* die lebendige Geschichte der Frauenfreundschaften über Jahrtausende, trotz patriarchalem Verbot. Und auch, dass die Zuneigungen unter Frauen nicht zufällig immer da aufblühen, wo Frauen sich zusammentun, sich füreinander interessieren, sich emanzipieren.

Denn nur, wenn Frauen gemeinsame Erfahrungen und eine gemeinsame Geschichte haben, können sie sich als Frauen erkennen. Und nur, wenn sie sich als Frauen erkennen, müssen sie nicht länger Feindinnen bleiben, sondern könnten auch Freundinnen werden.

Noch ein Traum ...

Ich habe einen Traum. Auch wenn es nicht immer leicht ist zu träumen, weil der Tag so gegenwärtig ist.

Wir – Frauen wie Männer – sind an einem sehr heiklen Punkt der Geschichte angelangt. Auf der einen Seite haben wir Frauen in diesen letzten Jahrzehnten mehr erreicht, als wir je zu träumen gewagt hätten. Auf der anderen Seite müssen die Männer sich jetzt entscheiden: Ob sie wirklich darauf verzichten wollen, uns weiter klein zu machen, damit sie groß sind.

Wir wissen heute – bzw. könnten es wissen, wenn wir nur wollten – dass der angebliche Unterschied nichts ist als ein Vorwand für die Hierarchie zwischen den Geschlechtern. Und dass diese Hierarchie keineswegs auf Liebe begründet ist, sondern auf Hass. Diese Erkenntnis ist das neue und entscheidende Verdienst der heutigen Feministinnen. Der Kampf gegen die Sexualgewalt ist die härteste Aufgabe, die den Frauen heute bevorsteht. Das größte Hindernis ist die Liebe.

Wir Frauen haben das Recht auf gleiche Bildung errungen. Wir haben das Recht auf Berufstätigkeit und ökonomische Unabhängigkeit erreicht. Wir beginnen, uns Stück für Stück aus der sozialen Abhängigkeit zu befreien. Aber wir stecken noch immer tief in der emotionalen Abhängigkeit: Abhängigkeit von individueller Liebe und gesellschaftlicher Anerkennung.

Doch es ist von den modernen Männern nicht zu erwarten, dass sie ihre privilegierte Position freiwillig und widerspruchslos aufgeben. Reine Appelle an ihre Einsicht und Nettigkeit sind mehr als naiv: Sie sind eigentlich eine Zumutung, sowohl für den freundlichen als auch für den feindlichen Mann. Denn beide müssen Frauen endlich ernst nehmen können; sie müssen begreifen, dass es Zeit ist, von ihren Privilegien zu lassen: freiwillig - oder aber unfreiwillig.

Und von den modernen Frauen ist zu hoffen, dass sie sich nicht länger ohne Not zum Objekt degradieren lassen oder gar mit dem Objektstatus kokettieren. Sicher, der Preis für Eigenständigkeit, Selbständigkeit und Freiheit ist hoch. Ich weiß das nur zu gut. Aber der bisher von Frauen gezahlte Preis ist noch viel höher.

Doch selbst wenn der Fortschritt ein reiner Fortschritt wäre, ohne Rückschläge - was unwahrscheinlich ist -, würden wir jetzt lebenden Generationen Übergangsmodelle sein. Denn wir sind aus dem alten und dem neuen Stoff zugleich. Frauen wie Männer. Und der neue Mensch lässt sich eben nicht voluntaristisch deklarieren - wie es der reale Sozialismus glaubte -, er muss lebendig wachsen können, mit allen Rückfällen, Widersprüchen und Überraschungen. Auch wir Frauen müssen uns das zugestehen. Wir müssen eine Mischung aus Behutsamkeit und Herausforderung haben - für uns selbst wie für die anderen.

Die so beliebten Ratgeber und Rezepte können dabei durchaus punktuelle Augenöffner und Lebenshilfen sein - letztendlich aber muss eine jede und ein jeder die Sache selbst durchdenken, durchleben, durchstehen. Darum habe ich versucht, in diesem Buch die scheinbar privaten Probleme der Frauen im Kontext ihrer universellen Zusammenhänge darzustellen und zu durchleuchten.

Die Gesellschaftsmodelle des letzten Jahrhunderts sind aus den verschiedensten Gründen gescheitert. Ein ganz zentraler Grund für das Scheitern ist, dass keine dieser „neuen" Gesellschaften das erste und älteste Machtverhältnis infrage gestellt hat: das zwischen Männern und Frauen. Hier, zwischen den Geschlechtern, ist das Urmodell von Unterwerfung und Dominanz verankert. Wie können wir gewalt- und machtfreie Verhältnisse zwischen Fremden erhoffen, wenn wir diese Verhältnisse zwischen Frauen und Männern tolerieren? Wie wollen wir den Fremdenhass bekämpfen, solange wir über den Frauenhass hinwegsehen? Wie soll Frieden in der Gesellschaft erreicht werden, wenn wir Gewalt in der Familie normal finden?

Wollen wir wirklich etwas ändern, müssen wir beim Ursprung der Gewaltverhältnisse anfangen. Nach dem Scheitern der Utopien des

20. Jahrhunderts bleibt uns die Hoffnung auf die Eigenverantwortung des Menschen. Auch des weiblichen. Und wie sehr wir Frauen auch immer Opfer sein mögen - wir sind es nie nur. Es ist immer auch an uns selbst, diesen fatalen Kreislauf zu durchbrechen.

Noch stöckelt die Barbie-Präsidentin auf Highheels. Es zerreißt sie bei dem Befehl und Bedürfnis, beides zugleich zu sein: Objekt wie Subjekt, begehrte Frau wie eigenständiger Mensch. Und nicht nur die Erwartungen der anderen an sie sind zwiespältig, auch sie selbst läuft Gefahr, ein doppeltes Spiel zu spielen: indem sie auf die alten Schwächen und die neuen Stärken zugleich setzt. Sie will Präsidentin sein - aber auch Puppe. Sie wird sich entscheiden müssen. Schritt für Schritt.

Doch die „Erotik"- wird sie bei der Erlangung der Gleichheit auf der Strecke bleiben? „Auch dieses Argument ist nicht neu", schrieb Simone de Beauvoir schon vor über 50 Jahren im Schlusswort zum *Anderen Geschlecht* und fuhr fort: „Es stimmt, dass durch die Abschaffung des Sklavenhandels die großen, so prachtvoll mit Azaleen und Kamelien geschmückten Plantagen ausgerottet worden sind, dass die ganze feine Zivilisation der Südstaaten dadurch ruiniert wurde. (...) Auch ein gewisser ‚weiblicher Charme' droht in Staub zu zerfallen." Und sie führt diesen viel gerühmten „Charme" als Gauklerbild vor, das im Alltag zerrinnt. „Die authentische Liebe", schreibt Beauvoir, „müsste in der wechselseitigen Anerkennung zweier Freiheiten beruhen. (...) Keiner würde sich verstümmeln, und gemeinsam würden sie in der Welt Werte und Ziele entdecken."

Die nicht verstümmelte, die ganzheitliche Frau wird ihre Existenzberechtigung nicht länger ausschließlich aus dem „Geliebtwerden" ziehen. Sie bricht aus dem Getto der Privatheit aus, auf in die Welt. Will sie auf diesem Weg nicht stecken bleiben, muss sie gleichzeitig den Blick in den Abgrund des Frauseins wagen - und nach den Sternen greifen.

Sie darf die dunkle Seite des Frauseins weder leugnen noch in ihr versinken. Aber sie darf auch nicht der Illusion verfallen, für sie gäbe es nur die lichte Seite. Tut sie das, wird ihr Weg in die Welt zum Ritt über den Bodensee, auf dem sie unweigerlich irgendwann einbrechen muss. Die moderne Frau muss um beide Seiten wissen, um die helle und um die dunkle. Nur in dem Wissen um beides wird sie ihre „weibliche“ Hälfte nicht verlieren, aber die „männliche“ hinzugewinnen.

Gelingt ihr das, wird die geteilte Frau wieder zum ganzen Menschen werden. Das ist mein Traum.

Namensregister

Bücher von Alice Schwarzer

Als Autorin

Frauen gegen den § 218 (das Abtreibungsgesetz), Protokolle und Essay. Suhrkamp, Frankfurt 1971

Frauenarbeit – Frauenbefreiung, Protokolle und Essay. Suhrkamp, Frankfurt 1973 (Neu aufgelegt unter dem Titel *Lohn: Liebe.* 1985)

Der kleine Unterschied und seine großen Folgen, Protokolle und Essay. Fischer, Frankfurt 1975

So fing es an – 10 Jahre Neue Frauenbewegung, Chronik. EMMA-Verlag, Köln 1981 – TB bei dtv, München 1983

Mit Leidenschaft, 1. journalistische Textauswahl 1968-1982 und autobiografisches Vorwort. Rowohlt, Hamburg 1982

Warum gerade sie? Weibliche Rebellen. 16 Begegnungen mit berühmten Frauen, Porträts. Luchterhand, Frankfurt 1989 – TB bei Fischer, Frankfurt 1991

Von Liebe + Hass, 2. journalistische Textauswahl 1982-1992 und autobiografisches Nachwort. Fischer, Frankfurt 1992

Eine tödliche Liebe – Petra Kelly + Gert Bastian, Essay. Kiepenheuer & Witsch, Köln 1993 – TB bei Heyne, München 1994

Marion Dönhoff – Ein widerständiges Leben, Biographie. Kiepenheuer & Witsch, Köln 1996 – TB bei Knaur, München 1997

So sehe ich das! 3. journalistische Textauswahl 1992-1996. KiWi, Köln 1997

Romy Schneider – Mythos und Leben. Kiepenheuer & Witsch, Köln 1998

Simone de Beauvoir – Rebellin und Wegbereiterin, Interviews. Kiepenheuer & Witsch, Köln 1999 (Neuauflage von *Simone de Beauvoir heute*, 1983 Rowohlt)

Als Herausgeberin (eine Auswahl)

Sexualität. EMMA Verlag, Köln 1982 – TB bei Rowohlt, Hamburg 1984

Durch dick und dünn. EMMA-Verlag, Köln 1984 – TB bei Rowohlt, Hamburg 1986

KRIEG, gegen Krieg und islamischen Fundamentalismus. EMMA-Verlag, Köln 1991 – TB bei Fischer, Frankfurt 1992

Schwesternlust + Schwesternfrust. 20 Jahre Neue Frauenbewegung – Eine Chronik. EMMA-Verlag, Köln 1991

PorNO. Kiepenheuer & Witsch, Köln 1994 (aktualisierte Neuauflage des gleichnamigen EMMA-Buches 1988)

Man wird nicht als Frau geboren – 50 Jahre nach dem *Anderen Geschlecht* ziehen Schriftstellerinnen und Politikerinnen gemeinsam Bilanz. Kiepenheuer & Witsch, Köln 2000

Literaturangaben

Eine Auswahl

Elisabeth Badinter: Die Mutterliebe (1981) + Ich bin du – Die neue Beziehung zwischen Mann und Frau (1987, vergriffen), beide Serie Piper, München

Simone de Beauvoir: Das andere Geschlecht (1951), Rowohlt TB, Reinbek

Susan Brownmiller: Gegen unseren Willen (1975), Fischer TB, Frankfurt (vergr.)

Andrea Dworkin: Pornografie (1987), Fischer TB, Frankfurt (vergriffen)

Helen Epstein: Die Kinder des Holocaust. Gespräche mit Söhnen und Töchtern (1990), dtv, München (vergriffen)

Susan Faludi: Backlash (1993), rororo, Reinbek

Bettina Flitner: Mitten ins Herz (1998), Edition Braus, Heidelberg (Fotoband, dem die Fotos in diesem Buch entnommen wurden)

Judith Lewis Herman: Die Narben der Gewalt (1993), Kindler, München

Gerda Lerner: Die Entstehung des feministischen Bewusstseins (1993) + Die Entstehung des Patriarchats (1986), beide dtv, München

Michael/Gagnon/Laumann/Kolata: Sexwende – Liebe in den 90ern (1994), Knaur TB, München (vergriffen)

Kate Millett: Sexus und Herrschaft. Die Tyrannei des Mannes in unserer Gesellschaft (1971) + Im Basement. Meditationen über ein Menschenopfer (1980), Rowohlt TB, Reinbek (beide vergriffen)

Irmtraud Morgner: Leben und Abenteuer der Trobadora Beatriz nach Zeugnissen ihrer Spielfrau Laura (1974), dtv, München + Amanda. Ein Hexenroman (1983, vergriffen), Aufbau Berlin

Janice G. Raymond: Frauenfreundschaft. Philosophie der Zuneigung (1987), Frauenoffensive, München (vergriffen)

Marit Rullmann: Philosophinnen I – Von der Antike bis zur Aufklärung + Philosophinnen II – Von der Romantik bis zur Moderne (1993), Suhrkamp TB, Frankfurt

Sapphire: Push (1998), Rowohlt TB, Reinbek

Herrad Schenk: Wie viel Mutter braucht der Mensch? (1996), Rowohlt TB, Reinbek

Mary Jane Sherfey: Die Potenz der Frau. Wesen und Evolution der weiblichen Sexualität (1974), Kiepenheuer & Witsch, Köln (vergriffen)

Marlene Streeruwitz: Können. Mögen. Dürfen. Sollen. Wollen. Müssen. Lassen., Frankfurter Poetikvorlesung (1998), Suhrkamp, Frankfurt

Naomi Wolf: Der Mythos Schönheit (1991), Rowohlt, Reinbek + Die Stärke der Frauen. Gegen den falsch verstandenen Feminismus (1993, vergr.), Droemer/Knaur, München

Virginia Woolf: Drei Guineen (1938), Frauenoffensive, München + Ein Zimmer für sich allein (1929), Fischer TB, Frankfurt

Im FrauenMediaTurm sind alle historischen bzw. vergriffenen Bücher einsehbar (Konsultation nach Vereinbarung), Bayenturm, 50678 Köln, T 0221/9318810, Fax 931881-18, E-Mail: womaninfo@frauenmediaturm.de

BUCH
ZUSCHLAGEN...

...

Alice Schwarzer (Hrsg.)

Man wird nicht als Frau geboren

KiWi 578

Der Kölner Kongress »Man wird nicht als Frau geboren« hat ein Stück Frauengeschichte geschrieben. Feministinnen aus aller Welt kamen 1999 zusammen, um Bilanz zu ziehen und in die Zukunft zu blicken. Dieser Band versammelt die wichtigsten Beiträge u.a. von Elisabeth Badinter, Christine Bergmann, Benoîte Groult, Gerda Lerner, Khalida Messaoudi, Marlene Streeruwitz, Rita Süssmuth und Fay Weldon.

KiWi Paperbacks bei Kiepenheuer & Witsch

Alice Schwarzer
Simone de Beauvoir
Rebellin und Wegbereiterin

Mit zahlreichen Abbildungen
KiWi 538

Alice Schwarzers Gespräche mit Simone de Beauvoir sind das Herzstück dieses Buches. Sie wurden in den so bewegten Jahren 1972 bis 1982 geführt und damals weltweit veröffentlicht und diskutiert. Die Gespräche gelten als Schlüssel zum politischen Teil ihres Werkes und ihres Lebens (Beauvoir: „Das Buch wird helfen, die Sache, der ich so tief verbunden bin, besser zu verstehen."). Die Einheit von Werk und Leben machte Simone de Beauvoir zum Modell der engagierten Intellektuellen unserer Zeit.

KiWi
Paperbacks
bei Kiepenheuer
& Witsch

Alice Schwarzer
So sehe ich das!
Über die Auswirkung von Macht und Gewalt auf Frauen und andere Menschen

KiWi 449
Originalausgabe

Alice Schwarzers Essays und Kommentare aus den letzten Jahren – ein Buch von Deutschlands bekanntester und einflussreichster Feministin, bei der sich journalistische Brillanz mit politischem Engagement verbindet.

KiWi Paperbacks bei Kiepenheuer & Witsch

1. Auflage 2000

Umschlaggestaltung: Katja Stuke, Düsseldorf
Umschlagfoto und Fotos im Innenteil: Bettina Flitner
Layout: Katja Stuke, Düsseldorf
Repros: repro acht, Köln
Gesetzt aus der Times und Univers
Druck und Bindearbeiten: Franz Spiegel Buch GmbH, Ulm
ISBN 3-462-02934-7